GEOFFROY DE GRANDMAISON

Napoléon

et ses

Récents Historiens

PARIS
LIBRAIRIE ACADÉMIQUE PERRIN ET Cie
35, QUAI DES GRANDS-AUGUSTINS, 35
1896
Tous droits réservés

I 744
I 10 1542

NAPOLÉON

ET SES RÉCENTS HISTORIENS

DU MÊME AUTEUR :

La Congrégation (1801-1830). Préface du comte *Albert de Mun*, 2ᵉ édition. — 1 vol. in-8º (Librairie Plon).

L'Ambassade Française en Espagne pendant la Révolution (1789-1804). — 1 vol. in-8º (Librairie Plon).

Un Curé d'Autrefois. *L'Abbé de Talhouët* (1737-1802). — 1 vol. in-12 (Librairie Poussielgue).

Napoléon et les Cardinaux noirs (1810-1814). — 1 vol. in-16 (Librairie Perrin).

EN PRÉPARATION :

L'Espagne et Napoléon (1804-1814).

GEOFFROY DE GRANDMAISON

Napoléon

et ses

Récents Historiens

———⸺◆⸺———

PARIS
LIBRAIRIE ACADÉMIQUE PERRIN ET Cie
35, QUAI DES GRANDS-AUGUSTINS, 35
1896
Tous droits réservés

PRÉFACE

Encore que je n'adopte pas toutes les maximes de ce temps-ci, et que les espérances m'en semblent bien souvent trompeuses, je ne méconnais pas qu'une de ses plus bruyantes promesses, a été largement tenue : la liberté de parler. Elle a, depuis longtemps, dépassé les limites du raisonnable ; son remède sera sans doute dans son exagération même : l'abus en corrigera l'usage.

En attendant ces jours meilleurs, je lui demanderai une sauvegarde pour écrire du plus fameux personnage de ce siècle. Ses admirateurs, promptement passionnés, n'admettent à en parler que des dévots et des fidèles. On me pardonnera mon audace : je ne prie pas dans cette petite chapelle, bien que, moi aussi, j'aie été saluer le dieu.

Quand on rencontre sur sa route la figure de

Napoléon, qui peut l'écarter? Son empreinte est marquée sur chaque pierre de notre édifice politique ; et sa gloire, ses fautes, ses malheurs, appartiennent à la légende autant qu'à l'histoire. Personnalité absorbante, troublante, extraordinaire, toutes les mesures semblent trop petites pour elle, aucun niveau ne va à sa taille. La seule toise qui puisse atteindre la stature du César moderne c'est la morale. Voilà à quelle lumière il faut regarder le visage de l'Empereur ; elle n'exclut pas le sentiment, elle écarte le parti pris.

Il est vrai qu'elle éteint les feux de l'apothéose : ce n'est plus le héros divinisé ; on se trouve brusquement ramené en présence de la créature avec ses lacunes et ses faiblesses, en face d'un homme qui peut bien distribuer des royaumes, mais qui ne sait pas commander à sa passion. — Il paraît moins grand, il est plus humain, plus vrai, par conséquent, et plus capable de nous intéresser sans nous éblouir.

En quelque situation que la Providence ait jeté un homme public, il semble que Napoléon s'y soit trouvé. Parlez-vous d'un conquérant? Il est entré dans toutes les capitales de l'Europe après avoir été réveiller les Pharaons sous leurs

Pyramides. — D'un législateur? Ses codes régissent encore notre pays et ont imprégné de leurs maximes les lois des peuples modernes. — D'un souverain? Il a été le dominateur nouveau salué de toutes les vieilles couronnes.

Songez-vous au prince chrétien? Par sa volonté, les autels renversés ont retrouvé leur splendeur, et son Concordat maintient les derniers droits des catholiques français. — Au persécuteur de l'Église? Fidèles, prêtres, évêques, Souverain Pontife, par ses ordres, ont été spoliés, exilés, emprisonnés. — Au despote? Il a, étouffant toute velléité d'indépendance, employé à ses vengeances ou à ses colères, la censure, la police, les fusillades et les cachots.

Vous considérez l'administrateur? Il a débrouillé le chaos du Directoire, réparé ses désastres financiers, organisé ses éléments épars. — Le capitaine? Ses triomphes consolent encore nos défaites. — Le patriote? Après avoir été l'incarnation de la suprématie française, dans ses jours de gloire, il a su lier son nom à la défense du sol sacré que sa folie ambitieuse avait par deux fois livré à l'invasion, à la ruine, presque à l'anéantissement.

La Révolution célébrerait en lui le propagagateur le plus puissant de ses principes, si elle ne secouait avec rage les entraves dont son despotisme a enlacé ses mains.

Il n'est pas un triomphe, une honte, un péril, une gloire, une amertume, pas un nuage et pas un soleil qui ne soient en Napoléon. On n'en saurait parler avec calme; l'un voit le vainqueur de l'Europe, l'autre le prisonnier de Sainte-Hélène. On ne promène pas ses aigles du Tage au Niémen sans passionner les cœurs de vingt ans; on ne met pas en deuil les mères d'une génération sans noyer l'admiration dans les larmes. S'il est la synthèse de son temps par la prodigieuse activité de son esprit sur toutes choses, bien plus est-il une antithèse colossale qui explique, pour ou contre, tous les entraînements.

Le Second Empire a nui étrangement au calme examen de la vie de Napoléon Ier. Les passions fouillèrent dans son histoire : les courtisans étalant les faits d'armes pour justifier les faveurs d'un neveu qui se prévalait de leurs souvenirs ; les opposants mettant en relief les fautes et les crimes pour abriter sous le manteau de la liberté méconnue leur propre ambition. L'heure sonne d'une étude plus impartiale, et le niveau politique qui a roulé sur toutes ces ruines la facilite singulièrement.

Il est compréhensible que la *mode* soit à Napoléon. Il y a là autre chose qu'un phénomène littéraire. On y peut voir deux causes :

Cette gloire d'un seul homme repose de l'avilissement collectif des parlementaires. Symbole légendaire des vertus du soldat, le général, l'*imperator* est mis en parallèle avec les rhéteurs qui, abrités derrière l'irresponsabilité de leurs votes, cherchent dans le pouvoir les jouissances et les profits.

Le césarisme est le seul côté monarchique resté accessible à notre société démocratisée. On attend encore un maître ; qui parle de légitimité ? Le « service du Roi », pour qui vivaient et mouraient nos pères, est un mot vide de sens à l'oreille et au cœur de notre génération. Tout le monde comprend César : et ceux qui le craignent et ceux qui l'espèrent. La figure de Napoléon en est l'expression tangible et modernisée.

Comme elle échappe à une analyse complète, il faut se résigner à l'étudier dans les détails ; de là l'intérêt des travaux historiques actuels, si nombreux qu'on se plaint déjà de leur multiplicité. Chacun a pris un côté du colosse, et c'est assez pour une intelligence laborieuse. On ne saurait souhaiter une méthode meilleure, espérer un résultat plus définitif.

Cette abondance, serrée d'un peu près, afin de ne pas tomber dans l'émiettement, peut donner la note juste. Les auteurs de talent dont ce livre examine les travaux ont apporté leurs gerbes ; j'ai tenté d'en séparer les brins d'ivraie. J'ai butiné dans cette floraison où les dissemblances de ton, de forme, de parfum sont fréquentes ; on trouvera des couleurs variées dans cette cueillette du même champ. Seul, le fil dont j'ai attaché le bouquet m'appartient ; il a été tressé par la main de l'Église ; je le crois solide.

Catholique, — je pense donc, je sens, je parle en catholique. — Je demeure toujours surpris de la part insignifiante que la critique moderne accorde, dans ses examens, non pas aux choses religieuses, mais à l'action de l'Église. Quand il faut juger un homme, apprécier un livre, discuter une idée, irais-je donc oublier la société qui, depuis dix-neuf siècles, occupe dans le monde, qu'on le veuille ou non, la plus large place, par sa morale, ses dogmes et ses sacrements ?

Je ne me suis jamais senti l'humilité de m'adresser une telle injure ; je n'irai pas moi-même retirer cette lumière à mon entendement, ni lui couper volontairement les ailes. Éclairé du flambeau de cette foi, j'essaie de peser les choses et les hommes, non au trébuchet de ma pauvre pensée, mais dans la balance de l'éternelle justice. Les poids sont là, il ne faut qu'un peu de bonne volonté pour les porter dans les plateaux : l'aiguille marquera toute seule.

Napoléon, pas plus qu'un autre, n'échappe à cette procédure. Il a bien dit à Joséphine qu'il y avait pour lui « une morale à part ». C'est faux. Pour l'avoir trop pensé, il est souvent condamnable. Pour l'avoir oublié, il a été vaincu.

Au reste, ce tribut payé à une sévérité légitime, c'est auprès des chrétiens que l'Empereur peut trouver les plus sincères avocats, les juges les plus indulgents, les adversaires les moins passionnés. A eux il a le plus donné ; d'eux il a le plus reçu.

Ils avaient accueilli avec joie le Concordat, son « meilleur papier devant la Postérité », disait justement Fontanes ; le sacre lui avait acquis à leurs yeux une autorité qu'ils servaient sans arrière-pensée, jusqu'au jour où ses outrages, ses vexations, ses persécutions lassèrent leur patience.

Leur sincérité avait été entière, leur résistance fut courageuse ; elle mérite d'être signalée en un temps où personne, dans le monde, n'osait lever le front contre la volonté la plus énergique qui fut jamais. Et quand vint la chute qui délivrait l'Église, ils s'en félicitèrent, mais sans haine, sans acrimonie. — Pie VII fut le seul souverain qui parla de miséricorde, qui ouvrit un asile à la famille proscrite de son persécuteur. La religion demeura la suprême consolatrice du prisonnier de Sainte-Hélène, et ses bénédictions protégèrent sa tombe.

En vérité, sur le terrain religieux, Napoléon a remporté ses meilleures victoires, rencontré les sentiments qui honorent le plus l'humanité : la loyauté dans le service, la résistance dans la tyrannie, la compassion dans le malheur. Là, il a triomphé sans remords, là il a été vaincu sans retour.

Où trouver un cadre plus exact et plus large à la fois pour placer sa figure ? Si ces études offrent quelque originalité, c'est sans doute dans la franchise chrétienne de leurs appréciations.

On me l'a dit, et j'en ai été surpris, tant il me paraissait naturel, sur notre vieille terre de France, de sentir de la sorte, et simple de l'exprimer.

Il se trouvait cependant que cette *note* manquait au concert historique qui se joue depuis tantôt cinq ans sur le thème lyrique du premier Empire.

Pour expliquer mon audace à la donner, j'ai écrit cette « Préface »,

« Moi qui n'en lis jamais ! — ni vous non plus, je crois. »

G. DE G.

Paris, 19 *mars* 1896.

NAPOLÉON

ET SES RÉCENTS HISTORIENS

LA MÈRE DE NAPOLÉON

La reconnaissance est une belle vertu, et, comme elle ne court pas très constamment le monde, il convient de la saluer partout où on la rencontre. C'est à ce sentiment de fidélité très généreux, très rare et très louable qu'a obéi M. le baron Larrey en consacrant deux gros volumes à la mère de Napoléon [1].

Vous sentez de suite une certaine disproportion entre le portrait et le cadre, car encore que Letizia Ramolino n'ait point été une femme vulgaire et qu'elle emprunte à la gloire de son fils un réel éclat, cependant, en ayant occupé un rang à part, elle n'a point si fort marqué dans l'histoire que de tels détails lui soient réservés. J'abandonne

---

[1] *Madame Mère, « Napoleonis Mater »*, par le baron LARREY.

donc à l'auteur son enthousiasme; tout ce qui touche à la dynastie napoléonienne lui apparaît entouré d'un nimbe qui lui cache les véritables proportions; c'est son excuse, c'est sa justification, et comme ces sentiments lui sont non seulement personnels, mais héréditaires, pour lui avoir été légués par son illustre père, le grand chirurgien de la garde impériale, je m'incline devant eux, sans me permettre d'en partager l'excès.

Même dégagée de ces bandelettes, la figure de *Madame Mère* peut fixer notre attention par les extrêmes d'une prospérité inouïe et d'une chute douloureuse. Les difficultés de sa jeunesse, les pompes de l'âge mûr, les abandons d'une longue vieillesse, trois scènes dramatiques qui s'enchaînent et forment une tragédie selon les règles.

I

Letizia Ramolino naquit en Corse, en l'année…? Ici commencent les obscurités. Elles couvrent tout à la fois la date de sa naissance et celle de son mariage, même la date de la naissance de Napoléon. On conviendra que c'est beaucoup. Et les divergences ne sont pas minces : 1736, disent les uns; 1749, disent les autres; d'autres encore : 1750. Que de nuages sur des points vraiment importants par leurs conséquences, car la nationalité de l'Empereur en dépend : est-il né italien ou français?

Ces lacunes s'expliquent par les bouleversements qui ont agité la Corse; mais, par contre, ce qui ne s'explique pas, c'est la négligence de ceux que ces dates intéressaient si directement et qui n'ont profité ni de leur toute-puissance, ni de la présence des contemporains pour les fixer.

Quel intérêt y avait-il donc à laisser l'obscurité s'épaissir sur des faits d'apparence si simple ? Par un sentiment des plus naturels, l'Empereur fit relever les actes officiels concernant, en Corse, sa famille; Maret écrit, le 26 mai 1806, au préfet d'Ajaccio, qui lui répond, et les minutes furent transcrites sur un registre spécial. Qu'est devenu ce registre ? Comment le souvenir même des actes importants qu'il contenait s'est-il évanoui ?

Ayant ainsi indiqué notre surprise et nos regrets de lacunes sans fonds, puisque la patience de M. le baron Larrey n'a pu les combler, il faut bien passer outre.

Cette vie de la jeune fille corse, mariée à quatorze ans (on le croit), à Charles Bonaparte, gentilhomme sans fortune, mais ardent, intelligent et actif, intéresse par des raisons qui méritent d'être notées. Sans doute, son existence est simple, modeste, obscure, vulgaire : mère de nombreux enfants, dans une position de fortune des plus médiocres, elle prend, par nécessité, ces habitudes d'économie excessive que jadis on devait tant lui reprocher. Mais où cette jeune femme sort de la banalité du terre-à-terre domestique, c'est par l'attachement à son mari, attachement qui la conduit à prendre une part active aux guerres sanglantes de leur île. Elle le suit à cheval dans les passes les plus difficiles; son âge, son sexe, sa maternité, rien ne la retient, compagne attentive, constante, intrépide; c'est une héroïne de Walter Scott, animant la gracieuse beauté de ses traits de la flamme du patriotisme qui lui donne un charme viril qu'elle ne perdra plus.

La Corse est conquise plus que pacifiée. Les Bonapartes prennent parti pour la France; Letizia sera fidèle à cette résolution, et quand Paoli, allié des Anglais, viendra, aux jours sombres de la Terreur, secouer les liens qui rattachent à la France son île natale, la veuve courageuse brave la proscription, l'incendie et la mort pour garder son serment.

Voilà où M. le baron Larrey peut invoquer Plutarque, car ce sont des traits à l'antique; mais il force la note en persévérant dans cette comparaison pour des temps où Madame Mère n'eut plus à soutenir un tel rôle. — Qu'elle ait été « une des plus glorieuses femmes de la France moderne », — qu'en 1814, si on l'avait fait entrer dans le Conseil de Régence, elle y eût « fortifié, par son intervention morale, la confiance publique », — qu'au retour de l'île d'Elbe l'agrafe en diamant, donnée par elle à son fils, ait été « le talisman qui préserva l'épée glorieuse de Napoléon de la moindre tache de sang français », — ce sont là les écarts d'une phraséologie mal inspirée.

Non, non, sa gloire est née dans l'adversité, elle s'y est épanouie, elle y a pris sa force, comme ces plantes sauvages qui embaument la montagne et s'étiolent dans les serres. L'éphémère prospérité qui a bercé sa famille, comme dans un rêve, ne lui a donné ni grandeur, ni noblesse, ni vertu. A peine lui a-t-elle apporté des craintes et laissé des illusions.

II

La mère de l'Empereur n'a jamais cru à la durée de l'Empire. Cette impression a dû suffire pour la priver des jouissances qu'une telle fortune lui aurait fait goûter.

En pleine Terreur, elle s'était réfugiée à Marseille, avec ses filles, dans la situation la plus précaire; ses fils cherchaient leur voie un peu par tous les chemins, quand l'épée de Napoléon vint déchirer ce nuage de tristesse et d'angoisse; le soleil impérial se leva tout à coup sur l'horizon.

Qui n'en fut pas ébloui? Letizia Bonaparte. Sans doute, elle ne demeura pas insensible à cette fortune qui, brusquement, lui assurait l'abondance de la vie au lendemain du jour où le pain matériel lui faisait défaut; mais son expérience des maux passés tempéra l'enthousiasme : elle garda une sorte de crainte superstitieuse dans un avenir qui la troublait. Son bonheur, son amour maternel surtout la firent trembler pour les créations du génie de son fils, pour son fils lui-même. Porter le poids d'une telle charge l'épouvantait, et, comme avant tout elle était mère, elle eût voulu en débarrasser les épaules de Napoléon. Elle redouta, dès le lendemain du 18 Brumaire, les vertiges de la toute-puissance ; d'un mot, avec son accent italien dont elle ne se défit jamais, qui agaçait l'Empereur et qui souleva derrière elle tant de quolibets, elle caractérisait la situation et formulait sa pensée: « Pourvu que cela *doure!* »

On sait qu'elle fut prophète. Cela ne *doura* pas.

« Madame Letizia avait franchi le seuil des Tuileries avec une sorte d'effroi. Elle semblait avoir pressenti le jour où son fils en sortirait, pour n'y plus rentrer. Femme d'une haute raison et d'une sage prévoyance, elle ne pouvait partager l'illusion de plusieurs des membres de sa famille sur la prodigieuse destinée de Napoléon. Elle tremblait comme atteinte de vertige, de se voir entraînée elle-même vers cette soudaine ascension. Dans ses rêves de malheurs passés, ou dans ses prévisions de malheurs futurs, elle croyait voir ses enfants tomber des hauteurs où ils étaient parvenus. Son entourage traitait de rêveries des craintes qui devaient, plus tard, s'accomplir telles que de fatales réalités [1]. »

Et c'est dans cette conviction que tout cela n'aurait qu'un temps, qu'elle prit l'habitude (ou la garda peut-être) de se former une réserve d'argent pour les jours mauvais. Grand reproche qui lui fut adressé, et dont il n'est pas juste de la blâmer, puisque les événements lui ont donné raison, mais dont il est permis de se moquer : la ladrerie est le plus vilain vice des grands, il caractérise les parvenus et les ridiculise.

Madame Mère fut certainement avare. En vingt endroits, M. Larrey, sans nier le fait, veut rehausser l'intention : elle thésaurise pour augmenter ses aumônes, surtout pour préparer à des enfants prodigues une réserve que leur légèreté rendra utile un jour. Mauvaises excuses. Il déplore un entourage de domestiques qui, en économisant sans vergogne, aurait fait rejaillir sur leur maîtresse ce reproche. Tout dément ces embellissements, et la correspondance de Madame Mère, pendant comme après l'Empire, est trop remplie d'intérêts, de débats pécuniaires, de questions de gros sous pour ne pas démontrer sans réplique l'attrait, le penchant de celle qui con-

---

[1] Baron LARREY, t. I, p. 292.

centrait la ténacité de son intelligence sur des sacs d'écus et d'heureux placements.

Après les revers de 1815, elle a jeté des rouleaux d'or à ses fils sans ressources; je ne blâme pas cette générosité maternelle, mais j'y trouve la preuve de ses incessantes économies : tant d'argent amassé en dix ans! De fait, toute la famille impériale a tiré sur elle à boulets rouges, la considérant comme un parfait banquier, et, malgré ses largesses un peu forcées, elle a laissé derrière elle, en bijoux, diamants, objets d'art, palais, terres et créances, des millions qui n'étaient pas une épove sans importance après le naufrage.

Le génie de Napoléon avait le sentiment de la grandeur, et il souffrait d'un défaut qui porte la marque de la mesquinerie. De là, avec sa mère, des reproches, des froideurs, des colères, et, quand elle lui adressait des demandes de supplément de pension (ce qui n'était pas rare) [1], dans leur correspondance un ton glacial de cérémonie qui excluait toute tendresse.

---

[1] Notamment une très longue lettre du 9 mai 1806. — 480.000 francs lui paraissent insuffisants « pour sa position politique », bien que suffisants pour « ses besoins individuels »!! — Cette lettre, qui n'a pas le ton ordinaire des billets laconiques de Madame Mère, est une habile plaidoirie, en bon style; elle fut communiquée à M. le baron Larrey par le duc Decazes, ce qui fait croire qu'elle a été rédigée par son grand-père, secrétaire des commandements de Madame Mère, comme on sait.

L'Empereur lui reprochait aussi deux choses, — deux choses qu'il ne pardonnait pas facilement, — son faible pour Lucien, objet de sa défaveur persévérante, et son manque de confiance dans la stabilité de l'édifice impérial. Crime de lèse-majesté !

Croirait-on que ce fut par les journaux qu'elle apprit la proclamation de l'Empire? Le baron Larrey a publié une correspondance inédite du cardinal Fesch qui le démontre [1]. Elle n'assistait pas non plus au couronnement, bien que le tableau de David la fasse figurer, parmi les personnages en évidence, à sa place officielle. En courtisan adroit, peut-être par ordre, le peintre n'a pas omis ses traits, dont l'absence eût choqué le vulgaire ; en vérité, elle ne rentra à Paris que le 20 décembre 1804, dix-huit jours après le sacre.

Et ce vulgaire, cette foule, suivant l'inspiration de sa logique, croyait que la mère de l'Empereur était heureuse, à l'heure de la prospérité inouïe, de l'éclat splendide, de l'incomparable fortune des siens. *Mater regum*, disait-on, avec emphase ! La princesse de Ligne, qui avait approché des splendeurs plus légitimes, mais, il est vrai, non moins éphémères, la princesse de Ligne traduisait ses sentiments sur un mode lyrique :

« La voilà, la plus heureu... d'entre toutes les

[1] Tome I, p. 356.

femmes, celle à qui aucun revers ne peut enlever, aucune puissance ne peut ôter la gloire d'avoir fait naître l'homme le plus extraordinaire que la suite des siècles ait produit. Qu'elle doit être fière ! Un peuple immense courbé devant son fils ; c'est le plus beau rôle qu'il y ait au monde ! Elle est belle, paraît encore jeune, et on ne dira pas : « Quoi, c'est là sa mère ? » C'est beaucoup [1]. »

Toutes ces grandeurs ne remplissaient pas le vide du cœur, l'absence de tout esprit de famille. L'ambition avait détruit l'intimité. Madame Mère passa les dix années de l'Empire à trembler pour Napoléon, à plaider pour ses fils, à souffrir de ses filles, à jalouser Joséphine, à être humiliée par Marie-Louise. Son bon sens ne la trompait pas : ce fut peut-être la seule que la catastrophe de 1814 ne prit pas à l'improviste.

III

Le malheur lui convenait mieux que la prospérité, il était plus à sa taille. Jeune, elle avait montré la vigueur de son caractère, dans les sentiers perdus de la Corse. Vieille, elle garda la dignité de son infortune, avec l'énergie d'une matrone romaine.

---

[1] *Une grande dame au* xviii° *siècle,* tome II, p. 360.

C'est aussi à Rome qu'elle se retira.

J'aurais aimé que M. le baron Larrey eût mis en lumière cette situation qui porte un grave enseignement : Pie VII, à peine échappé des prisons de l'Empereur, ouvrant à toute la famille bannie de son persécuteur déchu l'asile de la Ville éternelle et lui offrant le seul refuge qu'elle pût trouver en Europe. Le contraste méritait d'être signalé : il a sa grandeur et il parle. Je crains que l'auteur ne l'ait mal vu et peu compris. Aussi bien s'y était-il peu préparé en multipliant les inexactitudes de faits et les erreurs d'appréciation sur les rapports de Napoléon et de Pie VII. Il porte un bandeau quand il regarde « le grand homme » et, pour lui, c'est le Pape qui eut tort envers « le souverain *qu'il avait offensé* » !

Couverte de ses voiles de deuil, Madame Mère se réfugia donc à Rome et mena vingt ans une vie obscure et digne.

Elle vit se nouer autour d'elle, auprès d'elle plutôt, bien des intrigues bonapartistes ; l'espérance d'un succès prochain ne la troubla jamais.

A peine sortait-elle d'une réserve austère pour signer quelques lettres en faveur du prisonnier de Sainte-Hélène. Et dans ces démarches maternelles elle mettait encore le calme d'un esprit désabusé.

Les catastrophes se multipliaient autour d'elle sans l'atteindre autrement qu'en plein cœur.

Comme un vieux tronc que la cognée du temps respecte, elle survivait à la chute de toutes ses feuilles, au brisement de toutes ses branches, et, parmi les tombes ouvertes sous ses pas, elle ne trébuchait point, même quand elle heurtait du pied au tertre vert de Napoléon et au marbre du duc de Reichstadt.

Sa seule consolation avait été de parler de son fils, avec la ténacité du vieillard, et d'espérances qu'elle n'avait pas nourries, au temps de la prospérité ; elle rêvait au retour de l'Empire sans en bien dégager la possibilité et les moyens. — Paralysée, aveugle, sourde, vivant de souvenirs amers, s'entourant de tous les objets qui pouvaient lui rappeler les siens disparus, ne recevant que les rares fidèles qui venaient l'entretenir de ceux qu'elle pleurait, elle mourut sous le fardeau de l'amertume et le poids de la vie, à près de cent ans.

Au point de vue de l'histoire, sa figure ne peut être qu'épisodique, mais elle trouve sa place dans la galerie des femmes qui ont connu les extrêmes de l'existence sans en être brisées, et à qui le dévouement a donné une grandeur que l'intelligence et l'esprit ne leur promettaient pas.

LA FORMATION INTELLECTUELLE

DE NAPOLÉON

Une journée bien commencée est généralement une journée bien finie. Dans la vie, il en va souvent de même. C'est une banalité d'insister sur l'importance de la famille et de l'école, les primes impressions de la jeunesse et de la toute petite enfance, l'influence du premier maître, du premier ami, du premier livre, du premier livre surtout.

Rien n'efface jamais de nos yeux vieillis le tableau que colorait l'aurore à notre regard matinal. Ce souvenir nous accompagne jusqu'au tombeau, et nous voyons désormais sous cet angle, étroit ou large, les objets les plus divers et les plus imprévus.

Pour bien apprécier le génie, il convient de savoir d'où il vient, comment, par qui il a été cultivé. « Un homme ne se forme pas tout seul, dit Mistral, — exemple vivant de cette vérité, — et la race dont il sort, comme le milieu où il vit, lui apportent leurs diverses influences [1]. »

Rien n'est donc plus intéressant, plus nécessaire que de connaître, pour bien comprendre la direction de sa vie entière, les années de formation intellectuelle de Napoléon.

Sur sa jeunesse, nous n'avions guère jusqu'ici que les anecdotes de Mme d'Abrantès et de Bourrienne, historiettes pour la plupart ou forcées, ou embellies, ou noircies, dénaturées par conséquent. Le *Mémorial* de Sainte-Hélène, relativement sobre sur ce point où il aurait pu avoir de l'importance, doit être consulté avec précaution, puisque c'est l'auteur qui parle de lui-même sans contrôle. Les histoires apocryphes, assez nombreuses, ne sauraient compter. Des « papiers » émanant du jeune Bonaparte et se rapportant à cette époque, nous n'en connaissions que fort peu : une douzaine de lettres authentiques, un fragment de discours, trois ou quatre morceaux d'étude insignifiants. Voilà tout ce qu'avaient rapporté de leurs explorations les chercheurs, comme Blanqui, après sa mission en Corse, en 1828, ou le baron de Coston ; tout ce que nous livraient « la prudente avarice de Libri et la haine exercée de M. Jung ».

Mais voici que nous avons mieux ; à la vérité,

---

[1] F. MISTRAL, *Lis Isclo d'or*, préface.

nous avons sinon tout, du moins tout ce qu'il faut pour nous faire une opinion sérieuse.

C'est à ce Guillaume Libri, traité par M. Frédéric Masson avec un juste mépris, qu'il faut revenir pour saisir le fil de cette trouvaille historique, que M. Masson lui-même nous apporte si opportunément aujourd'hui.

A la fin de juin 1815, quand Napoléon faisait précipitamment aux Tuileries des paquets qui devaient être définitifs, un assez vieux carton couvert d'un papier grisâtre à dessins quadrillés lui tomba sous la main. Il le fit entourer d'un ruban de soie, y mit son cachet et écrivit d'une plume hâtive : « A remettre au cardinal Fesch. » Le cardinal l'emporta à Rome, où son péché mignon ne paraît pas avoir été la curiosité, puisqu'à sa mort, le 13 mai 1839, vingt-quatre ans après, on retrouva le carton scellé, ficelé, n'ayant jamais été ouvert.

L'abbé Lyonnet, le futur biographe de Mgr Fesch, joignit ce paquet aux papiers intéressant le diocèse de Lyon qu'il rapportait en France dans les archives de l'ancien archevêché du cardinal. L'année suivante, le prince Charles-Lucien Bonaparte passant par la ville, il pensa que la circonstance était heureuse pour voir ce fameux carton. On brisa le cachet impérial et l'on trouva, de la très mauvaise écriture de Napoléon, un assez grand nombre de manuscrits paraissant de vieilles notes, des copies de livres, des passages d'ouvrages très peu importants eux-mêmes. Difficulté du déchiffrement, médiocrité du sujet, ne tentèrent pas le prince, et le carton refermé demeura là, sans destination comme sans usage.

Cependant, c'étaient des papiers de l'Empereur, et, pour peu intéressants qu'ils fussent, ils avaient appartenu au grand homme. Ils représentaient à ce titre, une valeur. L'abbé Lyonnet les vendit 6.000 francs au profit des pauvres à un amateur d'autographes qui en achetait beaucoup et en volait plus encore : Guillaume Libri.

Celui-ci dépouilla le carton avec plus de sagacité, publia quelques morceaux pour attirer l'attention, amorcer l'acheteur et recéda sa propre acquisition à un millionnaire Anglais, lord Ashburnham, dont la collection de manuscrits était déjà l'une des plus riches de l'Europe.

En 1883, cette collection merveilleuse fut dispersée et vendue pour sept millions et demi. Parmi ses richesses les moins en vue se trouvait toujours le carton presque inexploré des papiers de Napoléon : le prince Jérôme en avait bien déjà surveillé l'existence sans avoir la fortune nécessaire pour en faire l'acquisition. Ce fut le gouvernement italien qui en devint l'adjudicataire, dans un lot qu'il paya 675.000 francs.

Les cent et quelques manuscrits autographes de

Bonaparte, sans compter les copies et les imprimés, reposent aujourd'hui, à Florence, dans la bibliothèque médicéo-laurentienne. Et c'est là que M. Frédéric Masson, dont l'érudition avait déjà signalé au prince Jérôme l'existence de ce filon inexploré, qui l'avait une première fois étudié pour lui, est revenu le chercher et l'extraire de ce carton où il gisait depuis quatre-vingts ans.

Sa grande compétence historique, son amour passionné pour tout ce qui touche à la période impériale, lui ont fait vaincre des difficultés de déchiffrement et de collationnement bien faites pour rebuter un chercheur moins consciencieux et moins bien armé. Aujourd'hui il nous apporte son butin, nous montrant, en effet, un *Napoléon inconnu*[1], et nous fournissant sur la jeunesse de Bonaparte des données qui comblent une des lacunes les plus sensibles, une des rares lacunes de son extraordinaire existence.

Le chroniqueur proprement dit n'aura là que des détails à glaner, et ce n'est pas de 1786 à 1793 que Bonaparte intéresse son temps et domine ses contemporains. Il n'y a pas de comparaison à établir entre les années de ses débuts et les jours de sa puissance. Mais, en revanche, le philosophe, le pen-

---

[1] *Napoléon Inconnu*. Papiers inédits (1786-1793), accompagnés de notes sur la jeunesse de Napoléon, par Frédéric MASSON; 2 vol., 1895.

seur, l'historien sont en présence d'une mine des plus riches, et tiennent le fil qui les conduit dans le cerveau du futur Empereur, pour leur révéler sa formation intellectuelle.

A ce titre, dans l'abondance envahissante des travaux sur Napoléon, cette publication peut prendre une place à part et doit apporter des lumières inattendues dans l'étude psychologique de cet homme qui domine son siècle.

II

M. Masson établit, soit par lui-même, soit par des recherches d'archives faites avec soin, l'origine de la famille Bonaparte. Sans s'arrêter, autrement que pour en faire mention, sur les légendes assez ridicules qui la rattachent aux empereurs d'Orient et, plus récemment au Masque de Fer (??), il dresse un tableau généalogique remontant sans lacune au x⁰ siècle, ce qui est fort suffisant pour la question « nobiliaire ».

Grâce à une note manuscrite de Napoléon intitulée: *Époques de ma vie*, M. Masson se range péremptoirement à l'opinion de ceux qui admettent le 15 août 1769 comme la date de sa naissance. Les passant en revue, il ne trouve pas de motifs suffisants, pour expliquer les raisons qui auraient conduit à fausser cette date, et les contradictions multipliées sur ce point par les propres parents de l'Empereur et par l'Empereur lui-même lui paraissent des anomalies ou des coïncidences sans importance. Sauf la question d'être né *français* (1769) et non *italien* (5 février 1768), quatre mois dix jours avant l'occupation de la Corse par la France, et ce désir paraît des plus compréhensibles pour un souverain d'être du pays [1] qu'il gouverne, sauf cette très grosse question, on voit mal en effet pourquoi les Bonaparte auraient menti ; les prétextes de pauvreté, d'admission aux écoles royales ne sont pas probants.

Toutefois, tant que l'acte de baptême de Napoléon où la date *cinque febraio del mille settecento sessanto otto* est grattée et surchargée de la mention *quindici agoste del mille settecento sessanto nono*, tant que cet acte ne sera pas prouvé faux (et je m'étonne que M. Masson n'ait pas établi cette preuve), je conserverai des doutes [1].

---

[1] *L'acte de baptême* est à Ajaccio, une copie s'en trouve aux Archives Nationales. (Armoire de fer, AE, I, 11-12, n° 1.)
L'acte de mariage (19 ventôse an IV-9 mars 1796), — qui accusait également, et sur les propres indications de Napoléon, la date de 1768, — était à l'Hôtel de Ville ; il fut brûlé en 1871 ; mais M. Jal (*Dictionnaire de Biographie et d'Histoire*, p. 398) en avait donné le texte avec le fac-similé des signatures. — Quand M. A. Caise prétend que cet acte « miraculeusement sauvé », trouvé dans les papiers des Tuileries après le 4 septembre, est déposé aux Archives Nationales, il démontre simplement qu'il n'a pas été aux Archives vérifier son affirmation, et qu'il n'a pas même lu le *Dictionnaire* de Jal.

Je ne puis comprendre que la pleine lumière n'ait pas été faite sous le Premier Empire, quand on était encore si proche des événements, quand Napoléon fit relever en Corse tous les actes de sa famille (mai 1806). Quel intérêt avait-on à laisser de l'ombre sur une pièce aussi capitale ?

Cela dit pour l'amour de la vérité, car né avant ou né après l'annexion, celui qui fut pendant onze ans l'Empereur des Français, dans les conditions que l'on sait, a conquis tous les titres de grande naturalisation nécessaires !

Voici le jeune Bonaparte en France : au collège d'Autun (janvier-mai 1779), à l'Ecole de Brienne (mai 1779-octobre 1784), restée célèbre par son passage ; et à l'Ecole militaire de Paris (1784-1785) où il rencontre des amis qui lui seront fidèles et des adversaires : Phelippeaux et Peccaduc, qui seront heureux contre lui, même à la guerre, preuve de l'excellente formation que la jeune noblesse de France recevait dans les Écoles du Roi.

Des mille détails que nous fournit libéralement M. Masson, que ressort-il au point de vue de la formation morale de Bonaparte ?

---

[1] *Du contrat de mariage* une expédition authentique est aux Archives. (Armoire de fer, AE, I, 11-12, dossier 5.) La minute, déposée chez le notaire Raguideau, se trouve dans les cartons de son successeur Mᵉ Edouard Delorme, 11, rue Auber.

Dans le domaine des choses religieuses, des lacunes si nombreuses que l'on peut croire à beaucoup d'ignorance. A Brienne, où eut lieu la première communion, rien de saillant ni en bien, ni en mal, un souvenir respectueux gardé de l'aumônier. A Paris, des cérémonies extérieures qui semblent longues; quelques leçons de catéchisme qui paraissent courtes; une réponse spirituelle, mais impertinente, à l'archevêque lors de la confirmation, et puis rien. C'est l'influence de Rousseau, l'idole du jour, qui domine déjà cette jeune imagination et qui étouffe facilement le bon grain à peine mis en terre.

Dans le domaine des choses politiques, Bonaparte ne suit pas du tout le courant général de ses condisciples pour des raisons parfaitement déduites dans les commentaires de M. Masson : « Venu de Corse, pays d'égalité démocratique, dont la chétive noblesse n'avait jamais contracté ces liens qui unissaient si étroitement en France la nation au souverain, les vassaux au suzerain, il accepte les idées révolutionnaires sans la moindre difficulté.

« En lui la Révolution s'est accomplie avant que, dans les faits, elle soit commencée. Car que se proposera la Révolution? Faire table rase des institutions monarchiques. Or, pour Napoléon, ces institutions n'existent pas : de naissance, il ne peut en avoir ni la superstition comme certains, ni le respect comme beaucoup, ni même la compréhension comme l'ont tous les anciens Français [1]. »

Pour lui, l'amour du pays, c'est l'amour de la Corse, au détriment, à l'exclusion, à la haine presque de la France. Il parle sans cesse pour ses compatriotes de « secouer le joug des Français ». « Tout ce qu'il entasse d'histoire n'a pour but que de prouver que sa nation a toujours été libre et qu'elle mérite de le redevenir [2]. »

Et si, plus tard, le sentiment chez lui s'émousse et s'apaise, la trempe qu'il a donnée à son esprit ne s'altère pas : comme dans la langue française, malgré des efforts acharnés, il a conservé des ignorances nombreuses, disant, par exemple : îles *Philippiques*, pour îles Philippines ; *section*, pour session ; point *fulminant*, pour culminant ; rentes *voyagères*, pour viagères ; *armistice*, pour amnistie [3] (je ne crois pas, d'ailleurs, qu'il se soit très souvent servi de ce dernier mot !) ; — de même, dans le domaine des idées, son cerveau reste italien.

---

[1] F. MASSON, I, p. 96.
[2] *Id.*, I, p. 221.
[3] Voir CHAPTAL, *Souvenirs*, p. 225. — Cette dernière faute (armistice) a été également relevée par MIOT DE MELITO, qui remarque (*Mémoires*, tome II, p. 235), à propos du premier discours public lu par l'Empereur, 27 décembre 1804, qu'il ajoutait un *t* à la troisième personne du singulier du futur, un *s* à la première personne.

L'Italie l'a parfois revendiqué. Gioberti remarque qu'à ses débuts Bonaparte avait dirigé sa conduite selon la méthode italienne, c'est-à-dire joignant une grande prudence à une grande audace; plus tard, aveuglé par le succès, il voulut gouverner avec la *furia francese*, par des mouvements brusques, emportés, cassants, et qu'il mit alors moins de mois à perdre sa couronne qu'il n'avait mis d'années à l'acquérir. — Voilà comment j'estime qu'il appartient à l'Italie et non par l'atavisme de condottiere dont parle Taine.

Quoi qu'il en soit, le voilà sorti des écoles; il a seize ans, il est envoyé, comme lieutenant en second, à Valence, puis à La Fère. C'est l'heure des lectures nombreuses, plume en main; nous allons suivre, d'une manière plus distincte, la marche de ses idées. Studieux, solitaire, presque sauvage, il lit beaucoup, il travaille assidûment; sa méthode est bonne, mais s'exerce, malheureusement, sur un ensemble d'auteurs plus que médiocres et pleins de paradoxes dans le goût du xviiie siècle. Sa formation historique en demeura à jamais faussée.

Comme, en philosophie, il avait suivi Rousseau, en religion il adopte Raynal, et Mably en histoire. L'Angleterre et la France attirent surtout son esprit. La première le retient plus longtemps que la seconde, lui laissant même je ne sais quel penchant pour ce pays, dont il combattra si longtemps le gouvernement, gardant toujours à ses citoyens une admiration intime, jusque sur *le Bellérophon*.

C'est dans un certain J. Barrow qu'il puise ses renseignements. Quel est cet auteur ? On connaît un Isaac Barrow, mathématicien, qui eut la gloire d'être le professeur de Newton; un Jean Barrow, compilateur, qui a publié des récits de voyage, et un troisième homonyme, qui a voyagé pour son propre compte. Mais « l'historien », on l'ignore. Ce n'est point un grand dommage pour sa mémoire, à en juger par les extraits que Bonaparte fit de son « Histoire *impartiale* d'Angleterre », et qui ne sont que ridicules rapsodies.

Toutes les sottises qu'un protestant du xviii° siècle peut concevoir sur les moines, il les imprime ; les calomnies les plus invraisemblables, il les adopte ; il ne manque à aucun des lieux communs sur la richesse des couvents, la cruauté des évêques, l'ambition des Pontifes romains, l'hypocrisie des prêtres.

Vols, débauches, assassinats, mensonges, sont l'habituelle préoccupation de tous ces « papistes ». Saint Thomas Becquet a sa page spéciale de calomnies, et il est regrettable de penser que, dans ses copies, Bonaparte s'y est particulièrement arrêté.

J'avais quelque impatience de trouver l'impression qu'avait ressentie le jeune officier en face de Monck, dont les royalistes candides rêvèrent, en un temps, de lui voir jouer le personnage. Rien de saillant, l'épisode ne l'a pas frappé plus qu'un autre. Tandis qu'en étudiant l'histoire de la Grèce, avec la réminiscence probable du vers de *Mérope* :

Le premier qui fut roi fut un soldat heureux,

il écrit ces lignes auxquelles sa destinée devait faire un solennel écho :

« Le premier roi est toujours le premier homme de son peuple. La cause qui l'éleva au-dessus de ses semblables doit l'y maintenir, et son autorité a toujours été plus absolue que celle de ses successeurs. »

Et pour clore les impressions de Bonaparte, en ce temps-là, sur l'Angleterre, il n'y a plus qu'un rapprochement curieux à noter, une remarque mélancolique à faire : en transcrivant la liste, fort écourtée, des possessions anglaises, il écrit : « Sainte-Hélène, petite île... », et sa plume s'arrête brusquement [1]. On ne saurait parler de prescience, mais la coïncidence mérite d'être notée.

Nous voyons quel maître fâcheux il a suivi (faute peut-être d'en avoir d'autres) pour l'histoire

---

[1] *Napoléon inconnu*, II, p. 49.

d'Angleterre : étudiant l'histoire de France, ses auteurs sont encore plus détestables.

C'est Mably, un rhéteur creux et un transfuge presque public de l'Eglise ; c'est Duvernet (de son vrai nom Théophile Imarigeon), pauvre hère de la bohème des lettres, commensal famélique de Voltaire avec qui il finit par se brouiller, dont il écrivit la « Vie », à la grande colère des amis du patriarche de Ferney, et l'auteur d'ouvrages comme *Les Dévotions de M*^{me} *de Betzamooth avec les pieuses facéties de M. de Saint-Oignon*, dont le titre suffit à juger l'esprit et à apprécier le goût délicat. Oui, c'est ce polisson littéraire que Bonaparte s'en va chercher pour étudier, dans son *Histoire de la Sorbonne*, « l'influence de la théologie sur l'ordre social ». On peut croire s'il en revient bien renseigné !

Avec probité, M. Frédéric Masson remarque que les énormités transcrites par le lecteur ne lui appartiennent pas, mais chargent la mémoire de l'auteur seul. Très bien ; toutefois, puisqu'il s'agit ici de formation intellectuelle, il reste qu'elle a été pitoyable.

Et quand, laissant ces écrivains louches et obscènes, n'ayant pas même le mérite vulgaire d'une demi-science, on arrive à des gens moins absurdes, sachant au moins ce dont ils parlent, on voit que c'est à Gerson, personnage en soi estimable, mais grand défenseur des maximes antiromaines (c'est ce point seul que je veux noter), que Napoléon va demander des lumières.

Pendant que s'élaborait dans son esprit ce travail intérieur, les événements politiques se pressaient. On était aux premiers jours de l'année 1789, il cherchait avec attention le moyen de développer dans son île natale toutes les conséquences qui pouvaient, à l'avantage de son indépendance, être déduites des maximes nouvelles. Dès le mois de septembre, il obtient un congé régulier, et se rend à Ajaccio. Toutes les agitations de la rue, tous les mouvements populaires, toutes les déclamations des clubs, toutes les manœuvres électorales le passionnent; dans tous, plus ou moins, il met la main. Son activité, son intelligence, sa décision, le frottement reçu en France, en font, vis-à-vis de ses compatriotes, un personnage important.

Lorsqu'il reprend son poste au régiment de La Fère (février 1791), il continue sa propagande révolutionnaire. Nous le voyons faire aux sous-officiers de sa compagnie la lecture des journaux patriotiques [1], et prendre d'autant plus à cœur ce rôle où il trouve déjà un piédestal qu'il est un des rares officiers non royalistes de sa garnison.

[1] F. Masson, II, p. 208.

Bonaparte est sans cesse en mouvement : en Corse, à Paris, de nouveau en Corse, très affairé, pauvre de crédit, plus pauvre encore d'argent, mais déjà riche d'espérance et de la volonté d'arriver. Enfin, en juin 1793, après une agitation sanglante qui frappe sa famille, définitivement compromise avec lui, il aborde à Marseille, mène pendant quelques mois une vie précaire, jusqu'au 16 septembre, où Carteaux, en quête d'un officier d'artillerie, confie à ce petit capitaine sans emploi la conduite de quelques batteries. Il arrive à Toulon, et là s'arrête sa jeunesse ; « là, a dit Las Cases, le prendra l'histoire pour ne plus le quitter, là commence son immortalité ».

III

De ce qui précède, il semble bien nettement que ce modeste carton, où reposaient depuis si longtemps les vieux papiers écrits il y a aujourd'hui un siècle, ait apporté un élément de premier ordre à l'enquête ouverte sur Napoléon. Leur simple lecture dégage sans ambage la lumière qu'on y doit chercher.

« Napoléon a atteint sa vingt-quatrième année, et l'on peut considérer sa formation intellectuelle comme accomplie. A cette époque de sa vie, le contingent des notions élémentaires dont disposera le général d'Italie et d'Egypte est formé ; la conviction est faite sur les institutions politiques et sociales des différents peuples, sur leur constitution historique ; enfin, le vocabulaire est recueilli et la forme est trouvée pour parler au peuple et à l'armée, au monde et à la postérité.

« Ainsi peut-on, de ses papiers d'études, tirer comme la genèse des idées de Napoléon : général, consul, empereur. Aucun d'eux n'est indifférent ni inutile ; aucun dont on ne puisse trouver, à quelque moment, l'application. Son implacable mémoire n'a rien mis en oubli. C'est ici le point de départ, c'est ici le bagage qu'il portera par la vie ; c'est là la terre glaise dont il bâtira sa statue[1]. »

On a pu voir quel mince bagage c'était au point de vue religieux. La plus grave sans aucun doute des questions qu'il eut plus tard à résoudre fut celle du rétablissement, en France, de l'Eglise catholique. Hélas ! il l'a résolue, avec bonne volonté, je le crois, sincérité, je l'espère, mais combien ignorant de ses dogmes, de son histoire et de sa discipline ! Eh quoi ! sans savoir, sans avoir retenu un mot de catéchisme, l'esprit farci des inepties d'un cuistre de lettres comme Duvernet, d'un phraseur comme Mably, d'un compila-

---

[1] F. Masson, II, p. 499 et 513.

teur protestant comme l'inconnu Barrow, pour mettre les choses au mieux et citer enfin un homme de talent, d'un écrivain comme Gerson, réprouvé sur la question où Bonaparte a été son disciple, par l'autorité légitime de l'Eglise catholique, sa mère: voilà dans quelles conditions le futur restaurateur du culte en France a formé ses idées !

J'en appelle à tout homme de bonne foi. Voici une intelligence de quinze ans, elle est neuve : on veut lui faire connaître le pour et le contre du catholicisme, grande institution qui, depuis dix-huit siècles, tient la première place dans l'histoire du monde par ses dogmes, sa morale, ses sacrements, ses fidèles et ses adversaires. Et à ce jeune homme qu'on veut instruire loyalement, on remet : l'*Esprit de Gerson*, l'*Histoire de la Sorbonne*, l'*Essai sur les mœurs*, sans plus, vous entendez bien, sans plus, sans un seul de ces centaines, de ces milliers d'écrivains catholiques, sachant ce dont ils parlent, et qui, rien que dans le domaine intellectuel, forment l'élite du genre humain ; sans un mot de Bossuet, sans une ligne de Fénelon, sans un sermon de Bourdaloue, sans le moindre traité d'un Père de l'Eglise, sans un seul des livres par lesquels cette Eglise qu'il va juger expose ses raisons et ses doctrines ; — et vous pourrez dire que ce jeune homme est instruit, qu'il va désormais parler de ces questions capitales en connaissance de cause ?

Mais le plus élémentaire bon sens, la moins chatouilleuse loyauté, veulent que la plaidoirie de l'un soit accompagnée de la plaidoirie de l'autre. Ayant à instruire un ignorant de l'histoire de l'Empereur, admettriez-vous qu'on lui mît entre les mains, comme unique élément de cette étude, « Les amours secrets de Buonaparte » ? — Non, n'est-ce pas ? — Concluez.

Napoléon n'eut pas d'autre formation religieuse; elle était vicieuse radicalement. Ainsi vous ne retrouverez jamais dans son esprit le moine de Rabelais, ribaud et buveur. Jamais, non plus, les boutades voltairiennes sur l'ignorance des couvents, les cruautés des inquisiteurs, ou les railleries sur la Bible; — son cerveau n'a pas été pétri dans ce moule d'irréligion *à la française*; ce qui l'a frappé, c'est le rôle, travesti d'ailleurs, du clergé dans l'Etat. Quand il gouvernera, ce sera sa préoccupation constante : il n'est pas en soi antireligieux ; par ambition, il est à tout jamais antithéocratique.

« Aussi s'efforce-t-il de si bien lier les mains aux prêtres que l'Etat, tel qu'il le comprend, n'ait rien à redouter de leurs empiètements. Les prêtres, serviteurs du gouvernement qui les salarie, lui prêteront officiellement et officieusement leur concours, lorsqu'ils en seront requis, et se serviront du pouvoir qu'ils ont sur les âmes pour assurer la paix dans l'Empire [1]. »

Ébloui par la gloire impériale, sous le souvenir, peut-être le charme d'une amitié princière dont sa fidélité veut s'honorer, M. Masson approuve des conséquences qu'il déduit avec une grande logique. Je le sais trop : c'étaient là, en effet, les « idées religieuses » de Napoléon, qui voulait des « gendarmes de conscience » ; mais j'oserai rappeler à son admirateur que ce fut aussi là l'idéal de Gambetta, aux jours où il se prit à rêver un « clergé national ».

Gallican peut-être, mais pas Français au noble sens du mot où l'entendait la robuste foi de nos pères, Bonaparte était antireligieux à l'italienne. Mme de Rémusat a dit :

« Bonaparte se servait du clergé, mais n'aimait pas les prêtres. Il avait contre eux des préventions philosophiques et un peu révolutionnaires. Il se moquait assez volontiers dans son intimité de ce qui touchait a religion et je crois qu'il donnait trop d'attention à ce qui se passait dans ce monde pour s'occuper beaucoup de l'autre. J'oserais dire que l'immortalité de son nom lui paraissait d'une bien autre importance que celle de son âme [2]. »

---

[1] F. Masson, II, p. 509.
[2] *Mémoires*, II, p. 368.

Et un diplomate de grand mérite, qui avait beaucoup étudié les choses de l'Empire, du premier comme du second, concluait fort bien, selon moi, dans le même sens :

« Bonaparte est Italien, donc païen. Il ressuscite la vieille doctrine des Césars de Rome et les agissements barbares des Césars germaniques : écraser et détruire les nations, pour faire place violemment à des combinaisons d'égoïsme et de tyrannie ; substituer au droit la force ; à la liberté, l'arbitraire souverain. Bonaparte, sur cette voie, doit nécessairement se heurter à la Papauté. Elle est le vieux phare de la civilisation chrétienne, la protestation éternelle de la conscience contre la violence, du droit contre la force. »

M. Frédéric Masson, qui est le plus galant homme du monde, ne s'étonnera pas de me voir faire ces fortes réserves sur ses conclusions. Aussi bien, il s'étonnerait du contraire, connaissant des convictions que j'ai eu déjà l'occasion de lui exposer quand il me faisait l'honneur de s'entretenir avec moi de la période impériale. Il ne m'en voudra pas de les maintenir ici, et moi je lui sais gré d'en avoir entendu l'affirmation avec la patience des hommes de vrai talent et de bonne compagnie.

Et j'ai plaisir à souscrire aux autres considérations, pleines d'éloquence et de verve, qui couronnent ses deux volumes.

Comme lui, j'estime que Bonaparte s'est fait peu à peu Français, que tout l'y a porté : le dégoût, le rêve, le sentiment, l'ambition, l'honneur militaire. Qu'après avoir sacrifié sur l'autel de Rousseau, il a pris, en homme d'action qu'il était, le mépris des théoriciens, des philosophes, des rêveurs, des *idéologues*. Que sa langue s'est transformée, comme sa pensée, et qu'à l'heure où il va monter sur un théâtre où bientôt le public ne verra plus que lui en scène, il a trouvé la forme de ses réflexions, il est en possession de sa phrase, « qui se brise, se casse, s'effile, se sèche, se durcit comme l'acier ». — « La voici dédaigneuse des adjectifs et des adverbes, concise, ferme, brève, qui ne veut qu'un mot par idée, qui se frappe comme une médaille antique, avec l'énergique relief de l'effigie très saillante, les bords coupés au hasard, bavés et rudes, sans qu'il s'inquiète de les arrondir et de les lisser. »

Et j'estime, enfin, que plus qu'aucune branche des connaissances humaines, l'histoire a été son institutrice, qu'elle lui a fourni ses arguments, sa façon de voir et de penser, du premier coup le faisant homme d'Etat. Presque dédaigneux de la littérature, il a été passionné pour connaître les annales du monde, et épeler dans ce livre où son épée devait se tailler un si gigantesque chapitre.

UN PORTRAIT DE NAPOLÉON

I

Chaptal fut un homme heureux. Il marcha dans la vie sur un chemin bordé de fleurs.

Au milieu d'une de ces familles de vieille bourgeoisie qui avaient des traditions et des vertus, dans une de ces provinces de l'ancienne France assez éloignée de Versailles pour n'en avoir jamais respiré l'air immoral et troublant, — il naquit trente ans avant la Révolution, à temps pour goûter ce que l'ancien régime avait de stable dans ses coutumes, de doux dans ses mœurs, de simple et de tranquille dans ses relations. — Une maison ouverte aux pauvres le matin, et le soir à des amis d'un commerce sûr et d'une intelligence cultivée, foyer, depuis cent cinquante ans, de parents respectés et riches, abrita son enfance. Après tous les succès d'école, le jeune Chaptal connut les triomphes de l'étudiant : élève préféré de ses maîtres: honneur des collèges de Mende et de Rodez, gloire de la Faculté de Montpellier!

Ses soutenances étaient des événements pour ces petites villes: « le chapitre, la noblesse, l'évêque » y assistaient; on plaçait une inscription sur la porte de la chambrette qu'il occupait au collège; à vingt ans, il était reçu docteur après une « volumineuse » thèse en latin qui fut tirée à quatre mille exemplaires, « ce qui ne s'était jamais vu », et qui trouva des lecteurs enthousiastes, ce qui ne se verrait probablement plus de nos jours.

Il inaugura un cours de chimie, sous la protection de l'archevêque de Narbonne, en présence des deux évêques et de « Messeigneurs les gens des trois Etats de la province de Languedoc ». Peu d'années après, vous le retrouveriez avec des élèves nombreux, une réputation de savant, une femme charmante, un intérieur agréable, une fortune considérable, acquise par des découvertes chimiques appliquées pour la première fois à l'industrie. Les Etats lui votent des gratifications et des traitements, son oncle lui laisse tous ses biens, le roi lui envoie des lettres de noblesse et le ruban de Saint-Michel.

La Révolution, qui détruit tant de positions acquises et bouleverse tant d'intérieurs, passe sur lui presque sans l'atteindre. Ses talents imposent le respect à ceux qui ne tiennent pas compte de la naissance et de la vertu. La République, se déjugeant une fois de plus, après avoir mis à mort Lavoisier, sous prétexte qu'elle n'avait pas besoin de chimiste, appelle Chaptal à Paris pour diriger des ateliers de poudre et de salpêtre, et lui accorde ainsi un brevet de vie, à une époque où nulle tête ne tenait solidement sur les épaules des gens de bien.

Au sortir de la Terreur, il reprend ses études. Ses travaux de vulgarisation lui obtiennent la renommée avant ceux-là mêmes qui ont précédé ses propres découvertes. Après le 18 brumaire, sans l'avoir sollicité, il est nommé conseiller d'État ; Bonaparte l'appelle au Ministère de l'Intérieur et il garde ce poste considérable pendant quatre ans, à l'époque des transformations les plus intéressantes de notre administration, des relèvements les plus glorieux de notre pays.

Une rivalité avec l'Empereur, sur un terrain ne touchant en rien à la politique, lui fait quitter ses fonctions pour entrer au Sénat ; tout aussitôt ses nouveaux collègues le nomment leur trésorier.

Il continue ses études, et l'Académie des Sciences l'appelle dans son sein. Sa prétendue disgrâce se change en une heureuse fortune, puisqu'elle l'éloigne de la présence habituelle de Napoléon à l'heure où le caractère impérieux du despote va rendre, pour ceux qui l'approchent, la vie dure et compromettante.

Dans son château de Chanteloup [1], érigé en comté et en majorat, au milieu de paysans reconnaissants, d'amis dévoués et d'enfants aimables, entouré du luxe le plus délicat, heureux dans ses exploitations agricoles, publiant des livres dont le succès assure sa gloire, Chaptal coule en paix des jours faciles. La chute de son protecteur ne renverse pas son bonheur. Après une courte attente, Louis XVIII, « qui le reçoit toujours d'une manière distinguée », le crée pair de France ; les princes lui font bon accueil, « ce dont il ne se prévaut pas, mais ce qui lui est très agréable » ; il reçoit la grand-croix de la Légion d'honneur ; et sa verte vieillesse se retourne avec complaisance vers soixante-dix années écoulées sans nuage.

Mais l'histoire de Crésus sera toujours vraie ; il faut attendre la mort d'un homme pour le proclamer heureux. Le dernier roi de Lydie fut du moins sauvé des soldats de Cyrus par l'amour filial qui fit un miracle. Chaptal se trouva tout à coup ruiné par les spéculations malheureuses de son fils ainé. Il fallut vendre l'hôtel de Mailly, le châ-

---

[1] Chanteloup, près d'Amboise, fut bâti, en 1712, pour la princesse des Ursins ; Choiseul l'embellit et en fit une demeure célèbre. Ravagé par la Révolution, il fut acheté, en 1802, par Chaptal qui l'orna, et y créa un centre d'agriculture savante avec une distillerie et un troupeau de mérinos fameux. — En 1826, il fut détruit par les marchands de biens.

teau de Chanteloup, ne garder que la modeste pension du légionnaire et la rente du majorat.

On n'aurait point cru qu'un vieillard habitué à voir la fortune lui être constante, supporterait ce coup avec sérénité. Mais il conserva son calme jusqu'à la fin, sans récrimination ni faiblesse, puisant peut-être, dans l'accoutumance du succès, l'espérance qu'un sourire de la déesse qui l'avait favorisé illuminerait encore ses derniers jours. Son calcul ne fut point trompé, car, si la richesse ne revint pas, il sut ne pas souffrir de son absence, ce qui équivaut.

On comprend qu'un homme si exempt d'inquiétude ait envisagé la vie sous un jour favorable. Ses *Souvenirs* présentent, en effet, l'impression d'un spectateur satisfait de la pièce, des acteurs et de l'auteur, et qui ne s'en veut pas à lui-même d'avoir savouré, à une bonne place, le régal qui lui fut offert.

Il avait gardé de ce commerce aisé avec les humains un fonds de bonhomie et une teinte de belle humeur qui donnent à ses remarques une couleur riante et paisible; son habitude de traduire en applications pratiques ses découvertes de chimie enlève à sa qualité de « savant » ce caractère insupportable qui porte ses congénères au pédantisme, et surtout les rend si parfaitement ridicules alors qu'ils s'estiment le plus. Aussi, les

Mémoires qu'il a laissés et qu'aujourd'hui publie son arrière-petit-fils, renferment-ils des réflexions sages [1].

Les contemporains se trouvent trop près pour bien juger les événements de leur temps, le recul leur manque et la perspective aussi. Toutes ces voix qui bruissent autour d'eux les assourdissent plus qu'elles ne les instruisent ; ils entendent le discours, en recueillent des fragments, écoutent même la péroraison, mais seraient fort embarrassés pour apprécier les conséquences et connaître les impressions de leurs voisins.

Par contre, pourvu qu'ils soient un peu avisés et sincères, ce sont d'admirables témoins. Ils entassent des matériaux, sans avoir le loisir de les ciseler ou de les polir ; vienne un travailleur consciencieux, un esprit délié, un cœur honnête, un homme à qui la culture religieuse a permis de comprendre, de comparer, de conclure, il ramasse ces pierres posées sur le chemin, et l'édifice s'élève. Le passé est subitement reconstitué.

Eh bien, si je puis ainsi parler, voici, sur le premier empire, tout un sac de ces cailloux précieux [2].

Chaptal était admirablement placé pour bien

---

[1] Ces *Mémoires* se divisent en deux parties bien distinctes : la première, de 1756 à 1804, est due à Chaptal lui-même ; la seconde, de 1804 à 1832, est de la plume de son arrière-petit-fils.
[2] *Mes Souvenirs sur Napoléon*, par le comte CHAPTAL.

voir; par « métier » son esprit le poussait aux analyses, il possédait le goût des remarques, l'habitude des rapprochements, le calme nécessaire pour garder son impartialité et se défier de l'engouement. Il avait approché, à ses débuts, le premier Consul, pénétrable alors et sans apprêt ; armé du fil conducteur, il suivait avec aisance les développements d'une pensée où d'autres se perdaient.

Assez près de la Cour pour savoir ce qui s'y passe ; tenu suffisamment à l'écart des courtisans, pour ne pas être accusé de flatterie ; demeurant autant qu'il faut en faveur pour ne pas être taxé de partialité ou de dénigrement, il est sobre de commentaires, mais riche en aperçus nets, précis, lumineux, marqués au coin du bon sens, ne se perdant pas dans les nuages, et qui éclairent singulièrement les hommes et les choses de son temps.

Son témoignage n'est point des plus favorables à l'Empereur, et l'impression dernière qui s'en dégage le rangerait très certainement parmi ceux que le prince Jérôme nommait des « détracteurs ». Toutefois cette épithète ne serait pas méritée. Portrait sans couleurs vives, mais non sans vie, sorte de sanguine où les grandes lignes sont arrêtées d'une main ferme et où mille petites hachures font plus ressortir l'expression générale que ne le pourraient de gros traits.

Il y aura toujours deux camps parmi les écrivains qui étudieront l'Empire, car on rencontre dans cette épopée les éléments de la louange et du blâme. Mais les sévérités de Chaptal sont justes, et tout vient corroborer ses appréciations. C'est bien lui qui nous dépeint un Napoléon *intime*, et non pas cet auteur enthousiaste et naïf qui nous présentait un Bonaparte fantaisiste, bourgeois rangé et politique, administrant la France comme une maison de commerce : sans doute, faisant périr sur le champ de bataille de l'Europe des millions d'êtres humains, mais bien malgré lui, le pauvre homme : bon fils, bon frère, bon époux, sorte de garde national de 1830, prononçant des sentences patriotiques et récitant des quatrains à la façon de Béranger.

Eh ! laissez donc à Napoléon sa personnalité ! Il en est qui s'en contenteraient. Laissez-lui son génie, sa gloire militaire, son prodigieux esprit d'assimilation, sa puissance de travail, sa lucidité, sa volonté, qui vont avec son orgueil, son mépris des hommes, son impatience, ses colères, ses fureurs, ses rancunes, ses cruautés et ses crimes.

Toutes ces contradictions se déroulent, se mêlent, en s'expliquant les unes et les autres, dans les *Souvenirs* de Chaptal, et voilà pourquoi je tiens ces pages pour des plus instructives.

II

Il fait pour la première fois mention de Bonaparte au retour de l'expédition d'Egypte. Bientôt mis en relations avec lui, recherché, comme tous les hommes de talent, par ce jeune vainqueur qui veut s'entourer de capacités, il admire ses qualités et ses aptitudes.

« Infatigable dans les travaux, inépuisable dans les ressources, il rattachait, il coordonnait avec une sagacité sans exemple les faits et les opinions éparsés à un grand système d'administration. Plus jaloux de s'instruire que d'affecter un savoir que ses études militaires et son âge ne lui avaient pas permis d'acquérir, il demandait souvent la définition des mots, interrogeait sur ce qui existait avant son gouvernement et, après avoir solidement établi ses bases, il en déduisait des conséquences toujours favorables à l'état présent. Travaillant jusqu'à vingt heures par jour, on n'aperçut jamais ni son esprit fatigué, ni son corps abattu, ni aucune trace de lassitude, et je me suis souvent dit qu'un tel homme, vis-à-vis de l'ennemi, devait avoir, par cela seul, un avantage incalculable. »

Alors Chaptal l'admire, plus tard il le craint; et il expose très nettement la progression de ce sentiment, qu'il eut de commun avec toute la France, dans une page excellente qui pourrait servir de charpente à toutes les amplifications sur l'histoire du Consulat et de l'Empire.

« Bonaparte Consul était vraiment grand et estimé. Le souvenir de ses victoires, la comparaison de l'état anarchique d'où l'on sortait à peine, avec le nouvel ordre de choses qui donnait alors des garanties et une véritable liberté, lui captait tous les cœurs. Bonaparte lui-même paraissait heureux ; et s'il eût su borner là son ambition, il serait encore sur le trône de France, entouré de bénédictions publiques.

« Mais le titre modeste de premier Consul lui parut au-dessous de ses prétentions. Il voulut établir une dynastie et fonder un empire. Il refondit alors nos institutions et s'arrogea des prérogatives qui avaient appartenu aux grands Corps. Il s'isola des hommes qui, jusque-là, avaient vécu avec lui dans une sorte de familiarité. Il établit une étiquette sévère à sa cour. Il y créa, pour ses courtisans, un luxe de costumes qu'on n'avait jamais vu dans les cours les plus somptueuses. Les hommes qui s'intéressaient à lui presque autant qu'à leurs pas s'éloignèrent et, dès ce moment, il n'eut plus que des flatteurs autour de lui. Sa volonté devint la loi suprême ; ses décrets étaient « proclamés comme des oracles » ; la moindre observation était punie comme une insurrection ; la partie saine de la population se tut et se borna à gémir; les Corps, qui n'étaient consultés que pour donner une apparence de forme aux actes de sa volonté, furent avilis. Ainsi se forma et se consolida le despotisme le plus affreux qui ait pesé sur des hommes. Une fois parvenu à comprimer la nation, son ambition ne connut plus de bornes. Il prétendit, dans son délire, devenir le maître du monde; et, dans l'espace de six à sept ans, il parvint, en effet, à mettre sous sa domination presque toute l'Europe, et il eût exécuté ce projet gigantesque si l'opinion publique de la France, qui s'était tournée contre lui, ne se fût pas réunie aux efforts de l'Europe coalisée pour le renverser.

« Napoléon a connu sa position, mais il l'a connue trop tard. Il a cru la France inépuisable dans son affection comme dans ses ressources; il a mal jugé, à la fois, sa nation et les étrangers. Il a cru que la première ne l'abandonnerait pas et que ses ennemis n'oseraient pas s'engager dans l'intérieur du royaume. Il n'a été détrompé que lorsqu'il n'y avait plus de remède. Et il a eu la douleur de voir, dans la campagne de 1814, que les Français appelaient la domination des étrangers pour se délivrer de la sienne[1]. »

Ce travail intérieur de l'ambition est la caractéristique de l'Empereur. Il ne justifie rien, mais il

[1] *Souvenirs*, p. 318, 319, 320.

explique tout. C'est bien cet esprit énergique, frondeur et absolu qui, à douze ans, répond à M. de Marbeuf, gouverneur de la Corse : « Bah ! dix jours de règne d'un pacha feraient plus pour pacifier l'île que dix ans de votre gouvernement. » Et qui n'a pu échapper à l'œil exercé de son compatriote Paoli : « Ce jeune homme porte la tête de César sur les épaules d'Alexandre, et il y a en lui dix Sylla ! »

Son idéal du pouvoir, c'était l'empire de Mahomet ; il ne s'est jamais payé d'illusion sur ce point et n'a même pas cherché à la faire naître chez les autres.

Il disait à Chaptal : « Au dedans et au dehors,
« je ne règne que par la crainte que j'inspire. Si
« j'abandonnais ce système, je ne tarderais pas
« à être détrôné. Voilà ma position et les motifs
« de ma conduite[1]. »

Il disait à Cambacérès : « Si je viens à mourir,
« gardez-moi huit jours dans mon lit, en faisant
« croire que je respire encore, et profitez de ce
« moment pour faire vos arrangements et mettre
« les jacobins dans l'impossibilité d'agir[2]. »

---

[1] P. 219. — Toute la conversation (p. 217 à 229) est à lire et à méditer; sur la différence qu'il y a entre un roi légitime et un despote et la position de l'Empereur « condamné » à la guerre pour se maintenir au-dessus des colères de l'Europe et des jalousies de ses créatures.
[2] P. 312.

La sensation qu'en bâtissant

« De ses mains colossales »

cet édifice immense, il ne faisait pas une œuvre durable, fut peut-être la seule pensée amère, le seul remords de Napoléon. Comme tous les despotes, il avait des troubles et des frayeurs morales. Cet homme craignait le peuple. — « La plus légère insurrection l'affectait plus que la perte d'une bataille », écrit Chaptal. Aussi, voulut-il « former une génération de séides », plaçant des jeunes gens sans passé, sinon sans valeur, et lui devant tout, à la tête des administrations. Assez défiant pour tout régler lui-même « jusque dans les moindres détails », si bien qu'« on étudiait la volonté de l'oracle et qu'on l'exécutait sans réflexion ». Il avait fait de la cour une vraie galère « où chacun ramait selon l'ordonnance[1] ».

Il ne fallait donc qu'aucune tête dépassât le niveau égalitaire de l'obéissance. L'Empereur était particulièrement en garde contre l'ambition de l'armée. Il a répété bien des fois en parlant des maréchaux : « Ces gens-là se croient nécessaires

---

[1] « Personne n'était à l'aise dans la société de Napoléon. Il ne s'est jamais gêné en rien, et il tenait tous ses alentours dans l'étiquette et la contrainte les plus sévères. Le souverain mépris qu'il avait des hommes lui inspirait cette conduite. » (*Souvenirs*, p. 330.)

et ils ne savent pas que j'ai cent généraux de division qui peuvent les remplacer. »

« Accoutumé à rapporter tout à lui, à ne voir que lui, Napoléon paralysait tout ce qui l'entourait. Il ne voulait pas d'autre gloire que la sienne. Il ne croyait du talent qu'à lui seul. Voilà pourquoi, à la guerre comme au conseil, il accaparait tout, il s'attribuait tout. Les hommes n'étaient plus, à ses yeux, que des machines qu'il se croyait destiné à faire mouvoir, et ces hommes étaient, par cela seul, timides, irrésolus, presque indifférents. De là vient qu'il avait des succès partout où il était, et des revers là où il n'était pas.

« Une autre cause devait encore grossir ses succès et diminuer ceux de ses généraux, c'est qu'il osait tout parce qu'il ne dépendait de personne et qu'il pouvait sacrifier les hommes et le matériel sans crainte de blâme, tandis que ses généraux calculaient les pertes et craignaient toujours d'encourir sa disgrâce, ce qui les rendait craintifs et moins audacieux [1]. »

« Il ne croyait ni à la vertu ni à la probité. Il appelait souvent ces deux mots des *abstractions;* c'est ce qui le rendait si défiant et si immoral. Sa politique n'était qu'astuce et tromperie [2]. »

Je vois dans cette débauche d'ambition le

[1] P. 248.
[2] P. 350.

germe de l'orgueil effrayant de Napoléon et l'explication de ses cruautés. Ne lui en enlevons pas la responsabilité, certes, mais comprenons le mobile de ses actes et reconnaissons là une genèse des crimes qu'il a commis.

Il était cruel de nature, et Chaptal nous révèle sa manie de ravager jusque dans les plus petits détails de la vie : il éventrait ses fauteuils, déchiquetait les meubles, tuait les petits oiseaux, brisait les plantes, pour rien, pour le plaisir de détruire.

« Le premier mouvement était terrible. Il ne suivait que l'impulsion d'un caractère ombrageux et vindicatif. Il ne cherchait ni à s'éclairer sur les faits, ni à connaître les formes que la justice réclamait pour atteindre et juger les prévenus d'un délit. C'était toujours une jurisprudence nouvelle qu'il invoquait. La marche de la justice était toujours trop lente, les peines voulues par la loi toujours trop douces. Souvent même les décisions des tribunaux le poussaient à des excès inouïs. Accoutumé par caractère à l'absolu pouvoir, il voulait tout juger par lui-même, et lorsqu'on obtenait, toujours avec difficulté, que les prévenus fussent livrés aux tribunaux, il s'indignait de la faiblesse de la peine infligée et des lenteurs avec lesquelles procédait la justice.

« On l'a vu, dans toutes les affaires graves, circonvenir les juges par des menaces ou des promesses [1]. »

Ne vous semble-t-il pas lire un effrayant commentaire du meurtre du duc d'Enghien? Commentaire d'autant plus significatif que celui qui nous le livre était ministre de l'Intérieur au moment même du drame de Vincennes. Je sais qu'ailleurs Chaptal, à ce sujet, écrit : « Ceux qu'on accuse « n'ont été que les agents forcés du crime ; les « vrais coupables ont trouvé le moyen de s'échap- « per de la scène. J'ai tout vu [2]. » Mais, s'il a *tout vu*, il ne s'explique pas davantage, et ce brusque silence, si compromettant pour Talleyrand et d'autres personnages, ne lave pas Bonaparte d'une accusation si conforme au caractère qu'on connaît.

Il y a, dans ces *Souvenirs* toute une liste d'actions atroces qui ne font que prouver jusqu'à l'évidence cette insensibilité. Elles n'étaient pas ignorées, elles ont été controversées, elles le seront encore, car l'auteur, en parlant comme de choses très connues des contemporains, n'a pas soin d'apporter des preuves exactes ; je les cite en qualité d'exemples beaucoup plus qu'à titre de témoignage irréfutable.

En Égypte, à Jaffa, il aurait fait fusiller les

---

[1] P. 262.
[2] P. 366.

Turcs rendus par capitulation. Pendant sa retraite de Saint-Jean-d'Acre, toutes les récoltes du pays furent brûlées sur son ordre. D'après ses instructions, dans l'hôpital de Jaffa, on empoisonna quatre-vingt-sept soldats malades de la peste. « On essaya d'abord de l'opium, qui ne produisit pas d'effet; on employa ensuite le sublimé corrosif [1]. »

Quel ascendant ne faut-il pas avoir pour ordonner de semblables mesures sans rencontrer d'opposition ni de rébellion?

Hélas! on ne peut arriver à cette omnipotence, à cette effrayante possibilité de jouer avec le pouvoir et de disposer de millions de vies, sans une puissance de volonté extraordinaire et une force d'esprit peu commune. Napoléon fut étrangement, merveilleusement doué de ces qualités intellectuelles; elles existaient en lui à une telle puissance qu'elles étouffèrent les germes de la sensibilité. L'intelligence et la volonté se firent une place au détriment du sens moral; il avait une atrophie du cœur.

Mais quelle organisation pour le travail! Une mémoire imperturbable, une facilité d'assimilation prodigieuse, une pénétration profonde, un jugement assuré. Et toutes ces qualités servies par une

---

[1] P. 303.

organisation physique puissante, inaccessible à la fatigue, dédaigneuse du repos, prolongeant ses veilles, après un travail de toute une journée, pendant la nuit entière, « parce qu'il ne lui est jamais arrivé d'abandonner une question sans que son opinion fût faite ».

En face d'un tel maître, on comprend que les caractères énervés par les palinodies de la Révolution aient cédé sans combat. L'abaissement des esprits a permis ce triomphe de la tyrannie abritée derrière la plus éclatante gloire militaire qui fût jamais. Pour arrêter la marche de ce despotisme, il fallut qu'il rencontrât la pierre angulaire de l'Église, éternelle gardienne des droits de la justice et de la liberté, elle-même aussi forte que ses clients paraissaient faibles.

Je ne m'étendrai pas sur ce point, qui frappera tous les esprits sincères, me bornant à appeler en témoigner Chaptal, haut dignitaire de la franc-maçonnerie, déiste, indifférent et fort ennemi des « dévots » : « Quelques jours suffisaient à « Napoléon pour obtenir des premiers potentats de « l'Europe ce qu'il désirait. Mais toute sa puis- « sance vint échouer contre l'évêque de Rome. Il « n'est pas d'événement dans sa vie qui lui ait « plus aliéné l'esprit du peuple que ses démêlés et « sa conduite avec le Pape [1]. »

[1] P. 246.

Arrêtons-nous ici. Je n'ai voulu prendre dans ces *Souvenirs* de Chaptal que les traits qui caractérisent la figure de Napoléon. Je ne sais si je m'abuse, mais il me semble qu'ils étaient dignes d'être notés et qu'ils resteront parmi les croquis les plus fidèles de l'énigmatique personnage qui domine notre siècle.

Nous aurions trouvé bien des épisodes curieux, pris les silhouettes de bien d'autres personnages importants : Cambacérès, Joséphine, « céleste créature », et les quatre frères de l'Empereur : Joseph, paresseux et libertin ; Louis, instruit et généreux ; Lucien, intelligent et jaloux ; Jérôme, débauché et ignorant. Il nous aurait aussi fallu relever des erreurs historiques, des détails infidèles sur « Madame Mère », que Chaptal appelle Letitia Fesch ; sur son frère le cardinal ; sur Marie-Louise, que notre auteur nous représente en possession de « toutes les vertus » !

Là n'était pas mon dessein, mais de citer le témoignage considérable d'un contemporain dont il faudra tenir le plus grand compte dans le procès que l'Histoire est en train d'instruire sur Napoléon.

LE PAPE ET L'EMPEREUR

I

La « question romaine » existait avant qu'en 1860 M. About voulût bien composer son savant livre, et les conclusions de son travail n'ont pas été suivies d'un tel succès que de bons esprits ne s'en préoccupent encore. Facile à résoudre, car elle repose sur la reconnaissance du plus élémentaire principe de justice: rendre le bien d'autrui, la difficulté est obscurcie par les faiblesses des gouvernements; mais, en dépit des fanfaronnades et des blasphèmes, le jour de la réparation viendra, et ce ne sont pas les baïonnettes piémontaises qui arrêteront la main de Dieu. Les catholiques le savent, les politiques le prévoient, les indifférents eux-mêmes le pensent.

Non licet ; non amplius. Ces deux mots redits par les Papes sont l'infranchissable barrière où se brisent les passions des hommes et l'ambition des princes ; c'est à renverser ce double obstacle, sauvegarde de l'humanité régénérée, qu'ont travaillé tant de mains sanguinaires et impies ;

mais la patience des Souverains Pontifes n'a jamais désespéré d'un avenir qui appartient à Dieu ; ils ont prié, attendant l'heure de la Providence, et quand cet instant précis a sonné à l'horloge du monde, elle était fidèle au rendez-vous.

Il n'est pas nécessaire de remonter le cours des âges pour apprendre l'histoire de Canossa : il y a quatre-vingts ans — à peine la vie d'un homme — nos pères assistaient à la lutte de Pie VII et de Napoléon Ier. Saisissant contraste entre ce vieillard sans trésor, sans soldats, sans appui, résistant au vainqueur de l'Europe, au détenteur de la plus formidable puissance subie depuis dix siècles, et néanmoins victorieux par la seule confiance en son bon droit.

Pie VII et Napoléon Ier ! Le Pape et l'Empereur ! Que de choses évoquées dans ces deux noms ; c'est pour ainsi dire le résumé de l'histoire du monde avec ses fautes, ses crimes, ses passions et ses vertus.

Il y a un quart de siècle M. le comte d'Haussonville publiait un ouvrage qui fit à juste titre sensation. L'actualité renouvelée des questions qu'il évoquait, le piquant de ses révélations à une époque où il était embarrassant d'écrire toute sa pensée, les contestations malheureuses d'un prince à peine sorti d'une première leçon d'histoire, donnée par les soins du duc d'Aumale, tout contribua au succès[1]. Ce livre, d'ailleurs, n'avait pas besoin de ces avantages extérieurs pour être goûté : il se distingue par un ton de bonne compagnie, toujours agréable à rencontrer ; aujourd'hui l'attrait qui créait la vogue a disparu, mais l'importance historique, en dépit de quelques épigrammes sans application actuelle, n'a rien perdu de sa valeur.

Depuis, M. Mayol de Luppé a fait paraître, sur les mêmes événements, de très savants articles[2] ; pour n'avoir pas le mérite d'arriver les premiers, ils présentent l'incomparable avantage d'avoir mis en œuvre des documents nouveaux.

L'ouvrage de M. d'Haussonville présente une vue d'ensemble extrêmement remarquable : il a su puiser aux sources authentiques et porter le premier un coup décisif à la légende napoléonienne ; il s'est donné le malin, mais aussi très utile plaisir, de faire le procès du « grand Empereur » avec les propres lettres de sa correspondance, réparant de la sorte, autant qu'il était en lui, le hasard qui avait voulu qu'elles ne prissent pas place dans la publication officielle ; son habileté à trouver ces pièces délicates, lui fit même

---

[1] Comte D'HAUSSONVILLE, *L'Église romaine et le premier Empire*, 5 volumes. Paris, 1870.
[2] Vicomte MAYOL DE LUPPÉ, *Un Pape prisonnier*, articles parus dans *le Correspondant* pendant les années 1884, 1885, 1887.

fermer assez brusquement la porte des Archives impériales, en un temps où le respect de la mémoire des oncles était la première vertu des neveux. Un mérite littéraire, déjà sanctionné par l'Académie, donne à ces pages un attrait véritable, des pièces justificatives nombreuses leur apportent un soutien dont bénéficie l'intérêt même du récit, qui ne faiblit pas pendant cinq volumes.

C'est un livre attachant, mais où percent les défauts personnels de l'auteur. M. d'Haussonville appartenait par ses goûts, ses tendances et ses relations, à cette société politique du juste milieu qui ne se « confessait pas », suivant l'expression élégante de l'aîné des trois Dupin ; cette supériorité sur les deux cent millions d'hommes professant la foi catholique donne à son style une fierté trop dédaigneuse vis-à-vis du Souverain Pontife, du Sacré-Collège, des évêques, et même des modestes fidèles.

Tout en blâmant les coups de force, il est moins insensible qu'il ne le croit aux heureux succès de la fortune ; il goûte peu la conduite d'un Pape assez mal avisé pour employer au siècle où nous sommes les armes surannées des foudres spirituelles ; pour lui, Napoléon est un despote, mais Pie VII demeure un pauvre politique. Avec cette grâce d'ancien régime qui colore son récit, il a eu le tort de garder l'ironie voltairienne de l'époque ; ce ton sceptique, alors adopté par la plus haute société, est devenu aujourd'hui le langage d'un monde que M. d'Haussonville combattrait de toutes les forces de son talent ; il a assez vécu pour voir que le danger n'était pas dans la théocratie pontificale, et sa mort chrétienne lui aura donné l'assurance que le Dieu qui console les gens d'esprit n'est pas absent non plus des conseils de son Vicaire.

En écrivant une histoire déjà faite, M. Mayol de Luppé a rectifié beaucoup d'erreurs et rehaussé son travail par la valeur de ses jugements. Pour comprendre les faits de l'histoire religieuse, le meilleur moyen est d'ouvrir les yeux à la lumière de la foi, parce qu'elle brille à l'horizon de la vérité. Les amateurs d'inventaires historiques ont beau dire, l'axiome célèbre : *Scribitur ad narrandum non ad probandum* heurte les tendances impérieuses de l'esprit. Il exprime le goût d'une société usée que lassent les affirmations doctrinales, mais toute intelligence droite aime dans l'histoire des professions de foi qui honorent le lecteur et justifient l'écrivain.

M. Chotard, doyen de la Faculté des Lettres de Clermont-Ferrand, a publié un petit volume sur le séjour de Pie VII à Savone. La découverte de quelques pièces inédites lui a inspiré l'idée de son travail ; mais elles ont donné à leur éditeur une confiance exagérée en leur mérite et en leur nouveauté [1]. Avant lui, M. d'Haussonville avait connu les *Mémoires* de M. de Lebzeltern, et, d'autre part, la correspondance du général Berthier, quoique offrant de l'intérêt, est visiblement partiale et mensongère.

Quoi qu'il en soit, ces témoignages divers font bien connaître la question; grâce à eux on peut l'étudier avec sécurité; les faits sont patents, les documents abondent; amis et ennemis ont fourni les preuves irréfutables de cette grande iniquité politique. Pour qui aime les contrastes, il y a des émotions poignantes à suivre les phases successives d'une lutte de dix années entre la tyrannie de l'orgueil et la faiblesse de la vertu ; il est consolant de penser que cette dernière a été la plus forte. A la lumière des témoignages de l'histoire, nous suivrons respectueusement Pie VII dans les trois étapes douloureuses de sa captivité : Rome, Savone, Fontainebleau, pour entrer à sa suite dans la basilique de Saint-Pierre, le 24 mai 1814, chanter, avec les Romains, le *Te Deum* de la délivrance et répéter, avec toute la catholicité, ces paroles victorieuses de la promesse divine : *Non prævalebunt!*

---

[1] M. Chotard, *Le Pape Pie VII à Savone*, d'après les minutes des lettres inédites du général Berthier au prince Borghèse, et d'après les mémoires inédits de M. de Lebzeltern.

II

En revenant à Rome après avoir sacré à Paris l'empereur des Français, Pie VII rapportait en son cœur des craintes pour l'avenir et le pressentiment de difficultés prochaines. L'intraitable orgueil de son hôte, la mauvaise foi des articles organiques, mille détails et aussi de graves symptômes, tout, après un moment d'espoir, annonçait de tristes jours. Ces pensées assombrissaient son front, en dépit de l'enthousiaste accueil et de la vénération respectueuse qui, partout, sur la terre de France, avaient accompagné ses pas.

Il ne vit point se dissiper dans les années suivantes les nuages élevés entre lui et Napoléon : celui-ci entendait que l'Europe adoptât sa politique ; oubliant la grandeur du rôle réservé au Chef de la chrétienté, il voulait que le Pape fulminât contre l'Angleterre et surtout, en fermant ses ports, entrât dans la ligue offensive et défensive, prélude du blocus continental. Dès le 5 juin 1805, une note de Champagny au cardinal Caprara déclarait nettement que le « souverain de Rome devait marcher dans le système de la France ». Mais Pie VII demeurait ferme dans sa neutralité politique, pensant sans doute, d'autre part, que l'empereur des Français, le roi d'Italie, le souverain de quatre-vingt millions de catholiques aurait dû marcher dans le « système de l'Eglise » et ne pas violer, en matière religieuse, la foi jurée.

Respectueux des conventions publiques, il était aussi le gardien des contrats privés et se refusait à rompre les liens qui unissaient à Mlle Patterson le plus jeune frère de l'Empereur ; il voyait avec peine la diffusion d'un catéchisme « impérial », abrité du grand nom de Bossuet, mais rempli d'erreurs théologiques ; il supportait avec douleur le départ de son ministre Consalvi, sacrifié à l'espoir d'une paix sans lendemain. Austerlitz et Iéna augmentèrent les exigences de l'Empereur : son orgueil se plaisait à jeter le poids de ses victoires dans la balance des affaires religieuses, et le vainqueur des monarchies européennes s'irritait de la résistance imprévue d'un si chétif petit roi. Sa colère, précurseur de violents orages, déborda dans une lettre inqualifiable, adressée au prince Eugène[1]. Elle avait été écrite au lendemain de l'entrevue de Tilsitt, et porte l'empreinte de cette outrecuidance particulière à Napoléon en ses jours de succès. Aux menaces et aux outrages la violence allait succéder : sous le prétexte de soustraire Ancône aux Grecs, qui n'y songeaient même pas, plusieurs bataillons

---

[1] Cette lettre, datée de Dresde, est du 20 juillet 1807.

français occupèrent cette ville et saisirent les revenus pontificaux ; au mépris du plus élémentaire de tous les droits, une forte colonne commandée par le général Miollis s'avançait dans les États de l'Église, avec la consigne publique d'aller à Naples, mais avec l'ordre secret de s'arrêter à Rome et d'occuper le fort Saint-Ange[1].

Voici la lettre de l'Empereur au prince Eugène :

10 janvier 1808.

« Mon fils, expédiez immédiatement l'ordre au général Miollis de diriger sur Pérouse toute son artillerie, sa cavalerie et son infanterie ; donnez l'ordre au général Lemarrois de mettre en marche sur Folligno toutes ses troupes, infanterie et artillerie... Le général Miollis prendra sous son commandement les deux colonnes et continuera sa route sur Rome, sous prétexte de traverser cette ville pour se rendre à Naples. Les ordres sont donnés pour que la colonne de 3.000 hommes, de Terracine soit en mesure de se diriger en grande marche, et sans perdre de temps sur Rome, du moment

---

[1] Il nous est naturellement impossible de donner à l'appui de ce résumé historique les nombreuses lettres de l'Empereur. Cependant il nous paraît nécessaire de placer ici les ordres au prince Eugène et à Joseph, roi de Naples; ils peuvent servir de type à cette correspondance tout à la fois habile et tortueuse. Quand Napoléon a péché, il ne peut invoquer l'ignorance des faits ou l'imprévu des événements : la précision de son esprit, la netteté de son commandement ne laissent à ses lieutenants aucune hésitation possible ; nul détail n'est omis, nulle précaution négligée ; hélas ! aussi, aucun cynisme n'est voilé !

que le général Miollis y sera entré. Le général Miollis, à son arrivée, prendra possession du fort Saint-Ange, rendra au Pape tous les honneurs possibles, et déclarera qu'il a mission d'occuper Rome pour arrêter les brigands du royaume de Naples qui y cherchent refuge. Il fera arrêter le consul et les agents du roi Ferdinand, le consul anglais et les Anglais qui se trouvent à Rome. Il est bien important que le plus grand secret soit gardé sur cette expédition... J'exige secret et promptitude sur cette opération...

« Vous aurez soin de m'instruire du jour où il entrera dans Rome afin que je puisse lui donner des instructions sur ce qu'il aura à faire. »

Et la lettre de l'Empereur au roi de Naples :

10 janvier 1808.

« Mon frère, les impertinences de la Cour de Rome n'ont pas de bornes ; je suis impatient d'en finir. J'ai renvoyé ses négociateurs. Mon intention est que vous réunissiez à Terracine une colonne de 2.000 hommes de troupes napolitaines d'infanterie et de cavalerie, d'un bataillon français de 8 à 900 hommes, d'un régiment de cavalerie de 400 hommes, de 4 pièces de canon napolitaines et de 6 pièces françaises attelées, ce qui fera 3.000 hommes et 10 pièces de canon. Vous ferez tout cela sans bruit. Vous mettrez cette colonne sous les ordres d'un général de brigade, et elle attendra à Terracine les ordres du général Miollis, sous le commandement duquel elle sera. Vous sentez que cette expédition doit être tenue secrète... »

L'ordre formel du Pape avait été de ne pas résister par la force. Comme il convenait, l'attentat fut consommé la nuit, *et hæc est hora vestra et potestas tenebrarum.* — Presque aussitôt un décret annexait à l'Empire Rome et les provinces voisines. Napoléon osait bien y écrire cette phrase ridicule et scandaleuse : « Considérant que la donation de Charlemagne, mon illustre prédécesseur, fut faite au profit de la chrétienté et non à l'avantage des ennemis de notre sainte religion. » Mais le Pape, désireux de repousser cette violente hypocrisie, répondait sans retard par un acte diplomatique dont fut porteur le cardinal Gabrielli :

« Sa Sainteté veut et ordonne, au nom de cette foi qui ne se contente pas seulement des expressions de la langue, mais qui demande les affections du cœur, au nom de Dieu qui abhorre la simulation et la duplicité, enfin au nom de l'unité catholique, que Sa Majesté fasse, une fois, devant l'univers, ce témoin et juge véridique et impartial, la déclaration d'être catholique, ou qu'il renonce à une religion qu'il protège par ses paroles et nullement par ses actions. »

Pie VII était prisonnier au Quirinal. La fidélité des Romains ne se lassait pas, et les agents de l'Empereur nous ont transmis, — avec une assez grande naïveté, — la preuve matérielle de ces regrets, de cet attachement. Alquier, le chargé d'affaires de France, était obligé de le constater, en dépit de sa phraséologie voltairienne :

« Rome moderne n'est plus qu'un débris : mais ses habitants, quoique énervés par les institutions sacerdotales, conservent de nobles sentiments, qui doivent leur mériter un grand intérêt. Je suis heureux de dire que cette capitale est toujours parfaitement paisible. Mais je ne dois pas dissimuler qu'on est généralement frappé de consternation. Je n'exagère pas en portant à plus de trente mille personnes la moyenne de ceux qui sont alarmés sur leurs moyens de subsistance [1]. »

Un autre agent impérial, Ortoli, estime à 50.000 le chiffre des personnes manquant de ressources [2]. M. Lefebvre faisait le tableau de cet attachement en indiquant lui-même la différence de la fidélité romaine et de la fidélité des autres peuples italiens :

« Venise a toujours eu pour Sa Majesté Impériale une affection particulière ; les Milanais, habitués à toutes sortes de dominations, se laisseront vaincre, avec le temps, par la douceur et un Gouvernement qu'ils voient sérieusement occupé de leur élévation et de leur grandeur ; enfin, les Toscans eux-mêmes commencent à oublier leurs

---

[1] Dépêches des 10 et 18 février 1808.
[2] Dépêche du 31 août 1808.

grands-ducs sous une administration toute paternelle ; mais Rome demande des soins tout spéciaux. La religion catholique dont elle est le siège y a modifié les idées d'une manière toute particulière. Si le Pape était sorti du Quirinal, la populace se serait précipitée pour dételer les chevaux de sa voiture, et il ne manque pas de gens prêts à se faire martyriser pour sa cause [1]. »

Et cependant, pour éviter l'effusion de ses sujets, Pie VII s'enfermait dans son palais, se bornait à parcourir les jardins de Monte Cavallo : renonçant à son ancienne coutume de sortir chaque jour, quelque temps qu'il fît, pour aller se promener dans la campagne romaine [2].

Cette situation particulière d'un souverain prisonnier dans sa capitale, entouré d'un peuple ardemment dévoué, pouvant d'un geste faire jeter dans le Tibre le bataillon des envahisseurs, mais qui, dans son abnégation personnelle, ne le veut pas, frappait les yeux les plus prévenus, soulevait l'admiration même de ses gardiens :

« Quand on recherche attentivement la cause d'une constance si persévérante, il n'est guère possible de l'attribuer seulement à une vaine opiniâtreté. Il sait qu'il y a quelque chose de plus grand

---

[1] Dépêches des 21 et 23 mars 1808.
[2] Dépêche d'Alquier du 12 février 1808.

et de plus noble à rester sur la brèche, dût-il en coûter la perte de sa couronne, qu'à se laisser vaincre sans résistance par le génie de l'Empereur[1]. »

Encouragé par ce silence, réputé de la faiblesse, Napoléon, jaloux du prestige moral attaché à ce Siège de Rome, si fameux dans l'histoire, voulut incorporer officiellement à ses États le patrimoine de Saint-Pierre, et, le 9 juin 1809, le drapeau tricolore fut hissé au fort Saint-Ange.

Mais le Pape était prêt : le lendemain même, la bulle *Quum Memoranda*, affichée par des mains fidèles aux portes des sept basiliques, frappait les envahisseurs et atteignait leur maître.

M. d'Haussonville devait certainement avoir des grâces spéciales et bien abondantes en fait de patience, puisqu'il trouve précipitée et taxe de violente cette bulle publiée après dix-sept mois de longanimité. Il règne, au contraire, dans ces pages, vigoureuses dans le fond, une grande douceur de formes, et bien qu'elles déclarent sous le coup des censures les personnes de « quelque rang, état, ordre, prééminence et dignité qu'elles fussent, même si elles étaient dignes d'une mention expresse et individuelle », on peut y voir la douleur d'un père espérant, malgré tout, la repentance

---

[1] Dépêche de Lefebvre, 30 mars 1808.

prochaine d'un enfant auquel il ne peut se résoudre à fermer les bras.

L'audacieux est toujours surpris de la résistance : la fureur de l'Empereur ne connut plus de bornes ; un suprême attentat fut résolu. Si des ordres exacts de lui ne vinrent pas, il est trop certain qu'en se saisissant de la personne de Pie VII ses gendarmes répondaient à sa volonté et ne devançaient pas ses désirs. C'est une habileté (mais particulièrement mésestimable) que de ne pas paraître, en laissant se compromettre pour soi ceux qui sont sous vos ordres, afin de pouvoir les désavouer si l'entreprise échoue. La postérité ne s'y méprend pas, et dédaignant les subalternes, — main qui exécute, — elle flétrit la pensée qui a conçu le crime et accepté l'attentat ; le nom de Radet est justement oublié ; quand l'histoire cite à son tribunal le geôlier du Pape, ce n'est pas ce comparse vulgaire qui comparaît et qui doit répondre.

Dans la nuit du 5 au 6 juillet 1809, une bande de gendarmes, dirigés par le général Radet et conduits par un ancien portefaix du palais, François Bessola, condamné aux galères pour vol et gracié par le Souverain Pontife, escalade les murailles du Quirinal, force les portes intérieures et s'empare du Pape pour le jeter dans une voiture grillée.

A marches forcées, comme le malfaiteur qui se

hâte, le général Radet conduit Pie VII à Florence ; mais la grande-duchesse (Elisa Bacciochi), ignorant encore les ordres fraternels et désireuse, avant tout, de ne pas prendre la responsabilité d'une décision en ces circonstances difficiles, interdit l'accès de sa ville, sans même permettre au Pape prisonnier d'entendre la messe, quoiqu'on fût un dimanche. Non moins soucieux de ne pas attirer sur sa tête les foudres de son irritable beau-frère, le mari de Pauline Bonaparte, ce prince Borghèse qui, en 1800, brûlait publiquement ses lettres de noblesse, alors « gouverneur général des départements au-delà des Alpes », se refuse également à recevoir un prisonnier aussi compromettant.

Défaillant, brisé de la rapidité du voyage, de tristesse, d'émotion, sans pouvoir obtenir aucun soin pour une santé chancelante, Pie VII est dirigé sur la France, toujours étroitement gardé à vue sans savoir où le conduisent la fantaisie des gendarmes et le caprice des princes.

Mille précautions étaient prises pour cacher au monde catholique les traitements infligés à son Chef: tous les courriers venant d'Italie étaient arrêtés aux frontières ; à Rome, les chapelains de Saint-Louis des Français furent jetés en prison, les magistrats refusant le serment (sur deux cent cinquante, six le prêtèrent) mis au secret. — Mais les violences servirent peu, et, le 15 août, quand il fallut célébrer par ordre la Saint-Napoléon, aucun prêtre romain ne voulut chanter les prières officiellement préparées ; le jour, les rues se trouvèrent vides, et, le soir, les maisons sans lumière demeurèrent obstinément fermées ; seuls, les juifs du Ghetto, avec la reconnaissance qui caractérise leur race, lurent, dans leur synagogue, des discours composés en l'honneur de « Sa Majesté Impériale et Royale ».

Pendant que le préfet du Rhône interdisait les réunions de piété dans son département, car, suivant la remarque de ce fonctionnaire observateur : « les prêtres pris isolément sont timides, mais rassemblés, ils sont capables de faire bien des sottises ». — Fouché, dans un langage rempli d'heureux euphémismes, voulait que « la police se montrât prête à sévir contre tout individu qui ne serait pas disposé à attendre, dans le calme, la soumission et la confiance caractérisant les sujets fidèles, ce que Sa Majesté jugerait à propos de faire pour le bien de son empire et de la religion [1] ».

Grâce à tant d'industrieux efforts, un silence de plomb pesait sur les esprits ; toutefois, tandis que l'Empereur délibérait sur le meilleur parti à tirer d'une situation dont les difficultés le préoc-

[1] Note du ministre de la police, 14 juillet 1809.

cupaient étrangement, le peuple de France accourait au-devant du Pontife prisonnier et renouvelait les transports religieux que, cinq ans auparavant, en des circonstances bien différentes, il avait déjà manifestés.

La nouvelle de son passage se répandait comme une traînée de poudre ; à Grenoble, ce fut une marche triomphale : les jeunes filles apportaient des fleurs ; les soldats, en uniforme, imploraient la bénédiction du vieillard. Avignon voulut manifester par un concours prodigieux qu'elle était toujours la cité des Papes. Un spectacle plein de grandeur attendait le Saint-Père dans la ville de Nice : au moment où déboucha sa voiture, dix mille personnes de toutes conditions, rangées en ordre derrière leurs bannières corporatives, tombèrent à genoux sans proférer un seul cri ; au milieu de ce silence imposant, on vit s'avancer vers cette Majesté détrônée, l'ancienne reine d'Etrurie, Marie-Louise de Bourbon, fille du roi d'Espagne, qui apportait au prisonnier l'hommage et les consolations de l'exil.

M. d'Haussonville nous a donné un gracieux tableau de l'ardent enthousiasme de ces populations méridionales ; fait de main de maître, il mérite d'être conservé :

« Les jolies villes du littoral : Monaco, Oneglia, Finale, étaient coquettement pavoisées de drapeaux. Les habitants de la côte avaient construit à la hâte des ponts provisoires en bois et en feuillage sur les torrents les plus difficiles à franchir. Dans les endroits véritablement dangereux, où la litière du Saint-Père aurait eu peine à passer, les marins en dételaient les chevaux et revendiquaient pour eux-mêmes l'honneur de la porter. Si la nuit surprenait le cortège pontifical, les feux s'allumaient à l'instant sur les points de la route qui restaient à parcourir, et des porteurs de torches couraient en avant pour éclairer les pas des chevaux [1]. »

Où conduisait-on ainsi le Souverain Pontife ? L'embarras des fonctionnaires était extrême, l'irritation de l'Empereur lui-même avait été grande ; après avoir déploré ces à-coups dans la marche qui avaient à ses yeux le tort immense d'aller chercher de ville en ville des enthousiasmes intempestifs et une pitié déplacée, il avait blâmé ses serviteurs malhabiles, et fixé la résidence du Saint-Père à Savone.

Cette modeste cité du golfe de Gênes suivait mélancoliquement depuis des siècles le sort du vainqueur : tantôt aux comtes de Savoie, tantôt aux ducs de Milan, aux Génois, à la France, à la Sardaigne, elle devenait, en 1805, le chef-lieu

---

[1] *L'Église romaine et le premier Empire*, tome III.

du département de Montenotte. Pie VII allait demeurer là trois ans (du 19 août 1809 au 9 juin 1812), et, par son passage, donner à cette petite ville une célébrité qui est encore la récompense de la fidélité respectueuse de ses habitants.

III

Quel éloge sincère on peut adresser à Napoléon, en admirant la prodigieuse activité de son esprit ! Il possédait une science des détails imperturbable, sa mémoire servait à merveille un incomparable talent d'organisation qui s'étendait à tous les rouages de son empire.

A peine sorti de la guerre d'Allemagne, terminée le mois précédent par la victoire de Wagram ; quand les affaires d'Espagne, restées si graves et si difficiles après la bataille indécise de Talavera, réclamaient toute son attention ; au moment même où les Anglais, maîtres des embouchures de l'Escaut, descendaient dans l'île de Walcheren et mettaient le siège devant Flessingue ; que, pour garder au Nord les frontières menacées de la France, il autorisait la levée des gardes nationales, — on aurait pu croire sa pensée absorbée par de si vastes objets. Il n'en était rien cependant : lui-même désignait Savone comme la prison du Pape, parce qu'il avait souvenir qu'il y avait là « une grande maison », et, sans omettre le moindre détail, il donnait au prince Borghèse ces instructions décisives :

« Le local sera disposé de manière qu'il n'y ait *qu'une issue extérieure*. Il sera placé une garde à la porte ; elle aura la consigne de ne laisser entrer personne. — Le préfet exercera une grande surveillance sur tout ce qui se passera dans l'intérieur du palais de Sa Sainteté et aura soin d'avoir parmi ses secrétaires et domestiques des gens sur lesquels il puisse compter. On armera la forteresse de Savone ; il y sera placé quatre cents hommes de garnison ; il y aura aussi un détachement de cinquante gendarmes, pour la garde du Pape, commandé par un colonel [1]. »

Les grands hommes ont aussi leurs côtés faibles ; admirons cette présence d'esprit qui, parmi tant de préoccupations, songe à tout et de si loin ; mais plaignons le souverain qui ne craint pas de descendre à des précautions si injurieuses envers un vieillard sans défense ; il serait malaisé de louer cet acharnement brutal dirigé contre un Pontife digne de tout respect et honorable par tant de vertus.

Pour son malheur, bien qu'il pensât le contraire, M. de Chabrol se trouvait être alors préfet de

---

[1] Lettre de Napoléon du 21 août 1809.

Savone[1]. C'était à lui qu'incombait la lourde et pénible tâche d'exécuter les ordres de l'Empereur. Il présenta le trop fréquent exemple de l'honnête homme ambitieux, mis en présence de sa conscience et de son avancement, compromettant plus volontiers l'une que l'autre, maudissant sa mauvaise étoile qui l'a engagé dans un pas difficile, regrettant d'être obligé d'agir, — mais agissant. Il est certain que, « trop soucieux d'élever à la hauteur d'un culte le service de son maître, il dut se faire violence pour exécuter d'iniques arrêts, pour étouffer ses sentiments intimes sous la discipline du dévouement fanatique et pousser l'aveuglement de l'obéissance jusqu'à l'égarement de la complicité ».

A côté de ce préfet, qui, du moins, savait mettre ses qualités d'homme du monde au service d'une consigne sévère, Napoléon avait placé un soldat « rude, arrogant et fastueux à la façon d'un parvenu, ne voyant dans son titre de gouverneur du palais pontifical qu'un moyen de satisfaire ses goûts de dépense et de luxe ».

[1] Le comte de Chabrol de Volvic, d'une famille de la province d'Auvergne, ancien élève de l'Ecole polytechnique, avait suivi, comme ingénieur, l'armée d'Egypte. Il avait épousé la fille de Lebrun, consul et architrésorier. Successivement préfet de Savone et de Paris sous l'Empire, il conserva ce dernier poste pendant la Restauration, qu'il servit avec intégrité. Il était, en 1830, préfet de la Seine, conseiller d'Etat, député du Puy-de-Dôme, membre de l'Institut, grand-croix de la Légion d'honneur.

Tel était ce général Berthier — frère du prince de Wagram — dépensant sans vergogne l'argent donné pour l'entretien de la maison du Pape, faisant chère lie et tenant table ouverte, tout juste assez adroit pour ne pas passer en jugement comme concussionnaire [1]. «Par quel mystère M. Chotard a-t-il pu remarquer en lui « un homme intelligent, doux, poli, ayant vu la cour, en ayant le ton et les manières, fait pour plaire, esprit conciliant, estimé du Pape *qui le comprenait*, de ses chefs, des fonctionnaires, de ses égaux, de ses inférieurs (c'est une épitaphe !), dont le dévouement au Saint-Père n'était égalé que par sa vigilance »? La satisfaction de publier les lettres de cet homme incomparable, doué de tant de talents et orné de tant de vertus, ne justifie pas ces éloges ; nous les notons pour indiquer le peu de créance qu'il convient de leur accorder.

Les circonstances avaient trop bien servi l'Empereur en plaçant à Savone un évêque selon son cœur : pusillanime et sans caractère, Mgr Maggiolo,

---

[1] Le Pape dépensait chaque jour quelques francs pour sa nourriture personnelle, et cependant le Ministre des Cultes, M. Bigot-Préameneu, se plaint de l'envoi de comptes exagérés ; par exemple, pour le seul mois d'octobre 1810 : 25.644 francs pour la table, « non comprises les sommes payées aux gens de la maison pour leur nourriture ». (Lettre de Bigot au prince Borghèse, 1er décembre 1810.) Les mêmes reproches se reproduisent à différentes reprises en 1811 ; il est vrai de dire que Berthier n'était plus alors à Savone.

après avoir traversé sain et sauf les fureurs révolutionnaires, avait toutes les faiblesses d'un cœur que le souvenir des périls passés rend craintif[1]. M. Chotard, qui, malgré l'abondance des compliments adressés au général Berthier, n'a pas épuisé sa palette chargée de riantes couleurs, reprend encore ici le ton du dithyrambe pour peindre ce malheureux prélat « ferme, bon, clairvoyant; digne sujet de Napoléon, comme le digne fils de Pie VII, il rendit à Dieu ce qui était à Dieu, et à César ce qui était à César ».

Napoléon, avec de tels auxiliaires politiques, militaires et religieux, avait lieu d'espérer de bons services; son attente ne fut pas trompée. Pour lui, habile à prendre tous les moyens, il varia suivant les circonstances son attitude envers Pie VII.

Tantôt fastueux et prodigue, il ordonnait que la maison du Pape fut montée sur le pied de cent mille francs par mois, envoyait à Savone trois voitures de gala à la livrée impériale, et désignait pour organiser le service du Saint-Père le comte Salmatoris Roussillon, grand-maître des cérémonies à la cour de Turin avant la Révolution, chargé

---

[1] Mgr Vincent-Marie Maggiolo, des Frères Prêcheurs, d'abord évêque de Sarzane, puis, en 1804, évêque de Savone. En 1804, il pressa son clergé d'adhérer à la lettre injurieuse du cardinal Maury contre le Pape; Napoléon lui faisait aussitôt envoyer une gratification de 6.000 francs, — qu'il acceptait, hélas!

depuis, à Paris, de régler l'étiquette de la maison de l'Empereur.

Tantôt descendant aux procédés les plus vils, il interdisait au Souverain Pontife toute promenade dans les jardins, plaçait des sentinelles armées à chaque porte et déclarait réduite à quelques centaines de francs l'allocation mensuelle servie par le Trésor. Mais c'est en vain qu'il prodiguait ses cauteleuses caresses ou multipliait ses violences; les menaces échouaient comme les hypocrisies; il connaissait bien les hommes et avait soigneusement étudié les mobiles de leurs actions; néanmoins sa science avait des lacunes: il ne savait ce que c'est qu'un Pape.

C'était précisément là tout le secret de la force de Pie VII.

Ayant, depuis longtemps, fait le sacrifice d'une vie défaillante, il conservait toutes ses forces pour sauvegarder en sa personne la majesté de la religion. Insensible aux traitements, bons ou mauvais, dédaigneux des procédés mesquins dont sa finesse italienne avait promptement deviné les embûches, il disait à M. de Chabrol : « Je ferai le Pape du mieux que je pourrai, *Io farò il Papa meglio che potrò*. Mais je n'accepterai pas de pension ; je vivrai des aumônes des fidèles ; les maximes ne s'y opposent pas. Le Pape peut être pauvre, plusieurs l'ont été. » Sa patience était inébranlable.

Apprenant les persécutions religieuses en Italie, il disait encore au même confident : « J'ai lu l'histoire ecclésiastique, je l'étudie journellement, et j'ai remarqué que c'est à des signes semblables que l'on reconnaît la décadence prochaine des États. » S'élevant bien au-dessus de ses personnelles infortunes, il promenait sur l'Europe un libre et paternel regard.

Bien plus, il puisait une force nouvelle dans ses grandes pensées : il entretenait l'idée de réunir l'Eglise grecque au tronc catholique ; fortement épris de ce plan conçu depuis longtemps, il estimait plus facile à obtenir du schisme de Photius ce retour à l'unité que de l'Eglise luthérienne, divisée en tant de sectes. Poussé par ce faible que son caractère un peu timide avait toujours gardé pour la nature autoritaire de Napoléon, il disait même à M. de Chabrol : « Il serait glorieux pour un grand roi de contribuer à cette réunion. » S'élevant aux considérations les plus nobles et les plus justes, d'un regard également ferme, il embrassait l'avenir et jugeait le passé : « Je suis résigné à tout ; j'ai dit la vérité et je la dirai encore, fût-ce dans les chaînes. La Providence sauvera certainement l'Eglise ; une persécution ne fera qu'asseoir d'une manière plus ferme les principes et les maximes. *Tout ceci est la suite d'un plan qui date de cent cinquante ans et qui finira par saper l'autorité civile elle-même...* La génération prochaine s'en ressentira, et l'on finira par tomber dans l'indifférence totale pour la religion[1]. »

Un prisonnier qui nourrit de telles pensées sent peu le poids de ses chaînes ; la vie du Pape aurait été paisible si la juste préoccupation des maux de l'Église n'avait étrangement aggravé ses douleurs. Trois fois il abandonna son âme à l'espérance : différentes missions qui eurent accès auprès de lui semblèrent apporter un rayon de soleil dans la nuit épaisse dont on l'enveloppait systématiquement. Mais ces illusions furent courtes.

C'est une très curieuse page de l'histoire de ce temps, si fécond en événements extraordinaires, que la visite faite au Pape par le chevalier de Lebzeltern. Les débuts en offrent des particularités piquantes : les *Mémoires* du prince de Metternich nous en ont révélé les détails.

En sacrifiant sa fille à la paix de l'Europe, l'empereur d'Autriche avait gardé le droit d'intervenir assez puissamment sur son gendre ; catholique sincère et chef d'un peuple profondément

---

[1] Toutes ces paroles si remarquables et si profondes ont été transcrites fidèlement par M. de Chabrol. Son *Bulletin journalier* au Ministre des Cultes renferme les documents les plus précieux sur le séjour du Pape à Savone. Son authenticité est indéniable et sa véracité d'autant plus assurée qu'il était confidentiel. Les dernières citations que nous venons d'en faire sont des mois d'octobre, novembre 1809, février, juin 1810.

religieux, la situation de Pie VII l'affligeait à bon droit. Par l'entremise de son ambassadeur il voulut poser les premiers jalons d'une entente future, avec toutes les précautions nécessitées par la despotique humeur de Napoléon.

S'il faut en croire Mme de Metternich[1], ce fut l'impératrice Joséphine, déjà divorcée, mais encore influente, qui, mesurant les conséquences religieuses d'un mariage avec une archiduchesse, fit entrevoir ces espérances prochaines au ministre de l'empereur François. Mandée à la Malmaison, le 2 janvier 1810, Mme de Metternich fut reçue avec des attentions particulières ; la mère du prince Eugène et de la reine Hortense, en présence de ses enfants, parla avec chaleur d'une alliance autrichienne. « Il faut faire envisager à votre Empereur que sa ruine et celle de son pays est certaine, s'il ne consent pas au mariage de l'archiduchesse ; *et c'est peut-être aussi le seul moyen d'empêcher l'Empereur de faire un schisme avec le Saint-Siège*[2]. » Était-ce vrai, était-ce une ruse habile de Napoléon dictée à Joséphine[3] pour hâter le moment où le cadet de Brienne deviendrait le « neveu de

---

[1] La seconde femme du prince : Éléonore de Kaunitz-Rietberg.
[2] *Mémoires* du prince DE METTERNICH, t. II, § 151, p. 314.
[3] Malgré le divorce, Napoléon voyait fréquemment l'impératrice Joséphine ; le lendemain même de cette conversation il déjeunait à la Malmaison.

Louis XVI » ? En tous cas, ce fut le point de départ de la mission de M. de Lebzeltern.

Le 13 mai 1810, arrivé à Savone sous le prétexte plausible et naturel de traiter avec le Saint-Père des affaires ecclésiastiques de son pays, il entamait promptement les questions générales qui désolaient l'Eglise. Le Pape, touché de l'intervention de l'Autriche, se montra prêt aux plus larges concessions personnelles, mais déclara fort nettement qu'il lui était impossible d'examiner des intérêts aussi graves seul, sans appui, sans secours : il lui fallait un Conseil, il voulait auprès de lui le collège des Cardinaux.

Dans l'audience qu'il eut le 8 juin, à Fontainebleau, M. de Metternich, allant chercher la réponse à ces ouvertures, trouva Napoléon plus irrité et plus hautain que jamais : il refusait au Pape tout Conseil, voulait que Pie VII, faisant l'abandon pur et simple de ses États, vînt habiter Paris où l'on transférait déjà les archives du Vatican, qu'il prêtât le serment de reconnaître les libertés de l'Eglise gallicane et la légitimité des quatre articles ; il entendait surtout lui voir donner sans retard l'institution canonique aux évêques dont l'Empereur ferait choix. Ces prétentions indiquent clairement sa pensée ; il voulait lasser la patience de Pie VII, et peser prochainement sur lui de tout le poids de sa colossale puissance encore augmentée. Selon l'expression cynique et grossière dont il se servit ce jour-là devant M. de Metternich : *le Pape n'était pas assez mûr !* [1]

On ne négligea rien pour hâter cette *maturité :* sur l'ordre exprès de l'Empereur, les cardinaux Spina et Caselli [2] — ils avaient eu la faiblesse d'accepter cette mission regrettable — se rendirent à Savone. L'accueil du Souverain Pontife fut très froid ; il affecta de ne recevoir que devant témoin ces ambassadeurs d'une paix sans dignité ; leur embarras, d'ailleurs, était extrême, les allusions qu'ils firent à des concessions inacceptables restèrent sans réponse ; ils partirent n'ayant rien obtenu.

Pie VII savait trop qu'il ne lui fallait rien attendre des habiletés diplomatiques ; il avait dès longtemps remis sa cause entre les mains de la Providence, soigneux de rien faire qui pût compromettre la dignité du sacerdoce ou aggraver les maux de l'Eglise. « Instruit par l'expérience, je sais que les sacrifices ne comptent pour rien ; les premiers auraient dû assurer le repos s'il avait été possible ; aujourd'hui je vois bien qu'on en veut à la religion. Ne pouvant l'attaquer de front, on la prend de flanc ; jamais les prêtres du paganisme

---

[1] Prince de METTERNICH, *Mémoires*, tome II, § 163, page 351.
[2] Le premier était archevêque de Gênes ; le second évêque de Parme et sénateur.

n'ont été si dépendants ; du Pape lui-même on veut faire le Pape des Français ; au milieu de toutes ces entreprises, il n'y a que Dieu qui puisse sauver son Église. »

Ce suprême essai de « persuasion » ayant échoué, il ne restait plus que la violence ; l'Empereur était particulièrement habile à l'employer. Sa correspondance nous révèle ses desseins avec une implacable netteté.

Un proverbe vulgaire déclare que « trop parler nuit ». Les anciens avaient remarqué que l'écriture est encore plus décisive que la parole, et prudemment ils disaient : *Verba volant, scripta manent*. Les anciens avaient raison. Dans la prodigieuse exubérance de son activité, Napoléon a négligé cette sage mesure ; pour sa gloire, il a trop écrit. Sans doute, les éditeurs de sa *Correspondance* ont pris soin d'élaguer certains passages ; mais il y a encore à glaner après les cueillettes du prince Jérôme, et des historiens ont su trouver de nombreuses lettres très authentiques qu'un hasard intelligent avait fait oublier. « En général, — écrit son Altesse Impériale, dans le rapport qui précède le seizième volume — nous avons pris pour guide cette idée bien simple, à savoir que nous étions appelés à publier ce que l'Empereur aurait livré à la publicité si, se survivant à lui-même, et devançant la justice des âges, il avait voulu montrer à la postérité sa personne et son système. » Il est probable, en effet, — tout particulièrement au sujet des affaires ecclésiastiques — que l'Empereur, « devançant la justice des âges », n'aurait pas aimé « montrer à la postérité sa personne et son système ».

Voici en quels termes il s'adressait à son Ministre des Cultes :

« Il est inutile que le Pape écrive. Moins il fera de besogne, mieux cela vaudra... Mon intention est que l'extérieur du Pape se ressente de mon mécontentement (!) et que l'état de sa maison soit réglé de manière à ne pas dépenser plus de 12 à 1.500 francs par mois ; les voitures qui avaient été mises à sa disposition seront renvoyées à Turin... Nous sommes trop éclairés aujourd'hui pour ne pas distinguer la doctrine de Jésus-Christ de celle de Grégoire VII, etc. [1]. »

M. de Chabrol, contraint, par sa fidélité scrupuleuse à l'exécution des ordres de ses chefs, à une aussi pénible besogne, put, du moins, avoir conscience de l'avoir accomplie avec ponctualité.

« ... J'ai pris les mesures convenables pour remplir l'ordre formel qui m'était donné d'isoler le Pape et de le réduire à sa propre écriture. J'ai fait

---

[1] Lettre de Napoléon à M. Bigot-Préameneu, 31 décembre 1810.

enlever, en conséquence, tout moyen d'écrire aux gens de la suite du Pape. J'ai établi, dans une partie séparée du bâtiment, tous ceux qui faisaient les expéditions et les écrits ; de cette manière les instructions que j'ai reçues jusqu'ici sont pleinement remplies ; j'attends, à l'égard des personnes que j'ai isolées du Pape, les ordres qui me sont annoncés ; ils seront remplis avec zèle et une parfaite exactitude[1]. »

La complaisance bureaucratique est une pente fatale ; le 14 janvier 1811, le préfet de Savone acceptait de remettre au Souverain Pontife une note envoyée toute faite de Paris[2].

« Le soussigné, d'après les ordres émanés de son Souverain, Sa Majesté Impériale et Royale, Napoléon, empereur des Français, roi d'Italie, protecteur de la confédération du Rhin, médiateur de la Suisse, est chargé de notifier au Pape Pie VII que défense lui est faite de communiquer avec aucune église de l'Empire, ni aucun sujet de l'Empereur, sous peine de désobéissance de sa part et de la leur ; *qu'il cesse d'être l'organe de l'Église, celui qui prêche la rébellion et dont l'âme est toute de fiel ; que puisque rien ne peut le rendre sage,* il verra que Sa Majesté est assez puissante pour

---

[1] Lettre de M. de Chabrol au Ministre de la Police, 10 janvier 1810.
[2] Elle fut insérée au *Moniteur*.

faire ce qu'ont fait ses prédécesseurs et déposer un Pape. »

C'était un véritable monument de folie; mais les grands esprits ont cette particularité fâcheuse de n'avoir ni qualités, ni vices taillés à l'humaine mesure; en tout, ils sortent du commun.

Napoléon se croyait un théologien [1]; il était surtout un habile metteur en scène et préparait admirablement les circonstances et les événements. Il avait résolu *in petto* la déposition de Pie VII; afin de disposer les esprits à cette grave éventualité, il fit composer par Daunou, directeur des Archives impériales, avec l'ordre de l'intituler « traduction espagnole » (?), un *Essai sur la puissance temporelle des Papes, sur l'abus qu'ils ont fait de leur ministère et sur les guerres qu'ils ont déclarées aux souverains, spécialement à ceux qui avaient prépondérance en Italie*. Le titre, un peu long, n'était pas extrêmement clair, mais il était impossible de se méprendre sur son à-propos. Au reste, il était bien nécessaire, car le Saint-Père lui-même paraissait mal instruit de ces questions, s'il faut en croire le consciencieux M. de Chabrol:

« J'ai trouvé le Pape la tête remplie d'*une mau-*

---

[1] On connaît sa conversation avec M. Émery: « ... Si j'avais seulement étudié la théologie pendant six mois, j'aurais bientôt tout débrouillé, parce que (il porta le doigt sur son front) Dieu m'a donné l'intelligence. »

vaise théologie et d'une histoire partiale en faveur des Papes. — Tout annonce une faiblesse de vues trop au-dessous de sa position [1]. »

Pour lui mieux faire comprendre la dépendance de cette position, on brisa ses tiroirs pendant la courte promenade quotidienne qui lui était permise, on lui enleva même son bréviaire, on éloigna ses domestiques, on mit en prison son secrétaire, on lui refusa un confesseur ; on alla jusqu'à gagner son médecin, le docteur Porta, afin de pouvoir, à un moment donné, affaiblir par des médicamentations savantes la force de résistance que l'isolement lui laissait encore [2] ; on exigea qu'il livrât « l'anneau du Pêcheur », dont il scellait ses actes ; mais, dans la juste crainte d'en voir profaner l'usage, il n'en remit que les morceaux brisés.

Trois prélats de cour [3] furent envoyés à Savone afin d'amener le Saint-Père à céder sur l'institution canonique des évêques. Sa fatigue extrême leur permit de réussir : arrachant au Pontife prisonnier, isolé, malade, harcelé depuis de longs mois, une signature sans valeur réelle, ils revinrent promptement à Paris pour l'ouverture d'un « Concile

---

[1] Lettre au Ministre des Cultes, 9 juillet 1811.
[2] Comte d'HAUSSONVILLE, *L'Église romaine et le premier Empire*, t. IV, pages 146, 157, 160, 161, 162.
[3] MM. de Barral (archevêque de Tours), Duvoisin (évêque de Nantes), Mannay (évêque de Trèves).

national » convoqué en dehors de tout droit, de toute tradition, de toute doctrine et auquel l'Empereur comptait bien dicter ses décisions.

Malgré des protestations courageuses, au premier rang desquelles il est juste de placer celles de son oncle, le cardinal Fesch; malgré des velléités de résistance, les intrigues des ambitieux furent les plus fortes. La signature extorquée du Souverain Pontife fut habilement mise en jeu afin de calmer les scrupules des hésitants; la crainte d'une persécution immédiate et sanglante effrayait à bon droit; aux séductions et aux promesses s'ajoutèrent les menaces; les évêques de Gand, de Tournay et de Troyes (NN. SS. de Broglie, Hirn, de Boulogne) furent conduits nuitamment au donjon de Vincennes, où les avait précédés l'abbé d'Astros. La résistance avait perdu ses chefs. Le 5 août, dans une dernière séance, le « Concile national » reconnaissait qu'à défaut du Pape chaque métropolitain pouvait, après une attente de six mois, donner valablement l'institution canonique aux candidats du pouvoir civil.

Il fallait arracher à Pie VII l'approbation de sa déchéance. Napoléon paya d'audace et fit partir sans retard quelques cardinaux terrifiés par lui. Le Saint-Père, chaque jour plus malade, trompé, du reste, par le cardinal Roverella, circonvenu par son entourage, après trois semaines de lutte, signa, le 20 septembre 1811, un Bref confirmant les actes du Concile de Paris :

« Il y a des époques lugubres, dit excellemment M. d'Haussonville, où, de proche en proche, de degré en degré, une sorte de contagion morale aussi irrésistible qu'indéfinissable s'en va poussant partout ses ravages. C'est alors que l'on voit ceux-là mêmes qui devraient garder avec un soin jaloux le trésor de sentiments et d'idées qui forment le plus glorieux patrimoine de l'espèce humaine succomber aux atteintes d'un mal qui a commencé à sévir au-dessous d'eux... »

C'est aussi le propre des despotes d'être difficilement satisfaits; cette exigence produite par la satiété de l'obéissance cause le désespoir des courtisans. Les cardinaux revenaient à Paris dans toute la satisfaction de leur regrettable triomphe; en leur absence les événements avaient marché : Napoléon trouvait maintenant insuffisantes les concessions obtenues, et il rejeta avec hauteur le Bref dont il avait souhaité si vivement la rédaction.

Dieu permit ainsi que la malheureuse condescendance de Pie VII n'eut pas de conséquences morales, pendant que la persécution la plus cynique s'étendait à toutes les provinces de l'Empire : treize cardinaux étaient dépouillés de la pourpre; neuf évêques italiens étaient déportés, et leurs chanoines enfermés à Pignerol; sur les chemins erraient des moines chassés de leur couvent ; de longues files de prêtres proscrits attendaient dans les ports leur embarquement pour la Corse.

Les propriétés des confréries furent confisquées, les biens ecclésiastiques affectés aux payements de l'armée, les séminaristes de Belgique enrôlés dans des régiments d'artillerie. La police avait interdit à Paris les réunions de piété de cette *Congrégation*, déjà célèbre par ses vertus et sa charité, et qui devait être la pépinière de toutes les œuvres catholiques de notre temps ; un de ses principaux membres : Mathieu de Montmorency était exilé, en même temps que le supérieur des Lazaristes était enfermé dans la prison de Fénestrelle. Enfin, il faut bien le dire, par respect pour la vérité : les sœurs de Saint-Vincent de Paul, aux pas desquelles s'attache la vénération publique, ne trouvèrent pas grâce : vingt de leurs maisons furent fermées dans un délai de vingt-quatre heures[1]. Napoléon exécutait fidèlement le programme esquissé dès 1810 à son Ministre des Cultes :

« Je désire fort supprimer tous les ordres religieux dans les départements du Rhin, du Piémont,

---

[1] *L'Église romaine et le premier Empire*, t. V, p. 148. — Abbé MAYNARD, *Saint Vincent de Paul*, t. IV, p. 295. — *Correspondance de Napoléon I*^{er}, t. XXIII, p. 296. Lettre de l'Empereur au Ministre des Cultes, 3 mars 1812.

de la Toscane, de Parme et de Gênes, afin qu'on n'en entende plus parler et *qu'on soit tout à fait défait de cette vermine de moines* [1]. »

Il espérait enfin avoir abattu « d'un coup de massue tous les ordres monastiques, *ridicules institutions qui ne devraient plus renaître* [2] ».

Les catholiques gémissaient de ses éclats et souffraient de ses violences ; aucune espérance ne luisait plus à leurs yeux, beaucoup étaient désabusés des promesses du Concordat ; courbés sous le joug du despotisme, ils attendaient machinalement une catastrophe ou un miracle.

Avec l'imperturbable bon sens que donne l'étude de l'histoire de l'Eglise, plus encore peut-être qu'avec son génie, Joseph de Maistre présentait l'intervention prochaine d'un Dieu vengeur dans les calculs de l'ambitieux. Il écrivait au roi de Sardaigne :

« Il me paraît impossible que, d'un côté ou de l'autre, il ne s'élève pas quelque opposition, quelque protestation sublime. Votre Majesté assiste avec nous à l'une des plus grandes expériences qui puissent avoir lieu sur ce sujet. Jamais aucun souverain n'a mis la main sur un Pape quelconque et n'a pu se vanter ensuite d'un règne long et

---

[1] Lettre de l'Empereur au Ministre des Cultes.
[2] *Id.*, 26 septembre 1809.

heureux. Henri IV d'Allemagne a souffert tout ce que peut souffrir un homme et un prince. Son fils dénaturé mourut de la peste à quarante-quatre ans, après un règne fort agité. Frédéric Ier périt à trente-huit ans dans le Cydnus. Frédéric II fut empoisonné par son fils après s'être vu déposé. Ma plume se refuse aux exemples moins anciens. Cela ne prouve rien, dira-t-on. A la bonne heure ! Tout ce que je demande, c'est qu'il en arrive autant à un autre, *quand même cela ne prouverait rien;* et c'est ce que nous verrons [1]. »

Tout entier aux préparatifs d'une guerre gigantesque, Napoléon, suivant sa méthode favorite, espérait, à son retour, trancher toute difficulté et renverser tout obstacle par une de ces batailles décisives, dont le prestige lui servait à contenir dans la soumission les peuples excédés ; il aimait à ce que ses bulletins de victoire, servissent d'épouvantail aux obscurs adversaires de ses volontés souveraines. Au moment où il contemplait avec complaisance ses innombrables bataillons, il ignorait qu'il marchait au-devant du châtiment providentiel que ses sarcasmes impies avaient exactement prévu. « Que veut faire Pie VII en me dénonçant à la chrétienté ? Mettre mon trône en interdit ? *Pense-t-il que les armes tomberont alors*

---

[1] Comte Joseph DE MAISTRE, *Correspondance*, t. II, p. 460.

94 LE PAPE ET L'EMPEREUR

des mains de mes soldats [1] ? » Hélas ! de cette admirable armée, l'une des plus belles certainement qu'on ait jamais vues assemblées sous un même c... — de ces cinq cent mille hommes qui, le ... 1812, franchissaient le Niémen, la plus grande partie ne devait jamais revenir. Effroyable punition de Dieu frappant le persécuteur pris de vertige qui s'en va poursuivre, jusque dans les neiges de la Russie, le fantôme sanglant de l'Empire universel.

IV

Habent sua fata libelli. — Les pierres aussi ont leur histoire. — En pénétrant dans une antique demeure, l'esprit évoque volontiers les jours passés, il voit les habitants disparus, les suit pas à pas dans les appartements déserts et contemple avec émotion ces murailles, témoins muets, mais fidèles, des événements que la tradition rapporte.

Le château de Fontainebleau n'est pas le palais

---

[1] Un contemporain bien impartial et témoin de ces catastrophes a écrit : « ... Dieu a permis que le fait se réalisât. Les armes des soldats parurent à leurs bras engourdis un poids insupportable. Dans les fréquentes chutes qu'ils faisaient, elles s'échappaient de leurs mains, se brisaient ou se perdaient. S'ils se relevaient c'était sans elles. Ils ne les jetèrent pas, mais la faim et la soif les leur arrachèrent. » *Histoire de la Grande Armée en 1812*, par le comte DE SÉGUR.

historique dont les souvenirs parlent le moins au cœur ; mais les fêtes de François Iᵉʳ, les chasses d'Henri IV, la naissance de Louis XIII, les sombres caprices de Christine de Suède sont oubliés. On songe seulement qu'un Pape a été conduit en prisonnier dans ces mêmes appartements où son persécuteur est venu à son tour signer, comme malgré lui, sa propre déchéance, que l'échafaudage de la puissance césarienne s'est écroulé là où la religion avait été outragée, et que la cour du « Cheval Blanc » a pris le nom de « Cour des Adieux ».

Dans la nuit du 9 au 10 juin 1812, le Saint-Père avait été brusquement réveillé par le commandant de gendarmerie Lagorsse, sorte de transfuge entré chez les religieux doctrinaires avant la Révolution, ayant quitté le couvent pour la caserne, puis s'étant marié pour divorcer.

On lui enleva ses vêtements pontificaux, on macula d'encre la croix brodée de ses mules et, le coiffant d'un chapeau noir, on lui jeta sur les épaules un manteau de couleur sombre. Dans cet accoutrement, à pied et en grand mystère, il lui fallut traverser les rues de la ville endormie pour monter, hors de Savone, dans une voiture où le *fidèle* Dʳ Porta prit place à ses côtés.

Exténué de fatigue, sans avoir pu obtenir un jour de repos malgré l'extrême gravité de sa maladie et les diagnostics sinistres du médecin lui-même, Pie VII fut conduit dans l'appartement désigné pour lui à Fontainebleau.

Des lambris dorés et des meubles de prix remplaçaient tout à coup le dénuement et le misérable mobilier de Savone[1], mais le décor seul était changé : c'était toujours une prison. Pour éviter sans éclat la présence du cardinal Maury, le Pape se condamnait à ne recevoir personne ; il passait ses journées dans un isolement presque absolu et gardait scrupuleusement cette réclusion nécessaire, afin d'épargner à son cœur les manœuvres et les conseils des courtisans de son adversaire. Calme et doux dans l'impénétrable sérénité de sa conscience, il souffrait avec une résignation qui n'excluait pas la douleur ; il nous semble difficile de souscrire à la singulière opinion émise par M. d'Haussonville, qui parle assez cavalièrement de cette captivité douloureuse :

« Ce n'était en aucune façon une privation pour

[1] Nous empruntons à M. Chotard cette description de l'intérieur de la prison de Savone :
« Les fenêtres des chambres n'avaient pas de volets et elles fermaient mal. Aucun tapis ne couvrait les parquets et les dalles ; les lits n'avaient que des couvertures apportées à la hâte, en nombre insuffisant ; le lit même du Saint-Père était mauvais, et il fut remplacé par un lit plus mauvais encore. Les meubles malpropres ne furent pas tous nettoyés et réparés ; aucun ornement n'en déguisait ni n'en couvrait l'usure. Le Pape n'habitait réellement qu'une seule chambre, il y couchait et il y passait la journée. »

lui de consacrer ses journées au jeûne et à la prière, ayant pour unique distraction les entretiens de l'archevêque d'Edesse, et parfois, à ses moments perdus, le soin de réparer lui-même, comme un simple moine, les petits dommages que l'usure et le temps avaient apportés à ses vêtements pontificaux. »

C'est au milieu de ces tourments physiques et de ces préoccupations morales que lui parvint, le 29 décembre suivant, une lettre hypocritement affectueuse de Napoléon — de Napoléon humilié, vaincu, sans soldats, souhaitant une entrevue prochaine. Le Pape était hésitant ; sa bonté native le portait à courir encore cette chance de pacification.

L'Empereur résolut de prendre d'assaut la position par son audace : le 18 janvier 1813, par une de ces mises en scène où excellait son talent de comédien, quittant brusquement la chasse dans les bois de Melun, il partit pour Fontainebleau à franc étrier, courut à la chambre du Saint-Père, ouvrit les portes, et le serra dans ses bras !

« Il est évident, a écrit M. de Pradt, que l'Empereur voulait en finir par un coup rapide et imprévu ; il se fiait sur l'effet que sa présence, une discussion directe et son habileté personnelle produiraient sur le Pape. Le prestige était encore dans toute sa force, et personne ne soupçonnait l'île d'Elbe, et moins encore Sainte-Hélène [1]. »

Pendant une semaine, tout fut mis en œuvre pour émouvoir le malheureux Pontife : flatteries, emportements, accès de colère, élans de douceur, menaces et promesses. On rapporte deux mots sanglants qu'aurait prononcés Pie VII impassible, en présence des fourberies calculées de son interlocuteur : « *Comediante, tragediante !* » On a parlé de traitements indignes et de brutalités personnelles. — « Sire, vous vous oubliez ! » s'écria, pendant un de ces entretiens, le maréchal Duroc, en saisissant brusquement le bras de son maître, levé dans un geste de grossière menace [2]. Mais ces emportements eux-mêmes étaient étudiés. Ces ruses réussirent : le 25 janvier, Pie VII signait l'abandon du patrimoine de Saint-Pierre et des prérogatives du Saint-Siège [3].

Une profonde mélancolie s'empara du Souverain Pontife, courbé, pâle, amaigri. Après l'agitation fébrile des jours précédents, il retombait dans une solitude qui lui rendait la liberté de son esprit : il

---

[1] L'abbé DE PRADT, *Les 4 Concordats*, tome III, p. 2.

[2] ROHRBACHER, *Histoire de l'Église Universelle*, livre 91.

[3] On avait donné au Pape l'assurance que ce n'était là qu'un acte secret et préliminaire, au sujet duquel il allait pouvoir consulter le Sacré-Collège convoqué prochainement à cet effet. Le texte porte exactement que les articles « devront servir de base à un arrangement *définitif* ». Mais, la signature une fois apposée, on affecta de la considérer comme officielle et ineffaçable.

fut effrayé des conséquences possibles de sa condescendance. La présence des cardinaux fidèles, sortis de prison ou rentrés d'exil et accourant auprès de leur chef, lui rendit seule un peu de calme ; la ferme attitude du cardinal Pacca, chez qui les rigueurs de Fénestrelle n'avaient pu affaiblir le courage, et les sages conseils de Consalvi lui indiquaient avec une respectueuse fermeté la seule voie honorable à suivre : la rétractation publique.

« Les talents de Pie VII, a dit quelqu'un qui l'a bien connu, étaient loin d'être médiocres. Son caractère n'était ni faible ni pusillanime ; il se faisait au contraire remarquer par la résolution et la vivacité de son esprit. Suffisamment versé dans les sciences sacrées, il était doué de ce tact rare qui fait envisager les affaires sous leur véritable jour et qui en pénètre les difficultés. Mais, à tant de belles qualités se joignait une disposition naturelle que les uns ont regardée comme une vertu, les autres comme un défaut. Son premier coup d'œil dans les affaires, sa pensée première annonçaient un discernement admirable, un bon sens exquis : mais, si quelqu'un de ses ministres ou quelque autre personnage de poids venait à combattre son opinion tête à tête et l'obsédait d'instances, cet excellent pontife abandonnait son sentiment pour suivre celui d'autrui, qui souvent n'était pas le meilleur.

Ses ennemis attribuaient cette facilité à une grande faiblesse d'esprit, à un amour excessif du repos. D'autres personnes plus justes la regardaient comme l'effet d'une singulière modestie et d'une grande défiance de ses propres sentiments [1]. »

Pour la première fois depuis de longues années, il avait auprès de lui des conseils éclairés et fidèles ; il voyait la vérité, il ne balança pas à en accepter toutes les conséquences ; il reconnut sa faiblesse d'un jour et dégagea son âme : « Notre conscience reconnaissant notre écrit mauvais, Nous le confessons mauvais, et avec l'aide du Seigneur Nous désirons qu'il soit cassé tout à fait, afin qu'il n'en résulte aucun dommage pour l'Eglise, ni aucun préjudice pour notre âme [2]. »

De nouvelles violences atteignent aussitôt ses conseillers : les cardinaux di Pietro, Consalvi et Pacca. Mais les événements se précipitent, l'heure de Dieu est proche. A la fin de l'été, Pie VII écrit directement à l'empereur d'Autriche pour revendiquer ses droits et lui confier la défense de sa cause ; dès l'automne, Napoléon, sentant que tout lui échappe, fait des ouvertures de rapprochement. Jadis chaque victoire était le signal d'une persécution nouvelle, l'impunité suivait le succès ;

---

[1] *Mémoires* du Cardinal Pacca, tome I, p. 384.
[2] Lettre de Pie VII à Napoléon Ier, 24 mars 1813.

aujourd'hui les défaites sont le motif non équivoque d'un désir imprévu de conciliation. Poursuivant son personnage jusqu'au bout, le 20 janvier 1814, il ose bien offrir à Pie VII la « donation » de ses propres États, alors que les alliés, en la personne de Murat, passé à la coalition, les occupaient depuis plusieurs semaines. — Pie VII refuse de recevoir à ce titre injurieux le territoire dont il est le souverain légitime et que ne possède même plus celui qui en dispose. Les plénipotentiaires alliés réunis à Châtillon rédigent, pour réclamer la liberté du Saint-Père, la première note diplomatique constatant la trop tardive protestation de l'Europe en face de l'iniquité ; mais Pie VII a déjà quitté Fontainebleau.

Avec une merveilleuse prestesse et comme l'image exacte des transformations de ces heures troublées, le commandant Lagorsse, qui l'accompagne encore, de geôlier devient chambellan.

Les transports des populations catholiques offrent une sincérité de meilleur aloi : à travers le Limousin, le Languedoc et la Provence, le passage du Souverain Pontife ressemble à une marche triomphale. Il revoit Savone en des conditions bien différentes qu'aux jours de sa captivité, et sa bonté miséricordieuse ne se souvient des traitements indignes qu'il y a subis que pour appeler en souriant M. de Chabrol *il mio buon carceriere*.

Le 23 mars il atteignait les grand'gardes des postes napolitains ; le 24 mai il revoyait Rome.

L'explosion des sentiments populaires fut touchante : au pont Milvius, les Romains dételèrent les chevaux de sa voiture ; les sanglots, les prières, les acclamations se confondaient, la ville entière battait des mains. On dit qu'après avoir gravi lentement les degrés de Saint-Pierre, prosterné au tombeau des saints Apôtres, après que les derniers accents du *Te Deum* eurent retenti sous les voûtes de la basilique pontificale, alors que les premières ombres de la nuit descendaient déjà, Pie VII demeurait encore agenouillé, comme absorbé dans une vision surnaturelle. Il apercevait sans doute l'ange du Seigneur qui avait frappé Héliodore et renversé Antiochus. Rempli de reconnaissance envers le Ciel qui avait permis des changements si imprévus, il goûtait la juste récompense d'une foi inébranlable qui n'avait jamais désespéré de sa cause parce que c'était celle de Dieu.

LA JOURNÉE DE NAPOLÉON

Parmi les historiens de ce temps-ci, M. Frédéric Masson est un des esprits les plus remarquables. C'est un homme de labeur et de recherches ; il a été à même de compulser beaucoup de pièces originales, d'ouvrir un grand nombre de livres. Ses relations personnelles lui ont fourni des éléments également précieux : il a vécu, sinon avec ceux qui ont fait l'histoire contemporaine, du moins avec leurs descendants, et son goût, aiguisé par l'habitude, lui fait découvrir les documents rares, retenir les conversations piquantes, recueillir les souvenirs qui s'allaient perdre dans l'oubli.

Par métier et par carrière, il était placé pour bien connaître le dépôt des Affaires Étrangères, et l'histoire qu'il en a donnée restera comme un des ouvrages les plus utiles et les plus achevés sur cette matière complexe. J'acquitte une vieille dette de reconnaissance en le remerciant ici des services que ce livre m'a personnellement rendus. Passant de la théorie à la pratique, après avoir dit aux autres ce que l'on trouvait au quai d'Orsay, il a mis en œuvre quelques-unes des richesses qui y demeurent entassées et nous avons eu les *Diplomates de la Révolution*, un modèle de monographie diplomatique.

Mais beaucoup de choses, une intimité princière surtout, portaient M. Masson vers le premier Empire; voici longtemps qu'il poursuit, recueille, accumule, collectionne les documents. Il semble que produire le fruit de longues recherches, au moment même où l'attention générale est fixée sur la question qui vous intéresse, soit une rare bonne fortune ; et ce sentiment peut en effet chatouiller l'écrivain ; mais, s'il a l'âme bien placée, il éprouvera un certain agacement à voir son idéal frôlé par la foule, et ses héros tomber dans le domaine des niais qui croiront les aimer en prétendant les comprendre.

Aussi, loin de se prélasser dans les sentiers battus où il pouvait prendre la tête de la troupe, M. Masson, publiant ses travaux, tient à se dégager des mérites secondaires qui ne pourraient que lui attirer des louanges banales. « Quant à la mode, je n'ai point le loisir de la suivre. Il me serait impossible d'improviser un livre qui, bon ou mauvais, est le résultat de vingt ans d'études. Ce n'était point la mode de se déclarer bonapartiste, le jour où je me suis affirmé tel, et si la mode passe d'écrire sur l'Empire, je n'en continuerai pas moins mon œuvre. »

Comprenant que, pour étudier son « formidable modèle », il ne peut être question que d'analyses successives, M. Frédéric Masson procède par tableaux séparés et nous présente des toiles variées de lignes, de tons et de grandeurs. Ce sont comme ces esquisses de Meissonnier, ces mille petits croquis d'une tête de grenadier, d'un poitrail de cheval, d'une épaulette ou d'une dragonne, qui accompagnent les toiles de *1809* ou de *1814* et font comprendre la pensée de l'artiste en même temps qu'ils révèlent son labeur.

De même, pendant que notre auteur se défend de pouvoir juger l'ensemble de Napoléon avant d'avoir réuni tous les éléments de la synthèse, nous semblerions devoir garder la même réserve puisque nous n'avons encore que les premiers tomes d'une œuvre qui paraît devoir en fournir un grand nombre. Cependant, sans préjuger de l'avenir, on peut dès aujourd'hui dire son mot sur les volumes parus.

Deux séries d'études sont entreprises par M. Masson : *Napoléon et les femmes* et *Napoléon chez lui* [1]. Je ne sais pourquoi, en commençant par « les femmes », simple détail d'un ensemble,

---

[1] Frédéric MASSON, *Napoléon chez lui*. — *La Journée de l'Empereur aux Tuileries*. 1894.

il a voulu intervertir lui-même, dans la publication, l'ordre de composition qu'il s'était fixé et qui était logique. Il revient aujourd'hui à son plan, et va nous montrer l'Empereur aux Tuileries, se réservant de nous conduire à sa suite plus tard à la cour, à l'armée, au milieu des rouages de l'administration de l'État. Immense diorama qui aura pour principal mérite de grouper des milliers de faits et de recueillir d'innombrables détails.

Mais par ces seuls titres, *Napoléon et les femmes*, *Napoléon chez lui*, il me semble qu'on peut tout de suite apercevoir le défaut de l'œuvre de M. Masson, le danger de son entreprise. Qu'étudie-t-il ainsi dans l'Empereur ? L'homme ; or, dans Napoléon l'homme est médiocre et le souverain est colossal. Porté par son admiration bonapartiste à révérer le créateur de l'Empire, M. Masson va admirer aussi « l'individu » qui n'est point admirable, et ce renversement ne peut que le conduire à des conclusions fausses, tout au moins à des appréciations excessives. Engagé dans cette voie, on ne saurait s'arrêter en chemin, les proportions réelles disparaissent, l'être isolé se confond avec le maître du monde, et à cent ans de distance, le mirage qui éblouissait ses courtisans, en leur faisant aduler ses moindres volontés, ce mirage se reproduit et atteint l'impartialité de l'historien, si elle laisse subsister sa probité.

Nouveau Descartes, M. Masson pratique le système de la table rase et sur le sol déblayé pose la statue de l'Empereur, qu'il croit plus haute pour avoir renversé autour de lui les autres figures de l'histoire. C'est la punition de cette méthode, de conduire à des exagérations.

N'est-ce pas la seule explication possible de l'étrange idée qu'il émet, dans une très éloquente, mais trop ardente préface, lorsqu'il nous propose de faire de la « Saint-Napoléon » la fête nationale ? Le souhait est déjà singulier, et il y aurait autant de difficultés, pour d'autres motifs, à grouper les Français dans ce culte de la force militaire et de l'omnipotence administrative, que pour obtenir leur unanimité dans la joie patriotique qui doit les secouer périodiquement à l'anniversaire des assassinats du 14 juillet. Mais M. Masson va plus loin, trop loin, et, pour justifier son projet, il attaque bénévolement... Jeanne d'Arc!

« Jeanne d'Arc, dit-il, déclarée Vénérable par l'Eglise, après avoir été condamnée par elle, Jeanne d'Arc réclamée et acclamée par les catholiques, érigée en thaumaturge dont les actes merveilleux ont été non seulement inspirés, mais conduits par une divinité, échappe désormais à la Patrie. La visionnaire que mènent saint Michel et sainte Catherine n'incarne plus l'âme de la France, cette âme révoltée contre l'Anglais envahisseur qui, descendue en la petite bergère de Domrémy, lui inspirait ses vaillants espoirs et jusqu'à la mort son amour joyeux et doux pour notre terre. La statue de Jeanne, que chacun honorait à sa mode, pouvait réunir tous les croyants à la Patrie. L'autel de Jeanne ne réunira plus que les croyants à une religion. »

Écrire une telle page, c'est se créer l'obligation, la fièvre littéraire passée, de la regretter et de la détruire. M. Masson l'effacera un jour, comme historien, car elle est fausse ; comme Français, car elle est injurieuse à ce culte même de la patrie auquel il croit sacrifier ; comme catholique (M. Masson est certainement baptisé), car elle est calomniatrice de l'Église.

Après cette fâcheuse incursion de notre auteur sur un terrain qu'il lui eût été si facile d'éviter, je n'ai plus le désir de réprouver quelques passages contestables, mais bien moins graves, comme le dithyrambe en l'honneur du prince Napoléon ; l'amitié est respectable et, quand elle s'adresse à un mort, désarme la contradiction, serait-elle même aussi facile que dans le cas présent.

Voilà pour *l'idée*.

L'exécution est des plus captivantes ; le récit est sobre, agréable, entraînant. Des mots heureux, des expressions pleines d'originalité et de lumière, des élans de phrases et des phrases qui disent quelque chose. Le style se délaie un peu trop en des comparaisons suivies avec excès et qui en cela ressemblent à s'y méprendre à la méthode littéraire de Taine. M. Masson frémira de ce rapprochement avec un écrivain qu'il traite de pamphlétaire et de libelliste; toutefois cette impression me semble justifiée, et il y a, au chapitre sur « le travail », dans une seule page, quatre comparaisons de cuisine, d'attelage, de mécanique et de voirie qui sont calquées sur le *faire* de l'auteur des *Origines de la France contemporaine*.

En étudiant un livre, on ne peut, j'ose dire on ne doit pas faire abstraction de l'auteur; mais, cette impression nécessaire une fois reçue, il est permis de ne plus considérer que l'œuvre. Ici, elle est certainement remarquable. Pour réunir un semblable dossier, il faut des jours, des mois, des années; pour en extraire les enseignements qui iront frapper le lecteur et les tableaux qui fixeront ses yeux, une science d'analyste est indispensable; M. Masson excelle dans ce travail de patience, dans cet effort de discernement, et dès la première ligne il pose admirablement la question en étudiant l'*étiquette*.

« L'étiquette, dont les peuples qui se disent émancipés peuvent sourire parce qu'ils ont perdu la notion des idées qu'elle symbolise, n'a point été dans les vieilles monarchies formulée d'un seul coup : elle est le produit de l'expérience des âges, l'application raisonnée des traditions dont plusieurs remontent aux fondateurs mêmes des dynasties, dont quelques-unes sont plus anciennes que la dynastie même [1]. »

Le Roi Très Chrétien faisait corps avec la France même.

« Au-devant du Roi, comme un rempart, une innombrable clientèle de gentilshommes, attachés à lui par tradition bien plus que par intérêt, obligés à servir dans les armées par devoir familial et par honneur de caste, tenant la fidélité si ordinaire et si unie qu'ils n'estimaient point qu'ils eussent à en parler et qu'ils eussent trouvé indigne d'en prêter serment. Ils en ont témoigné par leur émigration, par leurs campagnes à l'armée de Condé, par Quiberon, par l'échafaud. Rien, chez aucun peuple, n'égale ce témoignage de toute une caste en faveur d'un gouvernement. Pour affirmer sa foi monarchique, la noblesse a donné sa vie, elle a donné sa fortune, elle a donné le patrimoine de ses enfants, elle a souffert le froid, la faim, toutes les misères, des misères pour elle bien pires que la mort; elle a fait cela après des siècles entiers de domination et d'opulence, alors qu'on

---

[1] F. MASSON, *Napoléon chez lui*, p. 21.

la croyait énervée par sa fortune, par une civilisation raffinée. Pour la guérir des vices qu'elle avait pris, il avait suffi du devoir s'imposant net, ferme et clair; car en elle la surface était seule atteinte; le cœur, sous l'habit de soie, était resté tel que sous l'armure, et l'honneur n'y parlait pas en vain[1]. »

La Révolution entasse les ruines :

« Tout ce qui a été le respect, la consolation, l'ambition des générations passées, tout est bafoué, avili, brisé, détruit, aboli; les noms mêmes voués aux dieux infernaux. Plus de lois, mais, au caprice d'assemblées en délire, des décrets rapportés aussitôt presque qu'ils sont rendus. Plus d'institutions nationales, mais tour à tour l'Angleterre, Sparte et Rome devenues des modèles; toutes les classes, tous les états, toutes les professions, toutes les fortunes secoués comme un van par quelque gigantesque vanneur, sourd, aveugle et fou; la famille supprimée, l'amitié proscrite, la pudeur morte et, seul maître de tout, seul respecté, seul adoré, l'Argent, l'Argent qui a remplacé Dieu, le Roi et la Noblesse, et qui donne tous les droits, usurpe tous les privilèges, affecte toutes les tyrannies, corrompt toutes les âmes de cette France livrée aux agioteurs, aux voleurs et aux banquiers,

[1] *Id.*, p. 2.

fait une halle immense où tout est à vendre : la Patrie, la Justice, la Loi, l'Honneur ; tout, hormis la Gloire ! »

Voulant déblayer ces décombres, Bonaparte sentit qu'il fallait avant tout relever le principe d'autorité. Peu à peu, par degrés, il perçoit la distance qui doit séparer le gouvernement de la foule. Qui a un souverain au-dessus de soi, fût-ce le peuple seul, n'est pas souverain, et, comprenant la nature nouvelle du pouvoir qu'il incarne, puisqu'il ne peut être le chef d'une monarchie « résultante des siècles », il remonte d'un bond aux précédents historiques, si loin sont-ils, jusqu'à Charlemagne.

C'est sur le costume impérial de Charlemagne qu'il copie son costume du Sacre ; c'est le blason attribué à Charlemagne, un aigle d'or sur champ d'azur, qu'il prend pour ses armoiries ; ce sont les insignes impériaux de Charlemagne, la couronne, le sceptre et l'épée, qu'il fait porter devant lui, au jour du couronnement ; c'est au Saint-Empire Romain de Charlemagne qu'il emprunte les titres dont il pare les grands dignitaires de son empire. Comme Charlemagne, il a ses ducs et ses comtes, et il songe à créer ses margraves ; c'est en Allemagne, chez les descendants de Charlemagne, qu'il a trouvé ce titre de « Roi des Romains », donné au fils de l'Empereur ; les douze maréchaux d'Empire sont les douze pairs, et le nom du vieil empereur revient sans cesse sous sa plume dans ses allocutions, comme son souvenir hante sans relâche sa pensée.

Jadis, un *culte* entourait le « Roi de droit divin », et cette étiquette quasi-religieuse rehaussait, jusqu'à en faire le plus envié des privilèges, le plus humble service rendu au souverain qui incarnait le droit. D'un trait, Napoléon, comprenant que le charme est rompu, biffe tout cet apparat qui devient ridicule sans *la foi*. « Pour lui l'étiquette est une nécessité de la monarchie, pas même un code de cérémonial dont chaque article est créé par un précédent, mais seulement une consigne qui durera autant que celui qui l'a donnée. »

Il supprime alors tout ce qui concerne la personne pour ne faire revivre que les usages capables de rehausser le souverain ; dans son esprit lucide et net, il a vite trouvé la formule : un *service d'honneur*, et plus de *service des besoins*. Il y a donc aux Tuileries l'*appartement intérieur* et l'*appartement d'honneur*.

M. Masson nous introduira plus tard dans le second ; pour aujourd'hui, il nous fait pénétrer, par la porte entre-bâillée, dans les pièces où s'écoule la vie intime.

Nous apprenons mille détails ordinaires de cette extraordinaire existence : la disposition des appartements et par qui ils étaient gardés ; nous sommes à côté de l'Empereur à son réveil et nous ne le quittons plus jusqu'à son coucher ; nous savons la façon dont il faisait sa barbe, prenait son bain, s'habillait, se coiffait, déjeunait ; ses goûts de table, son vin favori ; qui était à son lever, qui avait les entrées ; de quelle manière se passaient les audiences ; où, comment, avec qui il travaillait. Ses livres, son papier, ses cartons, ses cartes, ses boîtes à compartiments, ses portefeuilles, ses secrétaires ; — la façon de dîner, de prendre son café, de passer la soirée, de se mettre au lit, d'y dormir : tout cela nous est révélé.

Ces détails d'apparence futile, caractérisant l'homme, deviennent importants par celui-là même qu'ils concernent. Ils ont été puisés avec une patience sereine aux meilleures sources ; tous, cependant, ne sont point recevables sans hésitations. M. Masson a ses antipathies qui lui font refuser toute créance aux témoins à charge. Mme de Rémusat, par exemple, qui nous avait conduits dans l'intimité du premier Consul et de l'Empereur, lui est odieuse, et tout son groupe : celui de Talleyrand reçoit, dès que l'occasion en est offerte ou simplement trouvée, des coups de boutoir. Mon Dieu, je ne défendrai pas outre mesure ces personnages trop égoïstes et trop sceptiques pour être des cœurs bien hauts et bien délicats, cependant ils ont vu, ils ont entendu, ils étaient là et trop de voix font écho à la leur pour ne pas vouloir leur accorder quelque créance.

Ainsi, quand Mme de Rémusat nous parle des précautions minutieuses dont Napoléon s'entourait aux Tuileries, personne ne doutera de l'exactitude d'un renseignement si vraisemblable; chacun sait que cinq ou six polices différentes multipliaient autour de lui leurs rapports, leur surveillance, leur espionnage. J'en croirai donc Mme de Rémusat plus que M. Masson qui nous présente le château comme une grande maison, où le maître garde tant de confiance que rien ne le protège de la foule et qui, si un malheureux tente de l'assassiner, fait soigner le coupable, qui s'est blessé, et lui accorde une pension [1].

Cette tendance à faire de l'Empereur un Louis-Philippe de la guerre, comme l'autre voulait être un Napoléon de la paix, n'est pas recevable, et je m'étonne que l'esprit si juste de M. Masson y succombe.

Il a lui-même spirituellement condamné ces apologies niaises qui désarment la critique, car elles « mesurent l'Empereur à l'aune d'un commerçant adroit qui tient proprement ses livres et se contente d'un bénéfice modeste, et ramènent ses

---

[1] P. 55.

traits physiques et moraux à une formule bourgeoisement banale et honnêtement vulgaire ».

On ne peut donc que sourire quand on lit que Napoléon, dans les séances du conseil d'Etat (et l'on sait si elles étaient souvent terrifiantes et fréquemment mouvementées), encourageait les jeunes auditeurs « à la liberté de la parole et à l'indépendance de la pensée ».

Qu'il n'ait fait la guerre que pour se défendre, « toujours attaqué » par les puissances européennes, c'est une interversion des rôles que peu voudront admettre ; c'est vite oublier les affaires de Portugal, d'Espagne, de Suisse, de Hollande, et l'envahissement des États Pontificaux. Le bon La Fontaine avait prévu ce rôle :

> Allez, vous êtes une ingrate,
> Ne tombez jamais sous ma patte !

N'est-il pas permis de dire que c'est un comble de mettre en parallèle la platitude auprès de Napoléon des gentilshommes d'ancienne race, « de naissance et d'éducation courtisans », avec l'esprit révolutionnaire, « généreux, noble et fier », qui animait ces anciens pleutres de la Convention devenus comtes, barons, conseillers d'État ou sénateurs ? — Et citer comme exemple le vertueux Thibeaudeau, c'est beaucoup ; Merlin de Douai et Réal, c'est trop !

Dans cette journée si bien tracée, si bien remplie, si féconde en travail, il y a une grosse lacune, et j'espère que M. Masson ne prendra pas trop en pitié le regret que j'en exprime : je ne vois pas un instant réservé à la prière. Ce n'est pourtant pas un point négligeable, et l'assistance de la Divinité est plus qu'à personne nécessaire à qui « pendant quatorze années a pensé pour 80 millions d'hommes ».

Oh ! je sais que, le dimanche, il y a aux Tuileries une messe... de cérémonie, avec orchestre et chanteurs. Sous les regards de la foule, en grand costume, l'Impératrice Joséphine, à genoux sur un prie-Dieu de velours cramoisi garni de crépines d'or, « garde une attitude des plus recueillies » et, à côté d'elle, un peu en arrière, l'Empereur, « en attitude militaire », debout, immobile, ne causant que rarement ou du moins peu de temps chaque fois, daigne être présent, « sans s'agenouiller ».

Un conseiller de son neveu Napoléon III, S. Exc. M. Rouland, voulait bien, dans l'église de son village, s'incliner à l'élévation, « bien que la messe, racontait-il, fût dite par un simple prêtre » ! Il est vrai que ce n'était qu'un méchant ministre des cultes ; il n'eût pas excusé tant de condescendance chez César.

Je crains que M. Masson ne sente pas le ridicule

d'une semblable pose théâtrale, d'une « complaisance » aussi grotesque de la part d'un pauvre homme vis-à-vis de son Créateur, car il décrit tout l'appareil de ces cérémonies avec un sérieux admirable, s'étend sur le nombre des ténors, des basses-tailles, des altos, des contrebasses, des clarinettes et des hautbois de « la chapelle », et trouve en somme que Napoléon faisait bien les choses. — Mieux que ces malheureux princes de la maison de Bourbon, dont l'attitude scandaleuse pouvait, paraît-il, faire contraste avec la gravité de l'Empereur !

Et je trouve, moi, qu'il y a tout un tableau et tout un enseignement dans cette simple phrase de l'auteur : « L'autel, enfermé la semaine dans une armoire de la salle du Conseil d'État, apparaissait le dimanche. » — Cela fait image.

Napoléon a compris qu'il faut *un* Dieu, il veut bien rétablir *un* culte, son intelligence lui fait prendre en pitié tout ce qui n'est pas catholique; mais pour lui il n'a pas besoin de ces modestes et mesquines manifestations de piété; comme ce grand niais de Rousseau, il ne daigne pas courber le genou ; entre la réception des ambassadeurs et la parade de ses soldats, le dimanche, il veut bien présider une cérémonie religieuse; lui en demanderez-vous davantage? Après les remaniements ordonnés en 1805 dans son palais, « Dieu eut son coin, entre la salle de spectacle et la salle du Conseil d'Etat[1] ! » N'était-ce pas assez?

Au moins, à cette orgueilleuse et vaniteuse manifestation ne s'ajoutait pas l'hypocrisie d'un acte religieux accompli sans foi, et il n'en restera pas moins que Bonaparte fut l'instrument intelligent de la Providence pour le rétablissement officiel du culte catholique après la Révolution, mais on comprend trop l'écroulement d'un édifice où n'est pas entré le ciment de la religion. *Nisi Dominus ædificaverit domum...*

Et voilà pourquoi ce livre, dont tant de détails nous intéressent et nous instruisent, apporte au cœur une impression de tristesse, laisse dans l'esprit un sentiment de compassion, comme la sensation d'un trou béant et énorme. Quelque chose manque dans la vie du « grand homme » et ce quelque chose est tout l'homme. Dans le bruit, la parade, la fumée, l'absence du ressort de la vie est moins palpable; mais il saute aux yeux lorsqu'on soulève le voile de l'existence intime qui nous laisse apercevoir les pieds d'argile du colosse.

---

[1] P. 242.

SOLDATS DU PREMIER EMPIRE

Les souvenirs militaires du premier empire évoquent tout aussitôt une fantasmagorie glorieuse d'où le clinquant n'est pas exclu. Panaches, cordons et uniformes ; les duchés, les titres de comte et de baron, les principautés et les majorats ; les riches dotations, les larges récompenses ; l'étoile des braves et le bâton tout semé d'abeilles des maréchaux tourbillonnent devant nos yeux éblouis. Mais ce brillant escadron doré qui, par son éclat même, fait habilement ressortir le petit chapeau et la redingote grise, cet état-major n'était pas toute l'armée française. Combien y eut-il de maréchaux et de ducs militaires ? Une vingtaine. Derrière eux, quelle foule de soldats et de généraux distingués !

Napoléon le savait : il appréciait à leur valeur ces vieilles bandes aguerries, rompues à toutes les endurances ; il connaissait, souvent par leur nom, ces officiers méritants, demeurés obscurs ; et il les gardait en réserve, tout à la fois pour boucher les trous de ses cadres, toujours exposés à se dégarnir, et pour tenir en haleine ses maréchaux, toujours disposés à se rendre indépendants. On sait son mot, qui nous a été rapporté par Chaptal : « Ces gens-là se croient nécessaire et ils ne se doutent pas que j'ai cent généraux de division qui peuvent les remplacer. »

Ce sont ces soldats de second ordre, j'allais dire de deuxième ligne, qui forment la masse des troupes de l'empire. Moins connus, ils n'en sont pas moins intéressants ; plus obscurs, ils sont souvent plus curieux à observer, parce qu'ils ne posent pas pour la galerie comme un Soult, un Murat ou un Marmont. Bourgeoisie militaire, pépinière naturelle d'une aristocratie ouverte. Et comme Napoléon faisait ses lois civiles pour les besoins et l'intelligence moyenne d'un riche paysan de l'empire, c'est à ces colonels de fortune qu'il s'adressait pour asseoir ses conquêtes ; c'est chez eux qu'il rencontra le dévouement sincère et, aux jours de malheur, les derniers restes d'une honorable fidélité.

Quand ces survivants modestes de la plus prodigieuse épopée se mêlent d'écrire leurs souvenirs, l'Académie ne prépare point de couronnes, la littérature a peu à y glaner, et la politique rien à y voir. — Mais l'historien doit trouver son profit dans ces dépositions posthumes, en faisant la part de l'illusion, de la gloriole, de l'enthousiasme et de la reconnaissance.

Cette sélection n'est même pas si difficile à opérer qu'on pourrait d'abord le croire : l'Empereur s'est vu entouré d'une adulation sans retenue; mais, plus tard, la réflexion et aussi quelque honte ont refroidi ces feux trop ardents et les revers ont détruit le prestige en éteignant l'auréole. La légende napoléonienne n'existait pas en 1815 ; elle date de Béranger, de Louis-Philippe et de Victor Hugo.

Ces soldats du premier empire peuvent se grouper par catégories, sans trop d'efforts de classification.

Voici l'officier de bonne volonté, sorti des rangs, méticuleux, attentif aux détails, plus soucieux de la tenue de sa troupe, que de toute autre chose, sans grande portée d'esprit, sans ambition excessive. Il sera major d'infanterie, et quand il deviendra colonel, avant tout restera « président du conseil d'administration ».

Celui-ci est le troupier bon vivant, le « bel homme » ferraillant à tout propos et hors de propos, portant gaiement son sac, sablant une bouteille de vin, courtisant les filles d'auberge. Même général, même baron, il conserve ses goûts vulgaires et, entre deux coups d'épée, ce sont ses bonnes fortunes qu'il nous raconte avec la plus complète absence de sens moral.

Cet autre, soldat de devoir, patient, fidèle aux règlements, obéissant sans effort, courageux sans emportement, est susceptible de se montrer un héros sans orgueil. Après la bataille, il relit ses théories, il étudie et il observe. Son mérite, sa régularité, sa bravoure le font choisir pour prendre rang dans l'artillerie de la garde ; il approche l'Empereur, il l'admire et met au service de ses volontés un dévouement qui ne discute jamais.

Enfin, voici le jeune homme de famille : le brillant uniforme de la cavalerie l'attire, la gloire le retient, le danger le grise, la victoire l'a enchaîné pour toujours au char de l'Empereur triomphant. Un coup de sabre lui gagne sa première épaulette, une balle lui conquiert la seconde, la croix cicatrise ses blessures ; il devient vite officier d'ordonnance, un maréchal le distingue, l'Empereur l'emploie ; à la première vacance, il aura un régiment ; à la prochaine bataille, il conduira une charge ; deux chevaux seront tués sous lui, mais il rapportera un étendard ennemi, et c'est sous les étoiles que Napoléon cachera les trous de mitraille qui ont percé sa tunique.

Je viens de voir défiler sous mes yeux tous ces types des soldats de l'Empire.

J'écarte la dernière figure dont je ne parlerai pas ici, parce que ses *Mémoires*, sont connus de la

France entière : c'est Marbot. Mais je retiens les trois autres ; leurs souvenirs « viennent de paraître », disent les prospectus ; ils n'ont, à aucun titre, l'espérance d'obtenir la brillante fortune de leur devancier ; toutefois, leur témoignage a sa valeur et je ne voudrais pas le laisser perdre.

Leurs noms ne diront rien au public : ce sont les généraux Bigarré, Dellard et Boulart. Ce dernier (plus heureux que « Joseph, Léopold, Sigisbert, comte Hugo ») est inscrit, parmi les 386 élus, sur l'arc de triomphe de l'Etoile, tardif honneur après vingt années dans le grade de maréchal de camp ; mais il n'a pas même de notice dans les *Tables du temple de la Gloire* qui terminent les *Victoires et Conquêtes!* — Les deux premiers, au contraire, possèdent leur biographie dans ce recueil jadis fameux [1]. Qui ira les chercher là ?

Les manuscrits de leurs *Mémoires* ont été conservés soigneusement par leurs familles ; un éditeur les a imprimés [2]. Par un de ces heureux hasards que savourent les fouilleurs d'archives, M. de la Brière a découvert le manuscrit du général Bigarré dans les cartons de la bibliothèque

---

[1] *Victoires et conquêtes des Français*, tome XXV, p. 41 et 113 des tables.

[2] *Mémoires militaires du général baron Dellard*, sur les guerres de la République et de l'Empire. — *Mémoires militaires du général baron Boulart*, sur les guerres de la République et de l'Empire.

d'Angers. Mais, après leur lecture, en présence des anecdotes risquées de l'auteur, il n'a voulu les présenter qu'à demi au public, en signant la courte préface de ses seules initiales [1]. Cette réserve honore son bon goût et, avec lui, on peut laisser à l'écart les gauloiseries pour ne s'attacher qu'aux faits rapportés et aux points éclaircis.

Disons donc un mot de ces trois soldats qui se touchent par bien des côtés ; leur origine militaire est commune, les hasards de leur carrière les ont souvent rapprochés ; aucun de leurs témoignages ne se contredit.

Nés en 1774, 1775 et 1776, ils sont tout à fait contemporains ; issus de pères modestes : agriculteur, maître de chapelle, petit sénéchal. Dellard est du Quercy ; Boulart, Champenois ; Bigarré, Breton. Dellard, volontaire en 1792, fit la campagne d'Allemagne pendant dix ans ; sous l'Empire, il commanda le 16ᵉ léger, servit en Espagne et en Russie, fut fait général en 1813, gouverneur de Valenciennes aux Cent Jours, et de Besançon sous la Restauration. — Boulart, élève de l'école d'artillerie de Châlons, débuta en Allemagne et en Italie : il se trouvait à Iéna, à Dantzig, à Friedland, à Wagram, à Sommo-Sierra, à la Moskowa, à

[1] *Mémoires du général Bigarré*, aide de camp du roi Joseph (1775-1813).

Moscou, à la Bérésina, à Dresde, à Leipzig, à Montereau, à Arcis-sur-Aube. L'Empereur lui confia un régiment d'artillerie de la garde, le nomma général et baron ; Louis XVIII, chevalier de Saint-Louis et directeur de l'école de Strasbourg ; Charles X, grand-officier de la Légion d'honneur [1].

Pour Bigarré, après des caravanes aux Antilles, comme pilotin, sous-lieutenant au régiment de Normandie et bientôt officier supérieur dans l'armée de Moreau, il se distingua à Austerlitz, suivit Joseph Bonaparte à Naples et en Espagne, comme aide de camp ; général de brigade, puis de division, il fut mis en réforme après 1815.

J'ai dit que les points de contact étaient nombreux ; en effet, tous trois firent les campagnes d'Allemagne, entrèrent à Madrid en 1808, tous trois furent généraux et barons de l'Empire. — Bigarré et Dellard servirent sous Moreau, et étaient au camp de Boulogne. — Boulart et Bigarré firent partie de la Garde ; le premier représentait son régiment aux fêtes du couronnement, et le second commandait le détachement de grenadiers qui, le matin du 2 décembre 1804, « alla s'emparer »,

---

[1] Ces distinctions suffisent à réduire à néant les assertions des notices anonymes qui précèdent les deux volumes des *Mémoires* des généraux Boulart et Dellard, remplies d'injures gratuites et encore plus maladroites sur la Restauration et les « princes de la famille de Bourbon ».

selon son expression, de toutes les portes de Notre-Dame.

Et que de rapprochements entre Dellard et Boulart ! On les rencontre tous deux aux lignes du Rhin, à Berlin, à Friedland, à Tilsitt, à Madrid, en Russie, pendant la retraite d'Allemagne, pendant la campagne de France. Aux Cent Jours, l'un commande à Valenciennes, l'autre à Strasbourg. Tous trois sont couverts de blessures.

« Ecrivains », par contre, ils diffèrent :

Dellard rédige ses *Mémoires* comme un « livre d'ordres » ou un « contrôle trimestriel ». C'est l'histoire de France écrite pour l'école des élèves caporaux par un capitaine d'habillement. Il le dit : son régiment « est tenu brillamment et uniformément », et c'est avec lyrisme qu'il décrit l'éclat des pompons et la fraîcheur des buffleteries : « Le jour de notre entrée à Berlin était superbe. Je m'étais arrêté à deux lieues de là pour substituer au costume de route le grand uniforme et arranger les sacs de manière à ce que tout fût dans l'ordre le plus parfait. J'inspectai le régiment dans la prairie où il fit sa toilette et je ne pus m'empêcher d'en faire compliment aux capitaines. »

La victoire des Français, l'écrasement des Prussiens, la ruine d'une monarchie, le changement de l'équilibre européen, la chute des empires, rien ne le frappe, il ne voit que l'alignement de sa troupe, et ce qui le préoccupe en pénétrant dans la capitale du grand Frédéric, c'est la façon dont ses sapeurs marquent le pas. Il en oublie l'avancement et ajoute en simple incidente : « Au moment où je passai cette inspection, je reçus, par un ordonnance, une lettre du major-général m'annonçant que Napoléon m'avait conféré le titre de baron avec une dotation en terre d'un revenu annuel de 4.000 francs. » Et il est vrai qu'il ajoute aussitôt : « Mon majorat comprenait deux moulins et plusieurs prairies. » Je vous le disais bien : il rédige instinctivement un état de situation [1].

Bigarré, lui, ne nous fait grâce d'aucune de ses bonnes fortunes, non plus que de ses propres malheurs conjugaux. Il faudrait jeter le livre si l'aide de camp de Joseph n'avait été témoin de faits importants ; il a connu de près les Espagnols et l'Espagne, il devient aussitôt intéressant conteur. Pour le reste, il se bat bien et ne voit pas plus loin que le bout de son sabre.

---

[1] On trouve, dans le *Journal* du maréchal de Castellane, à la date d'octobre 1831, une anecdote, qui caractérise bien celui dont je parle ; la scène se passe à Vesoul :

« Le maréchal de camp, baron Dellard, commandant de place, petit bonhomme de quatre pieds huit pouces, tourné en sergent de voltigeurs, avait préparé un discours. Louis-Philippe arriva le soir, il pleuvait. Le général Dellard était sur le glacis, son papier à la main, éclairé par un sous-officier avec un falot. Le maréchal Soult se précipita sur lui au début de sa harangue, lui refusant ce droit et le bourrant comme un canon. »

Je place le général Boulart bien au-dessus de ses deux émules. Il regarde au moins les pays qu'il traverse, il note ses impressions; un cœur bat dans sa poitrine.

Toutefois ne vous attendez pas à trouver ces soldats très enthousiastes : leur belle ardeur est passée, ils écrivent avec sincérité, sans chaleur. On est même surpris de leur voir si peu de feu sacré pour cet Empereur dont ils suivaient aveuglément la trace, et une sorte de lassitude les étreint après leurs belliqueuses chevauchées. Sans doute ils s'en souviennent avec honneur, dans un retour satisfait sur eux-mêmes, sentiment aussi naturel que légitime,

Forsan et hæc olim meminisse juvabit,

mais ils ne regrettent pas trop ces jours de gloire et, de leurs impressions, il ressort clairement que maréchaux, généraux et soldats, tout le personnel guerrier de l'empire, soupirait après le repos et le voulait absolument. Un mot vulgaire peut seul traduire leur pensée : ils en avaient assez !

Et on le comprend. Quelle vie était la leur ! Pendant vingt-cinq ans, ces hommes vécurent dans une atmosphère étouffante, ne participant à la vie sociale que par intervalles. De loin ils apparaissent comme des demi-dieux ; de près ce sont des soldats souvent brutaux, toujours des êtres assez farouches, partant peu agréables. Ils servent sans un jour de repos : « C'est à Maëstricht que furent délivrés les premiers congés absolus qui eussent été accordés depuis le commencement de la Révolution. Tous les soldats qui avaient dix ans de service en furent pourvus. »

Dellard, qui écrit ces lignes, n'a pas revu ses parents depuis quatorze ans, et quand, en 1805, il revient pour la première fois dans sa ville natale, son père est mort et sa vieille mère de quatre-vingt-quatre ans a bien de la peine à le reconnaître. Il reste auprès d'elle quarante-huit heures !

Habitués aux aventures et aux privations, ils ne peuvent même pas s'astreindre à la vie de garnison.

« Que de temps ne me fallut-il pas pour me faire au régime de garnison ! Nous qui avions vécu jusqu'alors dans les camps, toujours en courses ou aux prises avec l'ennemi ; les bivouacs seuls étaient nos logements ; le mauvais temps, la gelée, la neige, rien ne nous rebutait. La belle étoile était le toit sous lequel nous rêvions. J'en avais tellement pris l'habitude, et je m'y trouvais si bien qu'un bon lit m'empêchait de dormir. Je fus obligé, pendant quelque temps, de supprimer les matelas de celui que je trouvai dans mon premier logement, et je ne suis pas le seul militaire qui ait été dans ce cas¹. »

Leur sensibilité, naturellement, s'émousse et disparaît. « L'âme de celui qui vit au milieu de l'horreur du champ de bataille s'endurcit momentanément et n'est point susceptible des mêmes émotions que celle de l'homme qui, sans avoir eu sa part des dangers, se trouve tout à coup porté sur un théâtre semblable². »

Et quand la victoire ne marche plus au pas de charge, le charme est rompu, le courage qui s'est toujours trouvé dans la lutte s'éteint dans une lassitude que leur cœur n'a pas la force de vaincre. « Le découragement était partout et plus particulièrement dans les sommités et autour de Napoléon. En outre, les exemples récents des fautes commises par ses lieutenants et des échecs éprouvés par eux, car la victoire était restée à l'ennemi partout où l'Empereur n'était pas, ne devait point lui inspirer de confiance, non plus qu'au reste de l'armée. On n'aspirait donc qu'à reprendre la route de France³. » — « Il y avait encore de l'esprit chevaleresque dans l'armée, *mais c'était dans les rangs inférieurs;* les gros bonnets ne se souciaient

---

¹ *Mémoires du général Dellard.* — Il était alors chef de bataillon ; c'était en 1802.
² *Mémoires du général Boulart.* — Années 1813-1814.
³ *Mémoires du général Boulart.* Années 1813 et 1814.

plus de la vie aventureuse et ne s'en cachaient pas d'ailleurs, car partout, excepté peut-être devant l'Empereur, on parlait assez librement sur la situation des affaires [1]. »

L'Empereur lui-même était gagné par cette désespérance ; il ne croyait plus à son étoile ; une fatigue physique, une dépression morale l'annihilaient peu à peu. Macdonald nous en avait rapporté un exemple frappant[1]. Le général Boulart nous en signale un presque identique. C'était le 28 novembre 1812, au passage de la Bérésina : « Une de mes pièces était chargée et on l'ignorait. Pour la nettoyer, j'ordonnai qu'on introduisît de la poudre par la lumière ; une violente détonation et le sifflement du boulet indiquèrent qu'on s'était trompé. L'Empereur (il paraissait abattu) se borna à me dire : C'est fâcheux ; cela peut donner l'alarme là où on se bat et surtout devant nous [2]. » — Ah ! ce n'étaient plus les jours où, sur une simple hésitation, « il faisait feu des quatre pieds ! »

Il avait manqué sa destinée en ne s'arrêtant pas à Tilsitt. Le général Dellard, qui a rarement de ces vues élevées, l'avait cependant compris :

« Que restait-il à faire à Napoléon après avoir accompli des desseins si vastes ? Rentrer en France pour y faire fleurir les arts et le commerce, effacer

[1] *Souvenirs du maréchal Macdonald*, p. 211.
[2] *Mémoires du général Boulart*, p. 276.

par une administration sage et paternelle les traces des commotions que la France avait éprouvées, indemniser les Français de leurs pénibles sacrifices par la réduction des impôts, compléter enfin nos institutions et faire bénir son règne ; telles étaient les espérances des gens de bien. Mais leur attente fut trompée. Son extrême ambition n'était pas encore satisfaite ; l'Espagne, qui lui obéissait pour ainsi dire, et qui lui fournissait hommes et argent, devait subir son joug et recevoir un souverain. »

Ce nom de l'Espagne que nous rencontrons ici nous mènerait trop loin si nous voulions suivre nos auteurs, car tous ont des pages intéressantes sur cette triste aventure, le général Bigarré surtout. Mais il faut s'arrêter et conclure.

Ces trois « barons de l'Empire » furent d'excellents troupiers, ils ne passeront jamais pour de grands soldats. Quel idéal avaient-ils? Bien restreint. Leur vie était celle « d'hommes enthousiastes du présent, et à qui l'avenir, quand parfois ils y donnaient une pensée, apparaissait sous le jour le plus riant. Il est si facile de nous faire illusion quand la fortune nous sourit et que la gloire nous enivre de ses prestiges! »

Jamais ils n'avaient considéré les conséquences de la campagne que leur courage, guidé par le génie de l'Empereur, rendait triomphante ; jamais songé au sort des peuples qu'ils écrasaient ; jamais même réfléchi à la somme de haine et de vengeance qu'ils accumulaient derrière eux.

Après Waterloo, en traversant les postes autrichiens établis en France, le général Boulart ressent subitement une impression poignante qui lui fait faire un retour amer sur le passé. « J'éprouvais, pour la première fois, combien est dure la condition du vaincu, condition que j'avais vu tant de fois imposer aux autres sans me douter qu'elle fût d'un poids si lourd et sans savoir tout ce que l'humiliation qui y est attachée, a de pénible. » Et c'est dans un frémissement de douleur, dans une sensation d'angoisse nationale et de honte guerrière que ce vétéran des guerres de la Révolution et de l'Empire aperçoit enfin le doigt de Dieu. Il soulève un instant le voile qui leur cachait à tous la justice ou l'injustice d'une cause et qui ne leur permettait d'apprécier une entreprise que suivant ses revers ou ses succès.

A ces braves, il manquait le sentiment du droit. L'habitude du péril, le mépris de la mort avaient engendré l'héroïsme bien plus que la vue claire du devoir. La plupart n'atteignirent pas à ce haut degré des vertus militaires qui sont le propre des hommes qui croient à la vie future et à l'action de la Providence. L'ambition, l'obéissance passive, je ne sais quelle brutale intrépidité, une sorte d'entêtement qui tient plus du sauvage que du civilisé, engendreront çà et là des accès de résistance et des élans farouches. Mais c'est par une croyance supérieure que le soldat peut vaincre l'instinct de la conservation qui, dans le danger, se révolte au point d'émouvoir les plus braves, et c'est la foi qui lui permet de dominer les angoisses que fait naître la perspective de la mort.

Pour montrer un grand courage, il faut avoir de grandes espérances. Là est le secret des armées glorieuses et invincibles.

LES FRANÇAIS EN BELGIQUE

1795-1814

I

Conquérir un pays est peu de chose, en présence des difficultés de son organisation. Gagner l'adhésion des habitants est le seul moyen assuré de conserver la conquête. Leur offrant un idéal nouveau et un accroissement de grandeur morale, il faut protéger leurs coutumes et respecter leurs mœurs. C'est bien ici que la contrainte échoue, que la souplesse réussit.

Avec son esprit tranchant, sur ce terrain plein d'embûches, notre Français moderne manque généralement son but. Il conquiert pour imposer sa pensée, sa manière de sentir, ses usages et ses modes. Il domine, sans attirer ; il éloigne les cœurs en les froissant.

Jadis, quand la foi religieuse était le ciment des intelligences et le lien des empires, lorsque la force de la tradition assurait le respect des coutumes d'autrui, on a vu la France s'annexer, après une guerre ou un traité heureux, des provinces voisines, non seulement les garder sous un sceptre pacifique, mais s'y créer des attachements inébranlables et des fidélités reconnaissantes.

Rien, à mon avis, ne montre mieux le chimérique des idées de la Révolution que l'instabilité de ses conquêtes ; sur ce terrain, comme sur les autres, elle a tout renversé pour tout reconstruire, et les bases de son édifice étaient si fragiles qu'au premier vent d'automne la bâtisse neuve s'est écroulée, avant même que le temps ait eu le loisir d'y dessiner ses lézardes, et de cacher les imperfections de la maçonnerie sous le lierre vivace des traditions.

— Banqueroute ici encore. Les idées démocratiques ont pu se propager dans le bouleversement général : au point de vue politique, les organisations territoriales n'ont pas duré vingt ans.

Cependant, aucun élément humain de succès n'y faisait défaut : après l'enthousiasme des vainqueurs, la bonne volonté éblouie des vaincus, et, pour tout mettre en œuvre, le plus extraordinaire architecte, le plus puissant, le plus fascinateur des génies. Que demeure-t-il des royaumes faits au moule du caprice de Napoléon ?

A contester le bien-fondé de cette remarque, tout au moins à énumérer les difficultés pratiques qui expliquent l'insuccès, on citera l'Espagne, l'Italie, le pays rhénan, la Hollande et les provinces illyriennes, avec leur langue, leurs mœurs différentes, leur éloignement. La réplique ne porte guère ; pour la Suisse, elle est insoutenable, et pour la Belgique, plus encore.

C'était, de toutes les conquêtes françaises, la plus aisée à accomplir, la plus facile à conserver. La religion était identique, le langage aussi ; le voisinage avait créé des rapprochements de goûts, d'habitudes, d'usages ; ce peuple, depuis deux siècles, était déjà gouverné par des princes étrangers. Et pourtant, il faut conclure à l'échec final. Les Belges ont résisté à tout, même à la séduction de la gloire. Vraiment oui, les conquêtes durables ne se font que l'Evangile à la main ; et sur les terres que voudra conserver le héros d'une cause juste, il faut que s'étende l'ombre de la croix.

Pour scruter le mouvement de propagande mi-partie révolutionnaire et césarienne, les provinces belges sont un champ d'étude merveilleux. « Là, en effet, à côté de l'installation et de la mise en mouvement d'un nouveau mécanisme administratif, le changement de domination et les procédés employés pour consolider la conquête présentent un attrait de plus. Par son étendue, l'esprit de ses habitants, la personnalité des fonctionnaires qui y ont été envoyés, cette région se prête à des observations variées et curieuses. »

Ainsi s'exprime l'historien qui vient de poursuivre la solution du problème ; il nous offre deux volumes d'une forme sévère, mais attrayante aussi, par la belle ordonnance qui règle le luxe de son érudition [1].

M. de Laborie est une intelligence fine et déliée, un esprit pondéré qui se garde de l'exagération comme de la peste ; il va jusqu'à y mettre de la coquetterie, et, à la louange qu'on doit à ses principes très solides, il ne lui déplaît pas de voir se joindre l'éloge d'un éclectisme de bon goût. Il n'abuse pas des armes pesantes ; à l'épée de combat, il préfère le fleuret. S'il s'était trouvé en présence de Goliath, il n'eût point pris la fronde et lancé la pierre qui assomme : l'arc léger à la main, il aurait piqué le géant d'une de ses flèches volantes, tireur plus satisfait, en montrant à l'armée son adresse, de percer son adversaire que de l'abattre d'un seul coup.

Avec ces dispositions indulgentes et son horreur des moyens extrêmes, M. de Laborie devait, mieux qu'un autre, aborder allègrement ce sujet fait pour lui, juger l'affaire en magistrat bénévole, et conclure à l'acquittement de l'envahisseur. Il ne l'a pas pu, par scrupule de conscience et respect de l'équité ; les circonstances atténuantes, il ose à

---

[1] *La Domination française en Belgique*, 1795-1814, par L. DE LANZAC DE LABORIE. — 1895.

peine y faire allusion, et il condamne, pas au maximum il est vrai, l'un des plaideurs, quand ses goûts de modération eussent aimé les renvoyer dos à dos. La grâce qu'il sait mettre dans la forme n'enlève rien à la sévérité de sa conclusion :

« L'échec des préfets de l'Empire fut aussi radical que celui des commissaires du Directoire ; le mécontentement était plus général, peut-être, en 1814 qu'en 1799. — Cette répugnance des Belges devenus Français ne peut s'expliquer par leur passé national. Ils n'étaient pas, comme les Polonais, les fils d'une patrie jadis glorieuse, égorgée et dépecée par des conquérants. Ils n'avaient pas été, comme, de nos jours, les Alsaciens-Lorrains, violemment séparés d'un peuple poursuivant ses destinées à côté d'eux et demeurant l'objet de leur attachement passionné. Depuis des siècles, ils subissaient la domination étrangère, sujets éloignés de monarchies hétérogènes, obéissant à des gouverneurs envoyés de Madrid ou à des archiducs venus de Vienne. C'était encore avec la France que le voisinage, la communauté de langue et de religion, leur créaient le plus d'affinité.

« La Belgique, qui venait, en 1789, de se révolter contre Joseph II, était donc mûre pour l'annexion, et, si le sentiment populaire ne ratifia pas cette annexion, la faute en fut à la France et à ses représentants... Des vexations prodiguées aux

Belges, beaucoup furent inspirées par cet esprit de système, par ce goût de centralisation et d'uniformité qui était, de vieille date, au fond du caractère français, et que la Révolution avait étrangement développé. »

Ce fut la persécution religieuse qui aliéna véritablement les bonnes volontés à Bruxelles, à Gand, à Namur; leurs habitants défendirent leur foi avec une persévérance que rien ne lassa. Conventionnels ou directoriaux, Joseph II ou Napoléon, tous trouvèrent la Belgique catholique debout et frémissante, ne voulant accepter aucun des présents d'étrangers qu'elle estimait perfides. Sa fidélité à l'Eglise est l'explication de sa défiance, de sa constance, de son opposition. C'est aussi sa gloire.

II

Le 1er octobre 1795, la Convention votait l'annexion de la Belgique à la France. Un mois auparavant, sans même attendre cette décision quasi-officielle, le Comité de Salut public avait exercé sa manie de transformation, en découpant le pays en neuf départements.

Quels motifs légitimes donner pour expliquer cette conduite? Une lettre confidentielle de Merlin, de Douai, nous l'apprendra : « La République peut et doit, soit retenir à titre de conquête, soit acquérir par des traités les pays qui seraient à sa convenance, sans en consulter les habitants. » — Tout le jacobinisme est là : en théorie, la liberté ; en pratique, la tyrannie.

La promulgation des lois françaises commença aussitôt ; pendant plus d'un an, ce fut le chaos. Les obscurs et incapables fonctionnaires, envoyés à cet effet, ne pouvaient sortir des difficultés qu'eux-mêmes faisaient naître. Revenus de leur chimère de croisade morale, les Conventionnels avaient vu dans les Pays-Bas un fonds inexploité, capable d'apporter aux finances républicaines l'appoint nécessaire pour y rétablir l'équilibre. Ils se présentaient à leurs « sujets », la table des Droits de l'homme dans la main droite, mais, dans la main gauche, la planche des assignats. On ne peut dire que ces deux bienfaits aient été appréciés l'un plus que l'autre.

« Le système fiscal français, tel qu'il résultait des lois de la Révolution, suffisait à constituer pour les Belges une lourde aggravation de charges ; elle s'accrut des impôts extraordinaires par lesquels la Convention avait en vain tenté de combler le déficit, et dont le Directoire n'abandonna pas la tradition. La levée du trentième cheval éprouva durement la population agricole ; l'emprunt forcé porta le trouble dans toutes les fortunes [1]. »

[1] L. DE LABORIE, t. I, p. 52.

Pendant que les habitants conquis étaient frappés dans leur situation matérielle, leur situation morale était encore plus atteinte. Au moment de l'annexion, il y avait en Belgique un clergé séculier nombreux, uni sous une hiérarchie incontestée, des couvents peuplés de religieux et de religieuses, des collèges ecclésiastiques florissants ; partout et par tous le culte catholique était respecté et pratiqué.

La Convention avait aboli, en France, l'église « constitutionnelle » en tant qu'église officielle ; il lui était donc impossible d'imposer aux prêtres belges le serment à la Constitution civile, qui avait si merveilleusement servi à désagréger le clergé français. Mais les lois de police qu'elle avait rendues formaient un code magnifique de persécution ; elle s'empressa de les appliquer. Depuis les taquineries stupides jusqu'aux mesures féroces, ses agents s'y employèrent.

Les populations, qui n'avaient pas courbé la tête devant le césarisme philosophique de Joseph II, étaient prêtes à résister au despotisme athée des Jacobins. En peu de mois, la colère, la rancune, la haine, étaient déchaînées, et le « système français » avait des adversaires pour jamais. A la première occasion offerte, — les élections de 1797, — les votes démontrèrent péremptoirement l'antipathie des Belges pour le régime révolutionnaire. La réaction fut complète, comme le mécontentement était unanime.

Les fonctionnaires nouveaux envoyés par le Directoire, conservèrent les errements anciens. Le *patriote* appelé à l'administration municipale fructidorienne, résumait très bien, quoique un peu énergiquement, le motif de leur envie et le secret de leurs espérances : « Avons-nous été nommés pour autre chose que pour f... les royalistes à la porte? Nous a-t-on nommés pour travailler ? » On aurait été bien obstiné à garder longtemps cette prétention.

Leurs seuls efforts sérieux s'épuisaient à organiser des fêtes commémoratives, très mal goûtées, très peu suivies de leurs administrés : le 14 juillet, le 9 thermidor, le 21 janvier ; toute cette pompe accompagnée des discours de rigueur, de jeux publics, et préparée par des circulaires qui rentrent dans le domaine de la pure bouffonnerie.

« Les théories de Rousseau et la poétique de Bernardin de Saint-Pierre, dit M. de Laborie, s'y mêlent à des réminiscences de l'antiquité si grotesques que nos faiseurs d'opérettes oseraient à peine les prêter à leurs cuistres. On se figure quel dut être l'ahurissement des Belges, à la lecture de ce pathos. »

A côté des obligations civiques que l'on décrétait, les contraintes que l'on voulait établir. La liste des *interdictions* serait longue, depuis la célébration des fêtes religieuses jusqu'à la réglementation des enseignes, sans oublier cet arrêté de la municipalité de Bruxelles : « L'usage des boulangers d'annoncer la cuisson de leur pain par le son du cornet ou d'autres instruments quelconques leur est interdit comme rappelant l'ancien ordre de choses. »

La conséquence de cette tyrannie, dont je ne rapporte que quelques traits ridicules, sans insister sur les menaces, les dangers, les vols, les perquisitions, fut la ruine du pays. Le vase déborda quand les exigences de la conscription s'imposèrent; comme en Vendée, pour les mêmes motifs, religieux et individuels, les paysans se soulevèrent. Du commencement de septembre 1797 à la fin d'octobre 1798, ils prirent les armes, avec une ténacité et une ardeur dont Victor Conscience nous a donné le tableau pittoresque et exact dans l'un de ses meilleurs romans.

Loin d'être fomentée de longue main par « l'or anglais » ou les « intrigues des prêtres » l'insurrection fut toute spontanée. Le Directoire n'avait pas à en chercher la cause ailleurs que dans le détestable régime auquel il soumettait la Belgique, accumulant les tracasseries, les injustices et les violences, sans avoir raison du flegme de ces patientes populations.

Mallet du Pan, avec une force singulière, ren-

dait justice aux griefs religieux des Belges :
« Plus conséquent, moins absurde et moins féroce, le duc d'Albe n'arrachait pas à la pluralité des habitants leurs temples et leurs prêtres. Ces contrées ont été contraintes à voir dépouiller en silence et clore leurs églises, mettre à l'enchère leurs hôpitaux, leurs autels, toutes les richesses consacrées au service du culte et à ses ministres [1]. »

La lutte fut terrible, la répression sanglante. Je renvoie au livre de M. de Laborie pour en connaître les détails tragiques [2]. La misère générale en fut le résultat le plus immédiat ; la désaffection était venue depuis longtemps. Les caisses publiques se trouvaient complètement vides ; les dépenses de première nécessité ne s'acquittaient plus. Écoles primaires, Écoles centrales désertées et redoutées, n'obtenaient que le mépris public. Proscrits, traqués, cachés par des chrétiens courageux, les ecclésiastiques vaquaient en secret à leur ministère. On fuyait les champs ; les métiers étaient abandonnés. Toutes les libertés étaient trahies ou méconnues. En Belgique, comme en France, les derniers jours du Directoire s'achevaient dans la torpeur, le dégoût et la honte.

---

[1] MALLET DU PAN, *Mercure britannique*, 25 janvier 1799.
[2] L. DE LABORIE, t. I, liv. IV, ch. III.

III

Au Consulat revenait l'honneur de relever ces ruines, de fermer, tout au moins de panser ces plaies. S'il en eut la volonté et le courage, il prétendait bien maintenir ses positions.

Un des premiers soins de Bonaparte fut de protester contre tout abandon éventuel de la Belgique. Il renouvelait volontiers l'assurance d'une prétention si ferme, qui, dans sa bouche, prenait la forme d'une déclaration hostile contre l'ancienne domination de la maison d'Autriche : « Quand bien même l'ennemi aurait son quartier général au faubourg Saint-Antoine, disait-il avec plus de véhémence que de courtoisie aux membres belges du Corps législatif, le Peuple Français ne cédera jamais ses droits, ne renoncera pas à la réunion de la Belgique ! » — C'était le 14 février 1801 ; treize ans plus tard, presque jour pour jour, l'abdication de Fontainebleau devait démontrer que les enfants des hommes ne prononcent pas toujours des paroles éternelles.

Réputée acquise à la France, la Belgique allait recevoir de sa « métropole » des fonctionnaires moins indignes de l'administrer. Les préfets qui lui arrivèrent possédaient, généralement, du talent ; leurs biographies tentent la plume, mais, sous peine de développements excessifs, il ne convient pas d'énumérer plus que leurs noms : Doulcet de Pontécoulant, « l'un des hommes qui, dans le cours de nos troubles civils, a le plus honoré le nom d'homme », disait, un peu emphatiquement, le feu duc de Broglie [1], — bien que Charlotte Corday, à qui il avait refusé le secours d'une plaidoirie devant le tribunal révolutionnaire, lui eût, au moment de monter en charrette, décoché l'épithète de lâche. Mais il faut se contenter d'une mesure assez courte, pour prendre la taille des *héros* civils de la Révolution.

A côté de lui, Faipoult, ami de Joseph Bonaparte, ayant un passé douteux auquel l'avenir devait fâcheusement répondre, mais doué du sens administratif, pénétré de la nécessité d'être calme et modéré ; Desmousseaux, avocat intelligent, trop prompt seulement aux palinodies ; un conventionnel, Pérès ; un régicide, Loysel ; Lacoste, possédant à lui seul cette double qualité ; un ancien général, Ferrand ; un ancien comte, de Véry ; un ancien marquis, d'Herbouville. — Tout ce personnel laissait encore bien à désirer ; il peint l'époque et la confusion sociale ; c'est pourquoi je m'y suis arrêté un instant.

[1] *Souvenirs du duc de Broglie*, I, 26. — Il est impossible d'oublier que Pontécoulant a une page particulièrement sinistre dans son histoire : l'assassinat de d'Aché, en 1809, qu'il prépara et fit exécuter avec le plus profond cynisme.

Ses efforts tendirent, l'expression est peu élégante, mais elle me semble juste, à faire marcher les choses. Prodiguant en toute circonstance les effusions les plus niaises et les plus plates en l'honneur du premier Consul, ces préfets comprirent que son gouvernement n'était pas d'un jour et qu'il voulait des peuples soumis, mais non épuisés. Les Belges respirèrent sans se livrer, au reste, davantage, et si leur attitude ne pouvait être plus satisfaite, elle parut paisible. Moins d'hostilité, une certaine résignation.

Assez maladroitement, les levées militaires, sur lesquelles Bonaparte ne transigeait pas, entretinrent le foyer de résistance. La question religieuse le ralluma; Fouché lançait, à la veille du Concordat, des circulaires violentes dont l'application exacte eût soulevé de nouveau les campagnes belges. La détente eut lieu, heureusement, avec le grand acte pacificateur du 15 juillet 1801.

A leur honneur, tous les survivants de l'épiscopat belge s'inclinèrent sans hésitation devant la parole de Pie VII. Ils descendirent volontairement de leur siège, pour le bien de la religion, le vénérable cardinal de Frankenberg donnant l'exemple.

Cinq évêchés remplaçaient les neuf anciens diocèses. Les titulaires avaient des qualités diverses : Mgr de Roquelaure était un survivant de l'ancien régime; Mgr Hirn, alors inconnu, devait plus tard s'attirer, par la persécution, une gloire durable. Au contraire, Mgr Fallot de Beaumont ne maintiendrait pas jusqu'au bout l'orthodoxie de sa doctrine ; sur Mgr Zaepffel, il n'y a rien à remarquer ; de Mgr Bexon, il y aurait trop à dire.

Ce qu'il importe de noter, c'est l'heureuse détente produite par le Concordat et les démonstrations de joie, unanimes et sincères, qui saluèrent le rétablissement solennel du culte. Des ecclésiastiques respectables, mais d'une fermeté voisine de l'entêtement, comme Stevens, ne désarmèrent pas : criblant des épigrammes de leur verve les actes douteux ou faciles de leurs confrères plus pacifiques. Le gouvernement impérial ne fournit que trop souvent matière à leurs justes railleries : cela est possible ; toutefois, il demeure avéré qu'une période de relèvement s'inaugurait. Si tous les Belges n'en demeurèrent pas absolument convaincus, c'est qu'on avait mis leur constance depuis longtemps à de rudes épreuves.

Voulant gagner leurs bonnes grâces et jeter sur ces provinces le regard du maître, Bonaparte y entreprit, dans l'été de 1803, un voyage qui se changea en tournée triomphale. Avec une prompte intelligence de la situation, avec une franchise moins louable, il allait en grande pompe entendre la messe dans les cathédrales, prodiguant les marques de la plus vive dévotion, édifiant les bons Flamands étonnés et ravis de tant de piété[1].

Au fond, c'étaient eux qui s'étaient montrés les plus forts : les vainqueurs avaient dû quitter leurs maximes jacobines et philosophiques pour revenir au respect extérieur de la religion des vaincus.

La République — Convention, Directoire, Consulat — venait d'échouer. L'Empire allait-il trouver le chemin du succès ?

IV

Les gens simples qui vécurent à cette époque de transitions brusques durent éprouver bien des étonnements. Les mêmes fonctionnaires qui avaient juré, il y avait moins de dix ans, haine à la royauté étaient encore en place quand ils jurèrent fidélité à l'empire. Le décor ne changea pas, seulement d'autres personnages parurent sur la scène. Les administrateurs envoyés en Belgique nous donnent le diapason des transformations politiques.

Le premier est le marquis de Chauvelin, ancien conseiller au Parlement, naturellement l'ennemi des Jésuites et l'ami des Septembriseurs, en quête d'une place sous le Directoire, très vite rallié au premier Consul, adulateur inquiet de l'Empereur, s'empressant de prendre place dans la

---

[1] *Mémoires* de M*me* de RÉMUSAT, I, 243.

Chambre de la Restauration, où il siégera du côté gauche, mêlé à toutes les fourberies libérales, prêtant ses infirmités aux manifestations de la « jeunesse des Écoles », et finissant par mourir du choléra dans un bien d'Église qu'il avait acquis. — Préfet de la Lys, il fut obséquieux, excessif et raffiné.

A Bruxelles, on envoya un homme de bon ton, trop spirituel pour ne pas se créer beaucoup d'ennemis, le comte de la Tour du Pin. A Anvers, d'Herbouville fut maintenu en fonctions et s'y conduisit avec tact. En 1805, il fut remplacé par Cochon, intègre et travailleur; en 1810, par Voyer d'Argenson, habile, frondeur et sceptique. Ce dernier acheta à bon compte un renom d'indépendance que ses liaisons libérales affermirent plus tard; ce fut un fonctionnaire beaucoup plus souple qu'on ne l'a dit; il servit un maître qui n'aurait pas toléré d'autre rôle.

Il faut bien avouer que la police impériale contrecarrait souvent les bonnes intentions de l'administration civile. On rencontre sans cesse sa main lourde et maladroite; les arrestations arbitraires se multiplient, les prisons sont rarement vides, aussi la contrebande fleurit, le commerce languit, la confiance s'éteint, et les violences des levées militaires portent l'irritation à son comble.

La chasse aux réfractaires est organisée d'une façon savante :

« J'ai fait cerner, écrivait un préfet, plus de trente églises au moment du service divin, pour arrêter tous les conscrits qui s'y trouvaient. » Chauvelin se vantait de plus de treize cents arrestations dans la seule année de 1807 ; il édictait un code draconien, qui conduisit, en un mois, cinq mille jeunes gens dans son prétoire. Il y a aux Archives nationales une lettre de ce libéral qui est un monument de tyrannie savante[1] ; c'est le sauvage à l'affût de sa proie : pour l'atteindre, il frappe les parents, les amis, les voisins, le village. — Pour conduire les conscrits à leur régiment, on déployait un luxe de précautions qui les assimilait à une *chaîne* de forçats.

Les désertions ne s'en produisaient que plus nombreuses. Toute l'intelligence des paysans s'appliquait à fuir cette oppression ; et il est à remarquer que si, une fois dans le rang, ils se battaient tout comme les autres, aucun Belge ne s'est fait un nom dans les armées de l'Empire.

Un autre motif bien plus grave encore de désaffection, parce qu'il atteint un plus grand nombre de consciences et qu'il les émeut jusqu'au fond de l'âme, jusqu'au martyre, jusqu'au fanatisme, ce fut la persécution religieuse.

---

[1] Il envoyait sa lettre en double exemplaire aux Ministres de l'Intérieur et de la Police ; 8 septembre 1807. — *Archives nationales*, F. IX-178 et F. VI-6466.

Après l'accalmie qui suivit le rétablissement du culte, quand les rares survivants du sacerdoce et les trop peu nombreuses recrues des séminaires suffisaient mal aux multiples fonctions des évêchés renouvelés, mille entraves imprévues venaient encore augmenter les difficultés de l'épiscopat. Cette période est douloureuse et sans éclat, elle est instructive et pleine de tristesse ; M. de Laborie l'a peinte avec précision et fidélité dans un chapitre qu'il intitule : « Du Sacre à l'Excommunication ». Elle laisse deviner les nuages orageux qui montent sur l'Empire ; les rafales passent déjà et courbent les têtes ; et les tourbillons de poussière déposent leur cendre grise sur les âmes angoissées.

C'est la « Saint-Napoléon », qui paraît ridicule et inconvenante ; ce sont les sermons adulateurs commandés par les préfets ; c'est surtout le fameux catéchisme impérial, avec ses prescriptions césariennes et gallicanes, qui devait trouver une opposition toute particulière en Belgique, où le clergé avait toujours unanimement soutenu les doctrines romaines, soit à la fin du xviie siècle contre le jansénisme, soit à la fin du xviiie contre les partisans de Fébronius et les règlements théologiques de Joseph II.

Les évêques firent entendre des accents d'autant plus courageux qu'ils trouvaient moins d'écho par le monde, et, sans méconnaître le génie d'un grand soldat, ils osèrent rappeler que la gloire des armes ne donne pas de droits contre la justice : « Les victoires ne sont pas pour les vainqueurs une preuve parfaitement sûre de la protection du ciel, » disait, du haut de la chaire de Namur, Mgr Pisani de la Gaude ; et, dans des termes presque identiques, son collègue, Mgr de Broglie, au début de la campagne de 1809, écrivait ces lignes audacieuses : « Avec des armées on gagne des batailles, on s'empare des empires, mais il n'y a ni armées, ni force pour dompter les opinions. »

Cela fut bien vérifié quand arriva sur les bords de l'Escaut la nouvelle des attentats accomplis à Rome. D'une méfiance générale, d'une colère sourde, résulta une résistance latente. Napoléon, à qui ces symptômes menaçants n'échappaient pas, envoya un de ses policiers les plus exercés, Réal, le complice de Vincennes. Cette mission inquisitoriale porta des coups douloureux, mais elle creusa encore l'abîme. Il fut possible, force en main, d'expatrier par ordre, en France, les Belges les plus compromis ; d'envoyer leurs enfants dans les lycées français ; de créer sous-lieutenants d'office des fils de famille déjà exemptés du service militaire ; de dresser des tableaux de jeunes héritières bonnes à marier ; d'augmenter les cellules des prisons d'État ; de supprimer tous les journaux ; de saisir les derniers livres suspects. — Mais d'incliner les cœurs, de les retenir à soi, de briser les volontés, d'ébranler les consciences, du moins celles du plus grand nombre, c'est ce que le despotisme n'obtint pas.

Il y fut impuissant, même après les splendeurs du mariage avec Marie-Louise. L'Empereur, uni à une archiduchesse, avait pensé s'attacher ces vieilles provinces gardant un souvenir reconnaissant de la sécurité autrichienne. Son voyage de 1810 — il allait visiter le port d'Anvers, cette grandiose création de son génie, — lui enleva des illusions. Ne pouvant plus procéder par persuasion, il voulut agir par contrainte, et il se permit, à Bruxelles, cette algarade célèbre, aussi inconvenante dans la forme qu'insoutenable dans le fond, en recevant les prêtres du diocèse de Malines, troupeau fidèle que lui conduisait son pasteur félon, l'abbé de Pradt :

« Je ne veux pas de la religion des Grégoire VII, des Boniface, des Jules ; je crois qu'ils brûlent aux enfers pour toutes les discordes qu'ils ont excitées par leurs prétentions extravagantes. Les Papes ont fait trop de sottises pour les croire infaillibles. Le Pape est un bon homme, mais ignorant. Monsieur l'archevêque, Messieurs les vicaires généraux, surveillez bien vos ecclésiastiques, inculquez ces principes dans les séminaires, et vous,

Messieurs, écrivez-les profondément dans votre mémoire et faites-en part à vos correspondants. Le Pape n'est pas le grand Lama. Si le Pape veut être le grand Lama, dans ce cas je ne suis pas de sa religion. »

Cette colère, nullement spontanée, dont les termes ont reçu une sorte de consécration officielle par leur insertion dans la *Correspondance* de Napoléon I[er 1], ne produisit aucun autre effet que celui de la pitié succédant à la stupeur. Après la chute de l'Empire, M. de Pradt a fort bien indiqué ce qu'il y avait de déplacé et de factice dans cette sortie [2]. L'épiscopat belge, pendant le concile de 1811, alla porter à Paris sa réponse au discours de Bruxelles.

On sait combien Mgr de Broglie et Mgr Hirn déployèrent, en ces jours difficiles, de fermeté méritoire. A quelques défaillances de détail qu'un esprit chatouilleux pourrait leur reprocher, sans tenir assez compte des circonstances, de leur mansuétude, de leur fatigue physique, il convient d'opposer leur langage public, leurs votes, leurs démarches, leur constance, et la prison qu'ils subirent pendant de longs mois.

Leur clergé, qui les reçut, en 1814, comme des

---

[1] T. XX, p. 411.
[2] *Les Quatre Concordats*, t. II, p. 216.

soldats de la vérité, ne leur eût pas ménagé cet accueil triomphal s'il avait pensé devoir suspecter leur conduite, car il avait donné les témoignages non équivoques de son respect de la justice et du droit. C'est une page douloureuse des annales du premier Empire, que cette persécution contre les chanoines de Tournai en particulier, et les séminaristes de Gand. Les violences dictées par Napoléon, le 14 août 1813, au milieu des graves difficultés des dernières campagnes d'Allemagne, prouvent que les revers n'éclairaient pas son esprit.

Comme les jeunes séminaristes de Gand refusaient de reconnaître un autre évêque que le leur, M#r de Broglie, interné aux îles Sainte-Marguerite, ils furent incorporés dans une brigade d'artillerie et conduits sous escorte à Wesel, pendant que leurs professeurs étaient appréhendés et le séminaire fermé. A Wesel, quarante-neuf d'entre eux moururent de maladies contagieuses ; d'autres, qui avaient paru trop faibles pour porter un mousquet, furent emmenés par des gendarmes à Sainte-Pélagie.

Cet épisode dramatique clôt la série des actes antireligieux de l'Empire en Belgique, comme le fameux procès du maire d'Anvers, qui, acquitté, fut remis en prison, où il mourut pendant qu'on cassait le jugement et qu'on poursuivait les membres du jury, — couronne sa méthode dans l'ordre civil et judiciaire.

Peut-on s'étonner que de tels procédés aient laissé dans les cœurs des ferments de colère?. Peut-on voir avec surprise, dans les rangs de l'armée anglaise, à Waterloo, une division de cavalerie hollando-belge [1] ?

Au moment de quitter Bruxelles, le préfet la Tour du Pin écrivait, en toute vérité: « Ce peuple n'est ni anglais, ni autrichien, ni antifrançais, mais il est belge; il serait parfaitement résigné à sa qualité de français, si cette qualité n'entraînait après elle d'immenses sacrifices de toute espèce, en famille, en fortune, en opinions religieuses. »

Peu après, l'abbé de Pradt constatait le même phénomène, sans avouer qu'il avait servi d'aide au médecin dont il condamnait tardivement la thérapeutique: « A la fin, l'opposition avait gagné partout, plus ou moins ouvertement; dans la Belgique, elle était complète en 1813, et ce pays avait, sous ce rapport, échappé à l'obéissance de Napoléon. En voulant lui appliquer la pierre infernale, il ne fit qu'augmenter le mal. »

Ce sera la conclusion de tous les esprits qui voudront se débarrasser des préjugés de la gloriole aveugle. C'est celle de M. de Laborie, bien placé pour avoir un avis dans une question dont il a

---

[1] Voir l'ouvrage de M. BALAU: *La Belgique sous l'Empire et la défaite de Waterloo*, t. II.

recherché, étudié et classé avec patience les éléments les plus divers.

Pour avoir pris en Belgique le contre-pied de la vraie tradition française, le respect des mœurs, des usages, de la constitution de nouveaux sujets, les proconsuls de la République, et Napoléon lui-même, avec tout son génie, ont échoué; la défiance et l'hostilité des populations répondirent à la tracassière ingérence de l'administration, grâce à « cet esprit de dénigrement et d'unification à outrance, tel que la Révolution l'avait façonné ».

Ainsi tant de ruines amoncelées, tant de sang répandu, pour aboutir à un échec suprême! Quel aveu d'impuissance pour les coryphées de la Révolution, Jacobins ou Césars!

Après cent ans, leur esprit flotte encore sur le monde où ils ont déchaîné la tempête, mais le bruit qui les environne n'a fait que convoquer un plus grand nombre de témoins de leur déroute. Avoir eu tous les éléments de succès entre les mains : les séductions de l'esprit, l'ivresse des peuples, la complicité des passions, la brutalité d'assemblées irresponsables, l'omnipotence d'un maître souverain, et, avec celui-ci, l'habileté de l'administration, le don du commandement, l'éclat d'une épopée militaire sans précédent; avoir eu tout cela et être contraint de publier son impuissance radicale au bout de vingt ans!

Il manquait à ces efforts, dont quelques-uns furent gigantesques, le petit levier de la vérité. Preuve nouvelle de l'inanité des rêves humains contre ou en dehors des lois de la justice chrétienne. Les plus habiles voient leur astuce démasquée, les plus forts leur puissance brisée. A côté d'eux, les œuvres réputées impossibles s'élèvent, grandissent, se fortifient et durent. Abandonnés à eux seuls, l'intelligence, l'activité, le génie et la gloire aboutissent au néant. Vaisseau d'aspect formidable, fièrement pavoisé de riches couleurs, monté par un équipage ivre d'espérance, dont le sillage écumant ne laisse pas une trace sur l'océan de la vérité.

LES FRANÇAIS EN DALMATIE

1806-1813

M. l'abbé Pisani, professeur à l'Institut catholique de Paris, a fait un livre de science, d'érudition et de luxe qui a satisfait les historiens et les géographes, les économistes et les bibliophiles [1].

Par ce temps de production littéraire incessante et quand les lecteurs abondent, mais n'aiment point à être retenus longtemps, la vogue est au petit volume : il tient peu de place, ne fatigue pas la main, moins encore l'esprit, et en deux heures peut être parcouru d'une couverture à l'autre. Vive donc l'in-douze et l'in-dix-huit ! — Et, moi, je dis: Vive l'in-folio ! J'ai un vieux respect que je ne crois pas si mal placé, une antique affection que j'aime à ne pas laisser perdre, pour ces grandes pages et ces larges marges où la pensée se déploie à l'aise ; où les idées basses et mesquines n'oseraient, il semble, s'étaler, tant elles s'y trou-

[1] *La Dalmatie de 1797 à 1815. Épisode des conquêtes napoléoniennes.* — Paris, 1893.

veraient déplacées. Affaire d'impression, de sentiment, de sensation peut-être. Au reste, ce fut l'usage de nos pères et, en fait de goût, ils restent encore nos maîtres.

L'auteur le dit, et nous pouvons l'en croire, c'était une histoire peu connue que celle de la Dalmatie sous le premier Empire ; toutefois ces provinces illyriennes furent « françaises » pendant plusieurs années et nous les occupâmes de 1806 à la fin de 1813.

Pour expliquer notre conquête, pour justifier notre domination et rendre compte de notre départ forcé, M. l'abbé Pisani a dû décrire le pays, les mœurs des habitants, rappeler les origines historiques, noter la situation de ses derniers possesseurs à la veille de la Révolution, examiner la conduite des Autrichiens, ses nouveaux maîtres, et nous conduire ainsi graduellement jusqu'au jour où la fortune des armes, consacrée par le traité de Presbourg, nous ouvrit la porte de cette contrée pittoresque.

Notre occupation, il la raconte ; notre administration civile, il l'étudie et la détaille ; il peint les gouverneurs que Napoléon y envoya.

Ce n'est point vous injurier sans doute de penser que, tout comme moi, vous ne connaissez de la Damaltie que ce qu'en disent les histoires courantes. Si Marmont n'avait été créé duc de Raguse, seriez-vous très familier avec le nom de ce petit port de l'Adriatique ? Oui, peut-être ; alors, je vous en fais tous mes compliments, je vous offre mes excuses et je vous engage, malgré tout, à ouvrir le livre de M. l'abbé Pisani où se trouvent encore à apprendre des choses utiles à connaître.

I

En 1797, les Vénitiens administraient la Dalmatie par des fonctionnaires peu nombreux, encore moins tyranniques, et le peuple paraissait satisfait sans grands impôts, sans grandes charges, sans grandes ambitions. Le pays formait une agglomération d'Etats quasi-autonomes, chaque commune gardant son statut particulier ; il y avait peu de lois, mais beaucoup d'usages et de coutumes. On ne dit pas que ces gens pauvres fussent malheureux.

Venise, cependant, faisait peu pour le bonheur de sa colonie ; elle lui demandait d'être à l'occasion un boulevard fidèle contre les Turcs et n'avait guère souci que d'entretenir ses qualités guerrières. Elle-même se mourait d'étiolement intellectuel et de faiblesse politique ; un régiment français n'eut que la peine de se déployer sur la place Saint-Marc pour faire tomber, le 12 mai 1797, son gouvernement neuf fois séculaire.

L'anarchie la plus complète régna aussitôt en Dalmatie ; des troubles éclatèrent parmi ces populations habituées à obéir et tout à coup livrées à elles-mêmes. Les préliminaires de Léoben avaient attribué la province à l'empereur d'Allemagne, les gens sensés accueillirent avec joie les soldats autrichiens et le peuple poussa des *vivats* sans fin en l'honneur du souverain nouveau.

La victoire d'Austerlitz et le traité de Presbourg vinrent tout remettre en question. Après trois siècles de luttes, le rêve de François Ier se réalisait et le successeur de Charles-Quint n'avait plus un pouce de terre dans la péninsule italique. Les anciennes possessions vénitiennes d'Istrie et de Dalmatie suivaient les destinées de Venise elle-même ; *accessorium sequitur principale*.

Napoléon attachait une importance particulière à la possession de ce qui pouvait sembler un pays perdu. La Dalmatie était pour lui le commencement de la route qui menait à Constantinople ; ce contact avec le Grand Seigneur lui mettait la main dans la politique de l'Orient ; les ports du Levant étaient fermés aux Anglais, les Russes étaient tenus en respect ; si l'Empire ottoman s'écroulait, on était placé à merveille pour intervenir avec efficacité et se tailler une large part dans les dépouilles du vaincu.

Aussi, dès que Molitor et Lauriston ont pu occuper militairement et défendre contre les Russes la province de Raguse, envoie-t-il Marmont prendre le commandement des troupes et assurer la conquête [1].

Elle ne le fut définitivement qu'après Tilsitt. La période d'organisation commença ; le but était de préparer un grand mouvement militaire sur l'ouest. Raguse était annexé ; ce n'était point une acquisition banale.

Cette petite république, après de nombreuses vicissitudes, en passant de la suzeraineté byzantine à celle des Vénitiens, des Croates et des Hongrois, avait fini par se rendre à peu près indépendante. Grâce à la souplesse de ses diplomates, elle vivait en bonne intelligence avec le Grand Turc, le Pape et l'Empereur. A la fin du XVIIIᵉ siècle, elle était prospère, riche d'une flotte de 363 navires, de somptueux palais, de grands couvents, de collèges fréquentés ; son agriculture, très perfectionnée, nourrissait aisément sa population active, ne payant d'autre impôt qu'un léger droit de gabelle. C'était une oasis où florissaient

---

[1] Par une faute grave, il envoyait en même temps comme administrateur civil, et avec des pouvoirs considérables, un Vénitien habile, intrigant et vaniteux : Dandolo. Pendant trois ans, le conflit entre les deux autorités fut à l'état permanent. Je ne puis entrer ici dans les détails de cette administration et de ces querelles. M. l'abbé Pisani en a fait un des plus curieux épisodes de son livre.

la richesse, la science et la civilisation de nouveaux Athéniens.

Dix ans de révolutions et de guerres autour d'elle avaient éteint cette prospérité. Marmont allait s'efforcer de la faire revivre et le titre de duc de Raguse que Napoléon lui conféra au mois de mars 1808[1] avait une relation étroite avec ses services personnels. La seconde campagne contre l'Autriche en 1809 faillit renverser ces plans ébauchés ; mais, favorable à nos armes, elle permit au contraire de créer une sorte de principauté spéciale pour toutes les provinces illyriennes avec un gouverneur qui était presque un vice-roi.

Quatre personnages successifs remplirent cette charge.

Le maréchal Marmont revint, avec ce nouveau titre et des dignités plus grandes ; ils lui permirent de satisfaire son goût pour le luxe, son penchant à la représentation. Il faut reconnaître qu'il en usa aussi pour développer l'initiative des Dalmates, encourager, exciter leur zèle. A lire les détails orgueilleux de ses *Mémoires*, on sent qu'il a gardé un souvenir satisfait de son passage au milieu d'eux. Il sut, en effet, s'en faire estimer, aimer peut-être, regretter certainement.

Son successeur, le général Bertrand, n'avait

[1] Et non à la fin de 1807, comme le dit Marmont, *par erreur* dans ses *Mémoires*, tome II, p. 70.

point une tâche facile. Ses ressources pécuniaires étaient moindres, ses habitudes d'économie ne le portaient pas aux sacrifices personnels, et surtout il arrivait en un temps où les ménagements gardés depuis quatre ans vis-à-vis de la Dalmatie ne semblaient plus de mise à Napoléon.

Un sourd mécontentement grandissait chaque jour chez ces populations rebelles à l'impôt du sang. On commit la faute lourde de vouloir assimiler ces provinces à nos départements de France et on prétendit les couler dans un moule administratif, judiciaire et financier calqué sur notre propre organisation. Des auditeurs au Conseil d'Etat, des légistes et des bureaucrates se mirent à la besogne ; il s'agissait de plier aux exigences du code Napoléon des paysans et des marins vivant depuis des siècles sous leurs coutumes. L'échec fut complet.

Les désastres de Russie ébranlèrent notre prestige ; le général Bertrand fut rappelé pour commander un corps en Allemagne ; l'Empereur le remplaça par un de ses anciens favoris, maintenant disgracié, et déjà atteint d'une maladie étrange qui le conduisait à la folie : Junot, duc d'Abrantès. Au bout de peu de jours, il fallut le garotter et le renvoyer en France, sous bonne escorte ; en arrivant, une dernière crise de fièvre chaude l'emporta.

Les provinces illyriennes devenaient un lieu

d'exil pour leur gouverneur. C'est à peu près à ce titre que Fouché y fut envoyé, à l'heure où le « grand Empire » s'effondrait de toutes parts. La situation était plus que critique. La brutalité, les rigueurs de l'ancien ministre de la police exaspérèrent les habitants ; le flot des armées alliées monta rapidement jusqu'à Laybach et Raguse. Après sept semaines, le duc d'Otrante dut quitter à la hâte un pays envahi par les Autrichiens.

M. l'abbé Pisani rapporte minutieusement le texte du décret organique de 1811, il n'omet pas les particularités des opérations militaires dont cette contrée fut le théâtre jusqu'en 1813 ; cependant, il reste sobre de détails caractéristiques sur la période des gouverneurs ; j'oserai lui en manifester mon étonnement. La Dalmatie était sans doute le terrain circonscrit de l'auteur ; mais de 1809 à 1813, la Dalmatie fut comprise dans cette administration et ce n'était pas sortir de son sujet que d'en exposer les péripéties.

Sans combler absolument cette lacune, un petit volume, paru presque à la même heure que l'ouvrage de M. l'abbé Pisani, nous fournit des données complémentaires. M. Raoul Chélard a eu l'idée, vraiment originale, d'aller demander aux documents autrichiens ce que les contemporains pensaient de nos soldats. De ces recherches minutieuses, il est revenu avec un dossier qu'il a mis en œuvre sous ce titre : *Les armées françaises jugées par les habitants de l'Autriche.*

Ce sont des rapports, des relations rédigés par les curés, les moines, les bourgeois des villes où nos troupes ont passé. Chose curieuse et honorable pour notre patriotisme : les conclusions de nos ennemis sont favorables à la conduite de nos soldats. Témoignage flatteur pour nous et aussi pour l'impartialité des rédacteurs; témoignage toutefois qui n'est pas aussi décisif que M. Chélard l'espère, car, sans modifier les conclusions optimistes, il a cru devoir ne pas reproduire les passages qui relataient des faits plus sombres. Cette méthode historique ne paraîtra pas impeccable. Dans un dernier chapitre, il puise à pleines mains, précisément pour la période qui nous occupe, dans les archives de la municipalité de Laybach, « complètement inconnues aux historiens français ».

II

Parmi les détails précis qu'il faut retenir, plusieurs ont trait à Marmont : nous le voyons se promener à Laybach dans une voiture attelée de six cerfs, ferrés en argent et harnachés de la façon la plus éclatante. Il fonde un casino, un tir à l'arquebuse, il donne des fêtes incessantes. Il nomme maires des communes des soldats retraités.

Il y a une leçon à recevoir pour nos économistes modernes. On abolit les corporations, on proclame la liberté du commerce et ils applaudissent déjà à ces mesures « libérales ». — Mais, disent tristement les archives, « cette libre concurrence nous amena le premier juif, du nom d'Abraham Heymann, natif de Memelsdorf, en Bavière, fournisseur de l'armée française et qui l'avait suivie depuis Toulon jusqu'à Vienne. Heymann proposa de créer un petit bureau de change. Mais personne ne voulut lui louer une boutique, il fallut lui en trouver une de force et par voie administrative. » — Ce juif allemand, qui grâce à la « liberté du commerce » arrive pour créer « un petit bureau de change », est caractéristique et je livre cette trouvaille aux « sociologues antisémites. »

A côté du juif, le franc-maçon ; c'est dans l'ordre. Le 1er février 1812, fut fondée à Laybach la B∴ O∴ *Loge franco-illyrienne*, sous le titre distinctif des *Amis du roi de Rome et de Napoléon*. Elle tenait ses séances dans un local dont on avait fait murer les fenêtres à moitié.

Il faut bien avouer que notre civilisation se manifesta auprès des « barbares » Dalmates par un grand luxe d'organisation de police, avec des commissaires établis dans les communes importantes, des agents inspecteurs et des permis de circulation obligatoires pour chaque citoyen. En même temps que la cour d'appel, arriva à Laybach la guillotine. Tout cela pouvait paraître assez lugubre, et il est compréhensible que ces *progrès* n'aient point été reçus avec enivrement.

Naturellement, il y eut un journal, des journaux, ces « véhicules de l'esprit humain ». Par une rencontre heureuse, l'écrivain venu pour rédiger *le Télégraphe* se trouva être un homme d'esprit. C'était Charles Nodier, tout à fait à ses débuts. M. l'abbé Pisani lui consacre un paragraphe. M. Chélard est plus explicite, mais se trompe fâcheusement en le nommant un bohême incorrigible, chassé de France après avoir fait cent tours en province et à Paris et venant échouer en Illyrie.

L'auteur charmant, le romancier étincelant, l'honnête et brave cœur que l'on nomme Nodier, ne mérite à aucun titre ces appréciations sévères. Le démontrer nous mènerait fort loin et serait hors de propos. Je renvoie au livre de souvenirs si attachant de sa fille ceux qui voudraient s'en convaincre ; je leur recommande même la lecture de ces pages délicates où revit tout un monde littéraire si supérieur d'esprit, de talent et de sentiments, à celui que nous voyons [1].

De ces faits, en nous rappelant les agissements

[1] *Charles Nodier*, épisodes et souvenirs de sa vie, par Mme MENESSIER-NODIER.

de nos compatriotes chez les Dalmates, il est possible de croire que nous n'avons pas été accueillis en ennemis ; si l'enthousiasme n'était pas très vif, l'hostilité n'était pas déclarée. Les routes percées, les travaux d'amélioration matérielle entrepris, les hôpitaux réparés et les écoles bâties nous valurent une incontestable reconnaissance des habitants. Le service militaire obligatoire et la conscription modifièrent ces dispositions ; mais ce fut l'atteinte, aussi maladroite qu'injuste, portée aux sentiments religieux, qui fit souhaiter notre départ et désirer le retour des Autrichiens.

Je n'ai point parlé de l'administration de Dandolo, en 1806 ; là fut la pierre d'achoppement.

Les Dalmates étaient fort religieux. Pour 200.000 âmes, il y avait 2 archevêchés et 10 évêchés, 1.200 églises ou chapelles, 462 paroisses. 1.500 prêtres séculiers, 54 couvents (dont 16 de franciscains), des corporations multiples, des confréries sans nombre.

Petit-fils de juif vénitien, lui-même pharmacien dans une méchante rue voisine du pont des Barcarolles, Vincent Dandolo (nullement descendant du doge fameux) avait apporté en Dalmatie l'esprit sectaire de ces réformateurs éclos au soleil de la Révolution. Son intelligence, son activité, ses connaissances acquises, sa persévérance ne le rendaient que plus dangereux. Il tailla dans le vif, sans la moindre précaution et, tout féru de Joséphisme, prétendit imposer une constitution civile pour former un clergé éclairé.

Les religieux furent sécularisés, les évêchés réduits, les bénéfices révoqués; il institua des espions sous le titre « d'inspecteurs du culte » et, pour mettre le comble à sa logique, il protégea ouvertement la communion grecque, pour faire pièce aux catholiques romains. L'archimandrite fut dans le ravissement; un décret (8 septembre 1808) érigea un évêché grec, — dont le candidat, malheureusement, fut ramassé ivre-mort dans la rue et conduit en prison pour tapage au cabaret; enfin on dota un séminaire schismatique avec de larges prébendes pour les chanoines.

Le résultat le plus tangible de ces « réformes » fut de créer sur l'heure un parti antifrançais. Rallié autour de ses prêtres et des franciscains, il seconda les Anglais pour les mêmes motifs et avec la même énergie que les Espagnols, et garda au cœur la haine contre les fonctionnaires français qu'il englobait sans réserve dans la répulsion que Dandolo avait fait naître par sa maladresse antireligieuse.

Marmont s'efforça bien de pallier le mal par une conduite contraire, mais le coup était porté; les préventions ne tombèrent pas, si, pour lui-même, il acquit l'estime du clergé. Il raconte, avec un sourire d'ironie, que les pères franciscains « lui délivrèrent une pancarte lui donnant le droit de mourir dans l'habit de l'ordre de Saint-François[1] ». Je ne sais s'il usa de cette faveur à son heure dernière, mais j'estime que ce souvenir lui fut plus doux à porter que celui de la Convention de Paris ou des journées de Juillet.

« En Dalmatie, comme ailleurs, conclut très justement M. l'abbé Pisani, l'épopée napoléonienne n'avait produit que de la gloire ; elle ne laissait derrière elle que du sang et des ruines. C'est avec un sentiment de tristesse qu'on suit les péripéties d'une conquête si laborieusement accomplie, si imparfaitement affermie, si vite et si facilement perdue.

« La Dalmatie était un pays où le moyen âge durait encore au commencement du XIXe siècle ; le clergé, seul corps où l'on rencontrât un noyau d'hommes instruits, avait sur le peuple une influence absolue ; or, même quand Dandolo et Marmont cherchaient à se faire bien venir des évêques et des prêtres, on sentait bien qu'au fond ils étaient hostiles à l'Église ou indifférents, ce qui revenait au même, vu l'état d'esprit du clergé dalmate. Il en résulta que, même lorsque les Français voulaient tenter une réforme utile, le

---

[1] *Mémoires*, t. II, p. 120.

clergé, guidé par l'esprit de défiance, se hâtait de les dénoncer comme les destructeurs de toute religion, et les paysans prenaient les armes, ou tout au moins se promettaient de les prendre à la première occasion. Disons, d'ailleurs que les Français ne se contentèrent pas de poursuivre les abus et que plusieurs mesures qu'ils prirent en matière ecclésiastique étaient de celles qui ne sont légitimées que par le droit du plus fort.

« ... Enfin, ce qui fut pour beaucoup dans l'aggravation d'une situation déjà tendue, ce fut l'introduction maladroite et inopportune d'un corps de législation pour lequel la Dalmatie n'était pas mûre. La législation d'un peuple est le résultat de ses mœurs, de ses traditions, de son histoire et même de la configuration du sol qu'il habite. La France était alors trop fière de ses lois pour pouvoir admettre qu'elles ne fussent pas appropriées aux nécessités de tous les temps et de tous les peuples, et il fallut de douloureuses expériences pour la faire revenir sur ce préjugé.

« Le résultat de l'introduction des lois françaises en Dalmatie fut absolument l'opposé de ce qu'on avait espéré. Au lieu d'incorporer ces populations dans la masse des sujets de l'Empire, on en fit des révoltés. En attendant l'appel aux armes, les Dalmates se mettent le plus qu'ils le peuvent en dehors des rouages administratifs, dont ils ne comprennent pas et ne veulent pas comprendre le mécanisme : ils se tiennent à l'écart, considérant avec une horreur instinctive cette redoutable machine dont, avec leurs idées simples et courtes, ils ne voient que deux fonctions : conscription et impôt. Toutes les grandes pensées, les vues sages et protectrices et prévoyantes qui ont inspiré les législateurs restent ignorées et méconnues.

« Une vérité nous paraît découler assez logiquement de ce qui précède pour que nous en donnions la formule :

« Le droit de conquête, qu'il résulte du droit de la guerre ou de négociations internationales, n'amènera jamais la fusion du peuple conquis dans le peuple conquérant, si celui-ci ne tient largement compte des mœurs et traditions du pays qu'il s'annexe ; dans ce cas, la fusion s'opèrera et pourra un jour donner naissance à une race nouvelle qui aura ses traditions et ses mœurs propres. Sinon, on pourra exterminer les vaincus, non les réduire... »

C'est la condamnation de la politique d'extension de l'Empereur et l'explication de l'effondrement de ses projets. Parfois le simple bon sens est plus fort que le plus brillant génie.

L'EMPEREUR ET LE TZAR

L'ALLIANCE RUSSE SOUS LE PREMIER EMPIRE

Napoléon omnipotent et dominateur, Alexandre hynoptisé et conquis, l'Empereur imposant souverainement ses volontés, le Tzar les acceptant avec ivresse, — thème assez banal des rapports de la France et de la Russie de 1807 à 1812.

Il y a là une véritable exagération et, par bien des côtés, la vérité historique dément ces habituels lieux communs. Sauf aux heures du grand projet oriental, Napoléon ne montre point un esprit si indépendant, et n'apparaît pas si facilement maître de la situation ; sauf aux premiers moments qui suivent la rencontre de Tilsitt, le Tzar n'est pas si profondément enivré, et le charme ne paraît subsister que dans la limite où le veulent sa finesse et sa diplomatie.

Pour être excessive, l'ambition de Napoléon eut alors des phases assez justifiées, ses volontés furent souvent tenues en échec, et la prudence, dont il n'oubliait pas tant qu'on le croit les conseils, lui fit, en ces occurrences terribles, agir avec sagesse. C'est bien plus Alexandre qui se montra habile, rusé et souple, opposant avec une ténacité douce la force de l'inertie, prodiguant les promesses, ne dépassant guère les velléités.

Penser ainsi, est-ce trop remonter le courant des opinions toutes faites ?

Je ne l'oserais sans doute point de moi-même, — bien que ne craignant pas beaucoup, en fait d'histoire, les vitres brisées; — mais les œuvres de M. Albert Vandal et de M. Tatistcheff, en me permettant de m'appuyer sur leur autorité et leur mérite, me donnent assez d'assurance pour être publiquement de leur avis[1].

En reprenant les choses dès la première heure du règne d'Alexandre pour les conduire jusqu'après la rupture de 1812, M. Tatistcheff a donné à son travail un grand cachet d'unité ; plus court, son récit est ainsi plus facile à suivre, et l'écheveau de ces délicates combinaisons politiques plus aisé à démêler.

M. le comte Vandal a le mérite des grandes vues

---

[1] *Napoléon et Alexandre I*ᵉʳ. — *L'alliance russe sous le premier Empire*, tome Iᵉʳ : de Tilsitt à Erfurt; — Tome II: le second mariage de Napoléon; le déclin de l'alliance; — Tome III: la rupture, par ALBERT VANDAL.

*Alexandre I*ᵉʳ *et Napoléon d'après leur correspondance inédite* — 1801-1812 — par SERGE TATISTCHEFF.

d'ensemble et des ouvertures les plus larges sur l'horizon sans bornes de la diplomatie ; ses considérations volent sur les hautes cimes ; il accorde moins aux détails, souvent minutieux, souvent aussi caractéristiques ; il se joue dans ce dédale des chancelleries avec une aisance que lui enviera plus d'un homme « de la carrière ».

Le premier est peut-être plus accessible au lecteur ordinaire par la simplicité de ses développements et la concision de ses aperçus ; le second s'était rendu digne, dans ses déductions de l'ordre le plus élevé, des hautes récompenses qui si justement sont venues couronner son œuvre. L'Académie l'a ainsi compris en lui décernant par deux fois le grand prix Gobert. Un ministre, animé déjà, dans le domaine des lettres, de cet *esprit nouveau*, qui devait lui faire honneur sur le terrain politique, attachait le ruban rouge à la boutonnière du récent victorieux. C'est un choix dont lui ont su gré tous les disciples de l'impartialité historique et qui rachète les faveurs accordées à des services si « exceptionnels » qu'on les ignore.

Un bon juge a relevé finement les qualités descriptives de M. le comte Vandal, friand des analyses de sentiments et des *états d'âme*. « Il n'aime, dans le pittoresque, que les beaux tableaux de cour, les cortèges élégants et somptueux, amples, mais toujours bien ordonnés, les grandes scènes d'opéra de la politique et du monde. Point de bibelots, ni de bric-à-brac encombrants ; mais des meubles Louis XVI, sveltes et dorés, et, le long des murs des pièces bien ouvertes, de larges tapisseries dans les notes claires d'après Guérin et le baron Gérard [1]. »

L'entrevue de Tilsitt, la conférence d'Erfurt, le mariage de Napoléon et de Marie-Louise lui ont fourni des cadres dignes de satisfaire son goût et de remplir notre attente.

Armé de ce fil conducteur qui désormais doit être entre toutes les mains, je voudrais pénétrer dans ces salons, parcourir ces galeries, monter sur ce radeau qu'on éleva à la hâte au milieu du Niémen et où furent, pour la première fois, ébauchés les rêves qui constituent « l'alliance russe sous le premier Empire ».

I

Une alliance n'est possible qu'entre deux peuples ayant des intérêts ou un ennemi communs ; rarement elle est durable quand leurs frontières se touchent.

Les intérêts russes, par habitude, par nécessité, étaient au commencement de ce siècle avec

[1] Albert SOREL, *Lectures historiques*.

les marchands de Londres dont les vaisseaux abordaient les rives de la Baltique et avec les trafiquants de l'Allemagne qui remontaient par la Pologne à Pétersbourg. Aucun lien commercial par conséquent avec la France, mais un marché ouvert avec ses ennemis. La seule garantie d'une paix solide était l'éloignement des deux nations. A partir de Tilsitt, date de la réconciliation éclatante, l'Empereur et le Tzar ébauchent un rêve politique qui reconstruira l'Empire d'Occident et créera un Empire d'Orient ; c'est mettre en présence les deux forces d'où jaillira l'étincelle au premier contact, c'est de gaieté de cœur entrer dans une voie qui conduit fatalement à une impasse.

Voilà pourquoi il est permis de dire que l'alliance franco-russe, il y a quatre-vingts ans, ne pouvait être qu'une chimère ; et ses auteurs se sentirent entre eux mal à l'aise dès que leur intimité personnelle ne couvrit plus les premiers épanchements.

Je crois même qu'ils ne furent longtemps de bonne foi ni l'un ni l'autre. Comme il le lui était permis, M. Serge Tatistcheff professe un grand faible pour Alexandre. La figure de ce Tzar me paraît moins belle, et j'éprouve un certain agacement à lui entendre parler à tout propos, dans chacune de ses notes diplomatiques, dans chacun de ses messages privés, de sa loyauté, de sa franchise, de son amitié inaltérable, de sa modération, de sa modestie, de son manque d'ambition. Pour beaux qu'ils soient, comme la réalité ne correspond guère à leur expansion machinale, ces sentiments prêtent à la défiance ; ils veulent trop prouver, ne prouvent rien, et nous laissent au contraire l'impression d'un personnage rusé, sournois, subtil. Et je crois qu'il en est ainsi.

L'ambition de Napoléon ne l'abandonna pas dans toutes ces démarches ; et cependant, il n'apparaît point là aussi présomptueux que dans beaucoup d'autres actions de sa vie. C'est peut-être, dans les rapports de cette alliance qu'il montra le plus de savoir-faire, le moins d'audace, le moins d'outrecuidance. La satisfaction de trouver un allié aussi redoutable à l'Angleterre et la crainte de le perdre l'avaient assagi : le contact du colosse moscovite alourdissait un peu son habituelle jactance.

On croira facilement que les éclairs d'ambition brillèrent plus d'une fois dans ce ciel serein, et que les boutades violentes ne furent pas abandonnées. Mais il y eut des accalmies.

Après la paix de Tilsitt, il s'agissait de fermer à l'Angleterre les ports de la Russie et d'attaquer ses flottes avec les escadres russes et danoises. Le bombardement de Copenhague fit échouer cette dernière partie du plan. Savary, envoyé à Pétersbourg auprès du nouvel ami de son maître, put promptement comprendre, à l'opposition insolente de la société, que la réalisation de la première partie n'était pas non plus fort aisée. Et les douces espérances s'évanouirent.

Caulaincourt partit alors, avec tous les éléments pour recevoir un bon accueil : le titre d'ambassadeur extraordinaire, 800.000 francs de traitement, 250.000 francs pour frais d'installation, un personnel choisi de secrétaires et d'attachés, l'ordre de faire grand en toutes choses, de déployer un faste dominateur et d'entreprendre la conquête mondaine de la Russie.

Il y travaillait avec autant d'habileté que de peine, quand il eut à remettre à Alexandre cette fameuse lettre du 8 février 1808 qui proposa' san. ambages le partage du monde! C'était dépasser de beaucoup l'alliance raisonnable de Tilsitt, et ouvrir la porte de l'impossible sur un paysage de féerie.

Il est vrai qu'on entrait dans le monde de l'Orient. A la Russie, Constantinople et l'Asie du Nord ; à la France, la Méditerranée et l'Egypte ; plus tard, les Indes.

Le *grand dessein* était une idée « plus napoléonienne que russe » ; cependant, parmi les hommes d'État de Saint-Pétersbourg, beaucoup avaient les yeux toujours tournés vers le Danube et la mer Noire : c'était la tradition de Catherine II : « au milieu de l'écroulement de l'ancien monde, il serait plus facile à la Russie de pousser du pied l'édifice vermoulu qui chancelait en Orient ; ce ne serait qu'une révolution de plus au milieu de tant d'autres ».

Pour Napoléon, il visait Londres. « Alors l'Angleterre, étourdie de tant de chocs, ne sachant où répondre, impuissante à distinguer les coups réels des attaques simulées, s'épuisant en efforts stériles, chancellera éperdue au milieu de ce tourbillon du monde ; à bout de forces et surtout de courage, elle cessera de s'opposer aux destinées de la France nouvelle, reconnaîtra son vainqueur, et la paix définitive sortira de cet immense bouleversement [1]. »

Quand on entend ainsi parler de paix, et que les canons roulent, que les vaisseaux s'équipent, que les fantassins se rassemblent, que les cavaliers montent en selle, on ne peut réprimer un sourire d'incrédulité, et le dialogue de Pyrrhus avec Cinéas vous revient à la mémoire.

La paix ! L'ambition éveillée chez Alexandre ne la permettait guère, et pour Napoléon, à supposer, ce qui est croyable, qu'il en eût alors véritablement l'envie, son système politique ne la lui permettait pas.

« Il arrivait à ce détour décevant de son his-

---

[1] VANDAL, I, p. 263.

toire où le succès même des moyens qu'il employait allait démontrer l'absurdité de la fin qu'il prétendait atteindre. Comme on s'explique qu'il préférât la guerre et s'y jetât, si l'on peut dire, comme pour se reposer de la paix! La guerre suspendait un moment la marche naturelle des choses; elle arrêtait la destinée; elle voilait l'avenir; elle obligeait cette imagination toujours exaltée et en éruption à rentrer en soi-même, ce génie toujours impatient de l'inconnu et affamé de l'impossible, à s'arrêter sur des objets prochains, précis et certains; elle avait une nécessité: vaincre; elle avait un terme: la victoire. La paix, au contraire, échappait toujours et partout à la fois. C'était l'incertitude incessante et indéfinie; un horizon vague, voilé et toujours fuyant; pour tout repos, dans les rêves, le mirage d'une monarchie universelle. Les combinaisons, même démesurées, de la diplomatie restent impuissantes et disproportionnées avec leur objet. Ce sont des échafaudages grêles de poutres, des cloisons molles et ployantes de planches qui fléchissent sous le poids des sables accumulés; le sable s'ébranle, s'effondre, fuit par toutes les fissures, et l'édifice se mine en dessous, s'écroule par les côtés à mesure que l'on s'efforce de l'étendre et de l'élever davantage [1]. »

---

[1] A. Sorel, *Lectures historiques*.

Au fond, Napoléon avait le goût de l'alliance russe, et à travers les récriminations, les querelles de ses dépêches, perce toujours ce que M. Tatistcheff appelle très bien du « dépit amoureux ». — Le Tzar céda à son attrait personnel pour un grand génie dont la parole l'avait grisé; son peuple ne le suivit pas.

« Le corps de la Russie est d'un géant; son esprit est d'un tout jeune homme qui a appris dans les cours étrangères les meilleurs usages, qui est poli, qui sait se battre, qui estime les lettres et les arts, sans pouvoir les produire, à qui rien ne manque que la profondeur et la création, parce que, si on l'a trempé en naissant dans les eaux de la Néva, on lui a refusé le baptême d'où sont sorties toutes les nations fécondes de la chrétienté [1]. »

Ces lignes écrites, il y a un demi-siècle, vingt-cinq ans seulement après les événements dont nous parlons, expliquent pourquoi l'union franco-russe n'était pas viable alors, et pourquoi aussi elle paraît possible aujourd'hui, comme l'ont démontré les manifestations spontanées et vibrantes du mois d'octobre 1893.

C'est qu'il ne s'agit plus de protocoles de chancellerie et de froides combinaisons diplomatiques;

---

[1] LACORDAIRE, *Lettre sur le Saint-Siège.*

ce sont deux peuples qui se sont rencontrés et qui se sont tendus la main par-dessus l'Europe, avec tout l'élan d'une jeune nation qui, peu à peu, devient catholique, avec toute l'espérance de notre vieille France qui a conservé le goût des relations honorables et retrouvé l'attrait des « gestes de Dieu ».

Qui songeait à cela, qui pouvait y songer en 1808?

« Voilà la limite des deux empires. Votre maître doit dominer d'un côté, moi de l'autre », disait Napoléon en montrant du doigt le cours de la Vistule. Erreur profonde! « Il ne faut pas être nez à nez », remarquait avec bien plus de justesse Roumiantzof à Caulaincourt. Et, pour éviter le choc, pour le reculer tout au moins, on se rejeta dans le rêve, dans l'irréalisable, dans le gigantesque qui touche à la folie.

Caulaincourt osait dire à l'empereur Alexandre : « Les choses impossibles sont ordinairement celles qui réussissent le mieux, parce que ce sont celles auxquelles on s'attend le moins. » En cela, écho de son maître qui perdait tout sentiment du réel, emporté dans les nuages sur l'aile de la plus outrecuidante ambition : « Une fois sur l'Euphrate, rien n'empêche d'arriver aux Indes : ce n'est pas une raison d'échouer dans cette entreprise parce que Alexandre et Tamerlan n'y ont pas réussi ; il s'agit de faire mieux qu'eux ! »

Tolstoï, l'ambassadeur de Russie à Paris, qui rapportait cette conversation à sa cour, peint Napoléon prenant son chapeau des deux mains, et le jetant à terre dans l'impétuosité de sa pensée et la griserie de sa propre parole.

Il fallut promptement revenir à la réalité. Déjà on était mal d'accord pour le partage des dépouilles ; Napoléon accordait bien Constantinople, mais entendait garder les Dardanelles. Alexandre, qui trouvait que son allié avait un « beau et bon lot », s'étonnait de son entêtement à vouloir prendre cette « langue de chat ».

Mais, à ce moment, entre en scène un personnage qu'on n'avait pas convié : l'Espagne. Brusquement immobilisé par l'orage qu'il avait lui-même déchaîné, l'Empereur part pour Bayonne, obligé de renvoyer au lendemain le plan oriental. Dès lors, tout se modifie et, quand la catastrophe de Baylen vient détruire le prestige qui environnait « l'invincible », la face de l'Europe change : l'Angleterre espère, l'Autriche guette, la Russie s'alarme, la France s'émeut.

Et sur l'échiquier politique, la capitulation du général Dupont a un contre-coup qui va plus loin que la victoire des bandes espagnoles. Pour conquérir les Etats du roi Joseph, il va falloir une armée entière, c'est-à-dire aller la chercher là où elle est, dans ses campements d'Allemagne ; dès lors l'Autriche n'est plus contenue, et nous débarrassons la Prusse de nos garnisons, par la seule nécessité, sans pouvoir offrir ce retrait de nos troupes comme une compensation accordée à la Russie qui nous la demande en vain depuis un an.

Enfin, à l'autre extrémité de l'Europe, les Albanais du vizir Baïractar, en envahissant le sérail, galvanisent pour un temps le grand cadavre turc et ne permettent plus d'espérer l'entrée si facile à Constantinople.

Tout est ainsi remis en question.

C'est donc à Baylen, bien plus qu'à Moscou, bien plus qu'à Leipzik, qu'est venue se briser en réalité la toute-puissance de Napoléon.

Il lui faut régler les affaires d'Espagne, mais avant tout assurer la sécurité derrière lui. L'entrevue d'Erfurt n'a point d'autre but. D'un commun accord, le *grand projet* est remis à plus tard. Absente de l'entrevue, l'Autriche cependant y joue un rôle considérable. Napoléon voudrait la réduire. Alexandre, mis en éveil, n'ose prêter la main à l'écrasement de ce dernier tampon. Et voici qu'un allié bien inattendu lui arrive : c'est Talleyrand qui, effrayé de l'ambition de l'Empereur plus effrayé encore de la possibilité de perdre tout ce qu'il possède, veut contrebalancer l'influence française en la resserrant dans des limites moins dangereuses parce que plus étroites.

Et il joue ce rôle extraordinaire, moitié traître, moitié patriote, moitié philanthrope, moitié coquin, que ses *Mémoires* nous révèlent, en essayant de l'entourer d'une auréole, et que M. Vandal a fort bien percé à jour, avec une sagacité d'autant plus louable que la publication de ces fameux *Mémoires* n'était pas encore fa*i*. quand son livre a été écrit.

L'entrevue n'avait abouti qu'à une convention banale. Puis Napoléon avait couru derrière les Pyrénées. Il revint à franc étrier en Autriche, et joua quitte ou double à Wagram. Mais déjà les atouts lui échappaient des mains.

Il avait lieu d'être mécontent de l'attitude d'Alexandre pendant cette campagne ; son allié réservait des tendresses trop grandes, selon lui, à son ennemi. Ses démonstrations militaires avaient été presque nulles. La paix de Vienne mécontenta à son tour le Tzar. Le courant n'était plus sympathique. « Commencer à se défier, c'est déjà avoir oublié Tilsitt et Erfurt. » Parole très vraie. On touchait au moment où l'oubli allait être complet.

L'affaire du divorce accéléra les choses. Répudiant Joséphine, Napoléon joua avec la Russie une sorte de partie liée : un mariage avec une grande duchesse et il promettait de ne point restaurer la Pologne. Donnant, donnant. Il y eut des hésitations, des atermoiements. Et, en vingt heures, l'union avec l'archiduchesse Marie-Louise fut conclue.

Comme il est dans la nature, Alexandre demeura extrêmement froissé de se voir tout à coup refuser une alliance domestique qu'il repoussait lui-même un instant avant.

De son côté, Napoléon était blessé et dans sa vanité d'homme et dans son orgueil de souverain; les liens se distendaient de plus en plus. Ses colères étaient fréquentes; sa sécurité, grandissante depuis le mariage autrichien, lui faisait oublier toute mesure et ses ministres étaient obligés de traduire dans un style officiel les apostrophes virulentes qu'on leur ordonnait d'envoyer à Pétersbourg [1].

L'alliance, « œuvre de raison », ne put résister au choc des passions. Que de bons motifs devaient la faire se briser! Mais quand il fallut donner le dernier coup de hache, on alla, de part et d'autre, chercher des futilités. Depuis un an on se mentait réciproquement en armant à outrance, on invoqua des détails d'étiquette pour faire se choquer un million d'hommes et dévaster mille lieues de pays.

Telles sont les grandes lignes de cette éphémère

---

[1] TATISTCHEFF, p. 227.

alliance, alors impossible, et nouée presque fortuitement par un entraînement irréfléchi.

Du moins, son étude, si intéressante en elle-même, donne-t-elle encore la véritable clef de la politique du premier Empire ; et les détails caractéristiques, les portraits, les vues d'ensemble, les descriptions, les tableaux ont ici un attrait tout particulier, puisque ce sont sur des documents inédits, d'après les archives des affaires étrangères de Paris et de Saint-Pétersbourg qu'ont travaillé MM. Vandal et Tatistcheff.

Il me reste à les suivre sur ce terrain, et, comme les citations prendront la bonne place, je ne crains pas d'être long.

II

Sur cette trame M. Vandal a su broder des fleurs charmantes, et son principal mérite me semble être sa façon d'esquisser les personnages de son récit: il procède par larges coups de pinceaux, mais ne donne chaque fois qu'une teinte légère ; on suit sans fatigue son travail, l'œil s'imprègne peu à peu de la couleur, et quand on se recule pour juger l'ensemble on s'aperçoit tout à coup que la figure est faite.

Parmi les nombreux portraits qui égayent les pages de ses trois volumes, ceux qui me paraissent le mieux donner l'impression de ce talent, ce sont les silhouettes du comte de Metternich et du prince Kourakine, représentant l'Autriche et la Russie à Paris, au moment du divorce de Napoléon.

On retrouve toute la gamme des impressions ressenties par les contemporains : le déclin de l'alliance russe, l'aurore de l'alliance autrichienne, la froideur grandissante pour la première, la faveur naissante vis-à-vis de la seconde ; et tout ce drame est conduit avec une science infinie, échelon par échelon, sans à-coups, sans brusqueries, sans heurts ; lorsqu'on a tourné le dernier feuillet du chapitre, on s'arrête un peu surpris de voir que l'envoyé de Vienne a supplanté l'ambassadeur de Pétersbourg dans l'intimité de l'Empereur, les sourires de la cour et les applaudissements des Parisiens.

Ainsi, en a-t-il été, il y a quatre-vingts ans, dans la réalité des choses, et ce n'est pas un mince mérite que de faire ressentir au lecteur l'impression intime qu'éprouvèrent les témoins de la tragédie elle-même.

Lisez dans le second volume, le chapitre VIII : *La Célébration*, et le chapitre X : *Autour d'une phrase* ; et vous m'accorderez que je ne sors pas des bornes de la vérité, en disant que ce sont des modèles de narration.

Le parallèle se termine par l'explication de l'influence que Metternich sut prendre en ce temps-là sur Napoléon.

« Il se défendait mal d'un certain faible pour les hommes de grand nom et de hautes manières, lorsque l'illustration de l'origine s'accompagnait en eux d'intelligence et de talent. Ces personnages d'ancien régime, chez lesquels l'aisance donnait l'illusion de la dignité, le reposaient de l'universelle platitude et des grossières adulations que lui prodiguait la foule prosternée; eux, du moins, réussissaient à lui présenter un encens plus léger.

Metternich le contredisait juste assez pour donner plus de saveur à ses témoignages d'admiration; il n'admettait pas d'emblée toutes les idées émises par l'Empereur, en combattait quelques-unes, puis feignait de s'y rallier et de se laisser convaincre, par un comble d'habileté et de bien joué. Chez lui, la flatterie prenait des formes raffinées, s'assaisonnait d'esprit, se parait de grâce, se faisait discrète et délicate; il était de ceux qui savaient « passer la main dans la crinière du lion [1]. »

Comme on le devine, les deux personnages qui dominent toute cette tragédie, où certains actes ressemblent à des pastorales, sont crayonnés vingt fois; le nombre même de ces passages m'empêche de multiplier les citations. La pensée de l'auteur

[1] Vandal, II, p. 367.

se résume en deux mots : « Napoléon, c'est l'action; Alexandre, c'est le rêve. » Cette définition lapidaire a été attaquée par quelques critiques, et je ne suis pas éloigné de souscrire à leur restriction, tout au moins pour ce qui concerne le Tzar, beaucoup moins chevaleresque qu'on ne se le représente d'ordinaire, et ne promenant pas uniquement sa pensée, ses désirs, ses espérances dans des paysages éthérés.

Après les deux grands rôles, Talleyrand occupe une place à part. — Son action à Erfurt est mise en pleine lumière, et ceci suffit à dire qu'il ne nous y apparaît point très beau. C'est à Erfurt qu'il sépare définitivement sa cause de la politique impériale, se pose en modérateur des idées conquérantes de Napoléon, dégage sa propre personne du tourbillon des parvenus, veut se racheter aux yeux de l'Europe, négocier avec elle et, peu à peu, habituer les cours à entendre son apologie.

Ses *Mémoires* nous ont cyniquement édifié sur l'habileté de sa conduite, M. Vandal en expose les trames et en démonte les ressorts ; il nous le montre plus tard, après la scène violente que lui fit l'Empereur aux Tuileries, le 28 janvier 1809, entretenant des correspondances secrètes avec Alexandre, soit directement, soit par l'intermédiaire de Nesselrode et de Speranski [1].

[1] VANDAL, II, p. 46.

Mais le motif de cette disgrâce sont-ce bien les menées d'Erfurt, alors inconnues et mal soupçonnées ? M. Pasquier nous a donné une version plus plausible, tout à fait nouvelle et différente, quoique s'en rapprochant par le principe et les conséquences. Le blâme de l'expédition d'Espagne, l'éveil donné à l'empereur de Russie, les sourires de trahison prodigués à l'empereur d'Autriche, s'effacent devant l'intrigue nouée par Talleyrand et Fouché, prévoyant tous deux la disparition de Napoléon, offrant sa succession à Murat, et sûrs de la nullité de celui-ci, comme de l'ambition démesurée de sa femme, établissant leur ascendant d'habileté et de toute-puissante direction.

La lettre qui contenait ces propositions fut interceptée en Italie par le prince Eugène, envoyée en toute hâte à l'Empereur : et celui-ci, revenu à cheval de Burgos à Paris, jeta le prince de Bénévent en disgrâce, après les sanglantes apostrophes de la salle du Trône [1].

M. Albert Vandal se joue au milieu de ces arcanes de la diplomatie et dans ces couloirs sombres de la politique, parce qu'il en a exploré les moindres recoins avec patience et bonheur. La persévérance dans les recherches est facile pour tout le monde ; la découverte de pièces impor-

---

[1] *Mémoires du chancelier* PASQUIER, tome Ier, chap. XIV.

tantes peut être le fait d'un heureux hasard, mais la sagacité dans l'emploi des documents est une qualité rare, et c'est à la mise en œuvre que l'on reconnaît le talent de l'historien.

Si donc, M. le comte Vandal, fouillant les correspondances de nos Affaires étrangères, celles de Saint-Pétersbourg, les cartons de la secrétairerie d'Etat aux Archives nationales, ajoutant à ces premiers labeurs l'étude minutieuse des papiers de Pozzo di Borgo et de celui qui fut l'intermédiaire dévoué — parfois un peu trop confiant — de Napoléon auprès d'Alexandre — si donc M. Vandal a eu le mérite de nous donner des textes inédits ou complétés, il a eu surtout celui de les mettre en belle place et de les encadrer dans une prose limpide et coulante.

Je prends, comme au hasard, la description « politique » de la Méditerranée, — l'exposé du blocus continental, — les motifs qui firent du mariage autrichien la pierre d'achoppement de l'alliance russe, — les moyens employés par le Tzar, pour se préparer à l'éventualité prochaine de cette rupture.

Ce sont quatre véritables tableaux :

« De Gibraltar au Bosphore, la mer est sujette de la terre ; les golfes où elle s'emprisonne, les presqu'îles qui la divisent et isolent ses parties, les promontoires qui la déchirent, les archipels qui la parsèment, les canaux où elle se resserre, la tiennent dans une étroite dépendance ; pour conquérir le libre océan, il est nécessaire d'asservir ses flots sous des escadres triomphantes : la Méditerranée se gouverne du haut des terres qui la dominent [1]. »

« Après Iéna, maître des côtes depuis Naples jusqu'à Dantzick, Napoléon a pu rendre son décret de Berlin, constitutif du *Blocus continental*, interdisant l'accès du littoral au pavillon britannique et prohibant l'importation directe des denrées. Les Anglais ont détourné ce coup en donnant pour réponse au décret de Berlin leurs célèbres arrêts du conseil, de 1807 ; ils ont obligé tous les neutres à reconnaître sous peine de saisie leur suprématie maritime, à leur payer tribut et à prendre d'eux licence de naviguer. Les permis de circulation, ils les ont désormais réservés aux seuls bâtiments qui ont consenti à se charger de denrées coloniales leur appartenant, à porter ces produits sur le continent et à les y verser pour leur compte. Les navires neutres et spécialement américains ont su se faire les facteurs du commerce britannique ; l'importation des denrées n'a pas cessé, seul le véhicule, le transport a changé. — Alors, opposant la violence à la violence, Napoléon a riposté aux arrêts du Conseil par un second décret, celui de Milan, rendu

---

[1] VANDAL, I, p. 250.

en novembre 1807, considérant que l'Angleterre s'est subordonné et asservi tous les neutres et les a déclarés dénationalisés, devenus Anglais, c'est-à-dire ennemis, et comme tels de bonne prise, saisissables sur mer et dans tous les ports. Jusqu'à présent, ce décret est demeuré, dans la plupart des pays du Nord, à l'état de principe posé et de simple menace ; il s'agit aujourd'hui de procurer réellement et de généraliser son application. Le jour où aucun bâtiment neutre ne trouvera plus accès dans les ports du continent, les denrées coloniales auront perdu leur dernier moyen d'introduction et de débit : l'Angleterre sera domptée [1]. »

« Si Napoléon ne songe pas encore à se lier avec l'Autriche, il se figure l'avoir désarmée et conquise. La jugeant à sa dévotion, prête à se donner quand il lui plaira de la conquérir, il se sentira moins porté à ménager l'autre empire, plus disposé à risquer de suprêmes et colossales aventures. — De son côté, apprenant à la fois le mariage autrichien et le rejet de la convention contre la Pologne, la Russie va interpréter ces deux actes l'un par l'autre ; cette cour imaginative, à l'esprit ombrageux et inquiet, y verra une révolution de notre politique et la contre-partie de Tilsitt ; elle ne

[1] Vandal, II, p. 411.

doutera plus que l'Empereur n'ait trouvé et placé son point d'appui en dehors d'elle, sur l'Autriche ; et comme Napoléon ne s'est jamais allié que pour combattre, elle se jugera immédiatement menacée dans sa sécurité, dans son existence, et croira sentir sur sa poitrine l'épée française dont la **Pologne** forme la pointe [1]. »

« Dans la seconde moitié de 1810, avant que Napoléon ait remué un homme, les corps russes postés près de la frontière et tenus en état de mobilisation permanente sont rejoints par d'autres; des renforts arrivent, les effectifs grossissent, insensiblement des armées se forment. Seulement, dans le vaste et muet empire, où tout bruit s'amortit, où le silence est une tradition et une loi, aucun indice perceptible au dehors ne trahit ce glissement d'hommes et de matériel vers le bord du pays. A Pétersbourg, notre ambassadeur reste enveloppé de prévenances; dépourvu de tout moyen sérieux d'information, séparé de la nation par la barrière infranchissable de la langue, il ne voit que le palais et la cour où ne s'accuse aucun mouvement suspect, n'aperçoit que ce point lumineux au milieu d'une nuit profonde [2]. »

---

[1] Vandal, II, 228.
[2] Vandal, II, p. 435.

J'ai déjà dit que M. Vandal avait parfaitement compris le lien intime qui unit dans l'histoire du premier Empire l'Espagne et la Russie ; quand on lit les pages où il donne à cette pensée tout le développement qu'elle comporte, on croit entendre l'écho des fiers accents de la junte suprême de Séville, dans son manifeste à l'Europe :

« La Russie, se confiant dans l'immunité et l'éloignement de son territoire, peut, en apparence, exister libre de craintes, et traiter d'égal à égal avec l'oppresseur des autres nations ; mais, lorsqu'elle l'aura laissé agrandir des dépouilles du reste du continent, lorsque son indifférence et sa politique mal combinée auront laissé se réunir dans une même main toutes les forces de l'Occident et du Midi, alors elle se verra contrainte d'ajouter, aux entraves qu'éprouve déjà son commerce et sa navigation, la honte et l'opprobre de recevoir la loi que Napoléon voudra lui imposer. Celui-ci deviendra à la fin son ennemi, parce que les rivaux en empire l'ont toujours été. Que l'empereur Alexandre ne se fie ni aux promesses ni aux traités que l'on n'exécute que quand on y trouve son intérêt, ni aux démonstrations d'amitié, lorsqu'elles ne coûtent rien à un perfide. Qu'il contemple le sort de trois souverains qui ont été les meilleurs amis de cet homme pervers : que l'abaissement et la ruine du Souverain Pontife qui consacra son exaltation, du roi de Prusse qui lui a donné la prépondérance en Allemagne, et du roi d'Espagne qui a tout sacrifié à ses vues, servent de leçon et d'exemple aux imprudents qui auraient encore quelque foi à ses insidieuses caresses.

« L'Espagne n'a nullement offensé l'empereur Alexandre ; sa conservation est liée à la gloire et à la conservation de son empire, parce que la nature l'a destinée à être, avec la Russie, une des bases sur laquelle repose la voûte politique de l'équilibre de l'Europe[1]. »

Dès qu'on aborde cette phase de l'épopée napoléonienne, il faut cesser de faire cause commune avec le « grand homme » ; on ne peut plus repousser l'attrait qui porte les cœurs généreux vers les défenseurs de la liberté de leur foi et de leur patrie. On songe à la réponse du général Balachof à l'Empereur qui lui demande quel est le chemin de Moscou ? — « Les Russes disent, comme les Français, que tout chemin mène à Rome ; on prend la route de Moscou à volonté ; Charles XII avait pris par Pultawa[2]. »

Et l'officier russe jette encore cette noble parole à celui qui vient de railler devant lui les croyances de ses compatriotes : « A la vérité, l'esprit religieux

---

[1] *Manifeste de la nation espagnole à l'Europe*, 1er janvier 1809.
[2] Voir, dans TATISTCHEFF (p. 558), l'intéressante mission de Balachof.

a disparu de l'Europe presque entière, mais il en reste encore dans deux pays: l'Espagne et la Russie!»

Voilà ce que M. Vandal a su comprendre et a su dire. Cette tâche n'était point facile, car il fallait prendre parti, le paraître tout au moins, contre les destinées militaires de la France; mais le respect de la vérité parle plus haut qu'un chauvinisme mesquin et il inspire de nobles réflexions traduites en beau langage :

« L'entreprise d'Espagne se rattache par un lien étroit, facilement saisissable, à tous les événements qui entraînèrent Napoléon à sa perte. C'est le point de départ d'une succession fatale, le premier anneau d'une chaîne ininterrompue, de même que le partage de la Pologne, en faisant redouter continuellement aux Russes une résurrection de leur victime, en les troublant par une crainte obsédante comme un remords, se retrouve à l'origine de tous les mouvements qui jetèrent leur politique hors de ses voies naturelles. Reconnaissons ici cette justice providentielle qui se dégage tôt ou tard des événements, sait rejoindre et frapper les coupables. Si Napoléon et la Russie reprirent une lutte funeste qui ensanglanta le monde, qui mena nos troupes dans Moscou en flammes et plus tard, par un formidable reflux, attira dans Paris les armées du Tsar, qui anéantit la puissance de Napoléon, et fit peut-être manquer à la Russie la royauté de l'Orient, ce fut moins l'effet d'une opposition véritable d'intérêts, que la conséquence indirecte d'abus de pouvoir respectivement commis aux dépens des faibles. En 1812, Napoléon porta la peine d'avoir, en 1808, arbitrairement disposé de l'Espagne, et la Russie d'avoir participé un demi-siècle plus tôt au démembrement de la Pologne. »

Comprendre ainsi les événements et écrire de telles paroles, c'est faire la philosophie de l'histoire dans le sens le plus large et le plus élevé, c'est remplir son rôle d'historien sans préjugé et sans faiblesse.

Je m'arrête sur ce mot, qui exprime la sympathie profonde que je m'honore de professer pour un talent aussi véritablement supérieur et distingué.

III

M. Vandal dans la dernière partie de son étude n'est en rien inférieur à lui-même ; on distingue des qualités de style identiques, le même mérite des vues d'ensemble ; une sobriété, une impartialité, une netteté qui s'affirment à chaque page.

Il garde un procédé d'exposition très simple : les faits parlent d'eux-mêmes, aucun abus d'épithètes, aucun cliquetis de phrases, des mots précis qui s'enfoncent dans l'esprit du lecteur.

L'attrait s'attache à la personne de l'auteur comme à ses écrits, et sans prétendre que les distributeurs de couronnes académiques soient injustes, il est des cas où ils ont paru moins bien inspirés. D'un mérite reconnu et récompensé, seuls les sots peuvent se montrer envieux ; ici même, ils ont dû mettre une sourdine à leur mauvaise humeur, car leur voix n'a pas été entendue.

L'excès de la louange manque son but, encore qu'un écrivain en puisse accepter une forte dose avant de s'en plaindre, mais il faut bien constater que M. Vandal, tout en s'inspirant de la forme historique du duc de Broglie procède de M. Sorel, qui procédait de Taine. Je l'ose dire tout crûment : j'aime mieux l'élève que les deux maîtres.

Taine n'avait pu briser le moule matérialiste où trop longtemps il avait enfermé sa pensée : ses images sont toujours tirées des objets vulgaires, ses comparaisons empruntées à la moins idéaliste des sciences : la médecine, et, dans la médecine, à la partie la plus technique et la plus positive : la chirurgie.

M. Sorel, à force de compulser les vieux grimoires de chancellerie, s'est imbu de leurs formules abstraites et juridiques ; sa plume a gardé un peu de cette poussière qui épaissit l'encre et alourdit la main.

Suivant leur méthode, M. Vandal l'a rectifiée,

et, chose rare chez un disciple, loin d'exagérer le procédé, il en a réglé l'abondance, adouci les rudesses.

En son style, Taine est plus scientifique, M. Sorel plus didactique ; Albert Vandal se montre vraiment littéraire.

Ce n'est pas à dire qu'il sacrifie à la forme le fonds de son récit ; dans une langue très claire, il raconte simplement les événements ; mais, quand l'occasion d'un tableau lui est offerte, lorsque son œil exercé aperçoit le jeu des couleurs et le miroitement des lumières, il pose la plume, saisit son pinceau et brosse sa toile avec une élégance toute française. Ce sont là les jolies pages de son livre, et il a une grâce cavalière charmante à étaler les broderies dorées des uniformes, à faire bouffer la soie des traînes des robes de cour.

La figure de Napoléon est si complexe, son extraordinaire personnage demeure si multiple qu'on ne peut prétendre l'avoir peint tout entier pour consacrer trois volumes à ses relations avec Alexandre. Mais personne ne saurait tenter désormais de donner une synthèse de l'époque impériale, sans recourir souvent à cette étude sobre de notes, riche de faits.

Car M. Vandal marche sans l'appareil à la mode des longues citations entassées au bas des pages : peu ou point de renvois, quelques références aux passages les plus graves, et rien d'autre ne coupe le récit. C'est un tour de force et un triomphe ; il faut avoir fait par soi-même l'expérience de cette difficulté pour comprendre le mérite de l'avoir vaincue. Je m'incline devant M. Vandal avec une cordiale admiration, et je le félicite d'avoir obtenu ce résultat, avec une amicale jalousie.

Nous avions vu l'alliance franco-russe ébauchée à Tilsitt, formée à Erfurt, décliner en 1810. Elle se dénoue en 1811, et on sait avec quel fracas épouvantable elle se déchirera en 1812.

De la rupture, les deux antagonistes demeurent responsables. Ce qui domine leur double action, c'est la mauvaise foi.

Alexandre avait un grief qu'il étalait : la saisie du duché d'Oldenbourg, apanage d'un proche parent ; et une préoccupation qu'il cachait : la reconstitution de la Pologne. Napoléon gardait la même préoccupation, mais à son profit ; son grief était de voir entrer les marchandises anglaises dans les ports russes.

Pendant deux ans, toutes les récriminations diplomatiques tournèrent autour de cette double crainte. Jamais le mot de Joseph de Maistre ne fut plus exact : « La véritable cause qui engage deux hommes à se couper la gorge n'est presque jamais celle qu'on laisse voir. »

En présence de ces difficultés irréductibles, les

deux empereurs dressèrent leur plan avec une grande habileté et une égale fourberie.

La Pologne formait, en réalité, un tampon entre les deux puissances. Napoléon prétendit l'enfoncer comme un poignard dans le flanc de l'empire moscovite et rêva toujours de porter la guerre en pays ennemi. Alexandre flotta entre deux combinaisons : accepter le combat sur son propre territoire en attirant les Français dans les steppes de Russie (et l'on sait comment réussit ce plan dont l'hiver devint le complice) ; se précipiter à l'improviste en Allemagne et soulever un pays qui ne demandait qu'à secouer le joug de son vainqueur.

Pour réaliser ce dernier plan qu'il médita de longs mois, le Tsar songea à gagner les Polonais et entama avec Czartoryski les pourparlers secrets les plus curieux[1]. Il avait deux autres difficultés à vaincre, sur les ailes : la Suède au nord, au midi, la Turquie ; la Suède, que les nécessités commerciales rapprochaient bien de l'Angleterre, mais où commandait un Français, Bernadotte ; la Turquie, avec qui s'échangeaient mollement des coups de fusil et qui était l'adversaire héréditaire.

Cette première barrière abaissée, en face et sur les flancs, il se trouverait en présence de l'Alle-

[1] Voir les *Mémoires* du prince ADAM CZARTORYSKI.

magne ; là, la Prusse effrayée de tout, haineuse et humiliée, pourrait sans doute se tourner avec ivresse contre la France, au lendemain d'un succès russe.

L'autre champion était plus sûr de lui. L'Empereur acceptait en principe la responsabilité des hostilités, mais derrière le Niémen, avec la Pologne comme bouclier. Pour les peuples « tampons », Autriche, Prusse, Turquie, Danemarck et même Suède, il ne s'en inquiétait guère, comptant sur son prestige et l'éclat de sa toute-puissance.

On voit la situation de l'Europe : des deux extrémités, on se guette, et au centre on courbe à l'avance le dos. Griefs, préoccupations, plans de campagne, craintes, espérances, diffèrent ; le moyen d'arriver au but fut identique : la dissimulation. Chacun voulant prévenir l'autre, et le surprendre, le Tsar et l'Empereur, en pleine paix, arment des bataillons formidables dans le plus grand silence possible. Le premier massant ses régiments derrière un rideau de cavalerie ; le second dirigeant vers la frontière extrême de son empire des milliers et des milliers d'hommes partis des points les plus éloignés, ayant traversé lentement toute l'Europe, pour se grouper sur la rive droite de la Vistule.

Dix-huit mois de luttes diplomatiques précédèrent et couvrirent le choc des armées, car on ne prétendait rien laisser au hasard : Napoléon voulait être prêt formidablement, et Alexandre, toutes ses difficultés réglées avec la Turquie ou la Suède, entendait ne laisser aucune préoccupation derrière lui.

Comme on était parti de l'alliance la plus sentimentale, pour arriver à la guerre la plus acharnée, l'histoire de la rupture offre le plus vif intérêt. C'est le troisième volume de M. Vandal.

Il y eut des partisans de la paix; le plus important de tous était Caulaincourt, qui revenait de Saint-Pétersbourg. A Saint-Cloud, dans un entretien qui ne dura pas moins de sept heures, il osa avertir l'Empereur, lui posant ce dilemme : abandonner la Pologne (ce qui rassure la Russie et établit l'accord); reconstituer la Pologne (ce qui est la guerre, mais nette, claire, dans un but déterminé, limité, avec tous les Polonais derrière soi).

Napoléon n'accueillait pas ces conseils prudents; et la conduite équivoque du Tzar ne lui laissait pas tous les torts.

Alexandre, dit M. Vandal, « par son jeu subtil et patient, sans faire illusion totalement aux contemporains, a trompé pendant quatre-vingts ans la postérité et l'histoire ».

Il avait tâté la Prusse, qui s'était dérobée, signant par peur avec Napoléon un traité d'alliance; — l'Autriche, qui faisait ses réserves; — la Turquie même, en lui offrant la paix dès la première victoire ; — la Suède surtout, où il entamait avec Bernadotte des pourparlers pleins de tendresse et des relations remplies d'une sensibilité romanesque à la mode du xviii° siècle.

Vis-à-vis de la France, tout en envoyant à Paris un espion mondain et déluré, le colonel Tchernitchef, il se gardait bien de donner à ses agents officiels le moyen d'aplanir les différends dont il ne parlait qu'avec le ton attristé de l'honnête homme dont les bonnes intentions sont méconnues.

Il rusa jusqu'aux dernières limites : n'envoyant pas de pouvoirs à son ambassadeur Kourakine, refusant des compensations pour étaler son grief sur l'Oldenbourg, et gardant ce prétexte afin de se réserver le droit d'ouvrir ses portes aux marchandises des vaisseaux anglais. Et il couronnera cette campagne de duplicité en jurant au comte de Narbonne qu'il n'a jamais voulu rien entendre aux avances de l'Angleterre, trente-six jours après qu'il a fait au cabinet de Londres les plus formelles et les plus pressantes propositions d'alliance.

Ce qui, sans la justifier, fait passer quelque peu condamnation sur cette conduite, c'est celle de son adversaire : Napoléon endormait la Russie par des démarches pacifiques, trompant ses propres ambassadeurs pour les couler mieux dans le rôle qu'il leur confiait, et bernant les envoyés moscovites par des ruses d'opérette. A l'abri de ces lenteurs calculées, il poussait 400.000 hommes sur le Niémen, occupait sans droit la Poméranie suédoise, excitait sous main les Turcs, en même temps qu'il proposait à Alexandre le démembrement de l'empire ottoman, et agitait la Pologne, tantôt comme un épouvantail, tantôt comme un appeau.

Cet air de fourberie se respirait dans les chancelleries européennes. Bernadotte, *à la même heure*, envoyait à Napoléon des émissaires pour lui offrir un renfort de 50.000 hommes, ouvrait ses ports aux navires anglais, marchandait avec Alexandre l'annexion de la Norwège, et faisait de ces mêmes provinces voisines le prix de sa coopération militaire contre lui. La Porte écoutait les offres tentatrices de Napoléon et signait à la hâte un traité avec Alexandre.

Le cabinet de Vienne s'alliait avec l'adversaire de la Russie et avertissait le cabinet de Saint-Pétersbourg que ses troupes, moins nombreuses qu'elle ne les promettait, ne sortiraient pas de ses frontières. Le Tzar acceptait cette promesse, et se préparait à la faire tenir par la menace de soulever les Magyars contre l'Autriche et par l'espérance de lui livrer les provinces danubiennes de son récent allié le sultan. — Pour la Prusse, elle fournissait l'aile gauche de la Grande Armée, s'en excusait auprès de la Russie, levait en cachette un contingent contre la France, et se préparait à suivre la fortune de l'Autriche, pour ou contre, selon sa peur, sa rancune et son intérêt.

A se reposer de ces intrigues, il faut regarder les armements formidables préparés de part et d'autre; là, du moins, ce sont des soldats qui vont risquer leur vie, et l'honneur, la discipline, la bravoure ennoblissent le sacrifice. Au reste, il faut un œil perçant pour apercevoir leurs masses profondes, tant elles sont dissimulées, une oreille attentive pour entendre la cadence de leurs évolutions, tant les précautions sont prises pour en étouffer l'éclat : 400.000 hommes traversent l'Europe « sur la pointe des pieds ». D'une machine si gigantesque, Napoléon avait eu soin « d'assourdir et d'ouater tous les ressorts ».

Puis, dès qu'il est prêt, et par cela seul qu'il est prêt, il court au Nord, sans pourparlers diplomatiques, sans déclaration de guerre, sans rupture officielle. Il rassemble un instant à Dresde, en un décor de féerie, tous les souverains de l'Europe; dans un éclat prestigieux, passe une dernière revue de ces satellites à genoux et éblouis, qui ne le reverront plus que défait, mutilé, abattu, et s'élance glorieux, à la tête de ses soldats, réunis des quatre coins de l'horizon.

Une proclamation enflammée, une réponse sensée et calme où Alexandre mit habilement les torts du côté de l'envahisseur, le passage du Niémen par des troupes admirables, une suprême tentative de conciliation dans laquelle le général Balachof déploya toute la présence d'esprit, tout le courage d'un patriote et d'un homme de foi, marquèrent les heures suprêmes avant le combat. -- Deux mois après, Napoléon était à Moscou. On sait comment il en revint.

La rupture qui amena la catastrophe formidable pouvait-elle être évitée ?

Pouvait-on espérer échapper à cette fatalité ? Le frottement entre ces deux grandes puissances ne devait-il pas amener l'incendie ?

Pratiquement, la question est posée et résolue. L'alliance a échoué, elle s'est noyée dans le sang.

C'est qu'elle portait en soi un germe de mort ; elle avait été conclue, sans correspondre à des besoins tangibles et réels, pour la guerre, pour la dévastation, pour la conquête et le partage du monde. La Providence ne ratifie point de pareils serments. Une paix semblable est éphémère, elle engendre, fatalement et bientôt, la rivalité, mère de la haine.

L'alliance a perdu Napoléon, le berçant dans un rêve d'orgueil, lui faisant croire à la possibilité du surhumain, lui persuadant qu'il ne devait rencontrer aucun obstacle, ni présent, ni futur.

L'alliance a perdu Alexandre, en excitant ses

convoitises, en exaltant sa vanité, en troublant son âme. Toute sa conduite, à partir de 1812, prend un caractère d'expiation et de renoncement ; il semble vouloir se faire pardonner son rôle de potentat et ses efforts d'ambition par un libéralisme, un désintéressement, un esprit chevaleresque qui ont ému les contemporains et séduit l'histoire.

Les deux alliés de Tilsitt se sont donc mépris. « Leur tort ne fut pas de se déclarer la guerre, ce fut de s'être mis dans une situation où elle devait inévitablement éclater entre eux. Ils s'étaient condamnés à se disputer l'empire, du jour où ils avaient essayé de se le partager [1]. »

Napoléon avait poussé le rêve jusqu'aux extrêmes limites. Il eût été l'héritier de Rome et de Charlemagne, l'Empereur romain de « nation française », pour faire suite aux Césars de race germanique. La prééminence souvent honorifique de l'ancien empire se transformait en ses mains en une écrasante réalité. — Nous savons que cette magique résurrection n'était qu'un mirage passager, faisant violence aux lois de l'histoire, de l'humanité et du bon sens [2].

Quand il eut lancé ses bataillons sur le Niémen, derrière le fleuve, il suivait aveuglément le génie de

---

[1] VANDAL, III, p. 515.
[2] VANDAL, III, p. 426.

la conquête ; au-dessus des baïonnettes étincelantes se détachait dans le ciel bleu la silhouette dorée du fantôme de la gloire. Pour un esprit moins enivré, c'était, à tout prendre, l'inconnu ; — ce fut la défaite.

Voilà l'amère réalité. Mais en théorie ? — question bien délicate. Les conditions changent naturellement entre deux peuples, avec le temps. L'heure de l'alliance franco-russe a, semble-t-il, sonné ; cependant les très grandes sympathies qui nous entraînent les uns vers les autres ont besoin d'une explication, d'un contrepoids.

Cette sympathie, cet élan, ce désir, naissent pour des proportions au moins égales de notre antagonisme avec l'Allemagne. Dans cette alliance, qui nous a été et nous sera utile, la Russie a trouvé des avantages non moins précieux. Grâce à nous elle tourne plus facilement la tête du côté de l'Orient ; elle ne sera pas la dernière à bénéficier de la place que laisse libre, dans les contrées où les « Francs » avaient jadis toute influence, l'inintelligence antireligieuse. Et, derrière Jérusalem, il y a la Perse, qui touche aux Indes.

Là encore, et par une voie détournée, il y aurait danger à reprendre le rêve que le génie de Napoléon faisait miroiter aux yeux d'Alexandre. En dehors d'une parfaite réciprocité d'engagements modérateurs, tout serait illusion et péril.

M. Vandal le voit fort bien, et c'est la conclusion de son livre ; elle est aussi patriotique et prévoyante que son étude est loyale et sincère ; ces pensées couronnent dignement un aussi vaste travail, elles éclairent l'avenir de l'entente franco-russe, comme les documents en ont expliqué le passé.

C'est une grande chose que d'unir l'histoire et la politique, l'enseignement et la pratique, de faire revivre ce qui n'est plus, sans perdre de vue le monde réel, d'écarter les applaudissements du vulgaire, l'encens des coteries. Juger les hommes ; proclamer la leçon des faits ; montrer à la société les conséquences des principes qui la dominent ; développer à ses yeux les résultats si différents de la vérité et de l'erreur ; lui faire connaître toute doctrine, comme on connaît l'arbre, à ses fruits. Oui, c'est une noble tâche. Heureux les esprits délicats et forts qui peuvent en vaincre les difficultés, et la mènent à bien, en nous charmant.

LE CARDINAL FESCH

Ce n'est point rabaisser le talent de Napoléon, ni faire injure à son génie, de dire qu'il obtint tous les sourires de la fortune, et qu'après avoir habilement saisi au passage les faveurs de cette folle déesse, c'est lui seul qui en mésusa.

Quand il prétendit créer des rois vassaux de l'Empire et poser des couronnes sur des têtes nouvelles, il possédait tout autour de lui des frères assez nombreux pour contenter son envie. Il paraissait moins facile d'avoir sous la main un membre de sa propre famille qui pût prendre place sur les plus hauts degrés de l'autel ; on ne crée pas un prêtre de toutes pièces, comme on improvise un prince ; encore lui faut-il des qualités extérieures d'honneur et de vertu capables de lui faire dignement remplir son rôle.

Cette dernière chance ne fut pas non plus refusée à Napoléon.

Son propre oncle avait reçu les ordres ; et quand, au sortir de la Révolution, lui ayant vu reprendre la soutane, il eut obtenu pour lui de la bienveillance de Pie VII la consécration épiscopale et la pourpre des cardinaux, il est possible que son œil d'aigle ait prévu en son oncle Fesch un appui utile pour sa politique, un aide précieux dans la direction de l'Eglise de France, un futur candidat à la Papauté.

Ainsi, la possibilité d'occuper par les siens tous les trônes de l'Europe serait couronnée un jour par la venue d'un représentant de sa famille sur la Chaire de Pierre. Le neveu et l'oncle, maîtres tous deux, le second aux ordres du premier, des affaires du monde ; l'union des deux puissances enfin résolue dans le même sang ; le pouvoir spirituel assurant le pouvoir temporel et lui gagnant cet empire des consciences devant qui la force des armes devait s'arrêter.

Ces rêves superbes occupaient trop facilement sa pensée pour ne pas croire qu'il s'y arrêta. Mais à suivre dans les nuages ces chimères gigantesques, le bon sens se perd et, là encore, il se heurta bientôt aux circonstances. Ce qu'il appelait son étoile dut éteindre ses feux devant ce que les courtisans nommaient le hasard et ce que nous savons être la Providence.

Au cardinal Fesch, qui ne possédait point non plus les qualités capables de jouer ce grand rôle, il faut rendre cette justice, que sa conscience ne s'y fût jamais prêtée. Entre ceux qui dénigrèrent son caractère, incriminèrent sa conduite, lui furent sévères en son vivant et ceux qui lui dressèrent une statue après sa mort, il y a une place à prendre.

Comme il est malaisé de parler avec une exacte discrétion de son héros, les panégyristes du cardinal ont, à son propos, rencontré trop vite l'hyperbole. La comparaison avec saint Paul est bientôt faite ; et l'abbé Lyonnet, mort archevêque d'Albi, qui n'a pas craint de l'avancer, a été entraîné par un zèle évidemment excessif. Il est, au reste, bien délicat, de toujours contenir sa plume dans les bornes d'une mesure impeccable ; que l'auteur qui n'a jamais péché sur ce point jette la première pierre aux biographes.

A ce titre — et à bien d'autres, — je souhaiterai certaines atténuations dans quelques pages de Mgr Ricard qui nous a donné une histoire nouvelle du cardinal Fesch [1].

Peut-être a-t-il trop vu les côtés vraiment beaux d'une existence qui n'a pas été, par ailleurs, sans encourir quelques justes reproches. Le désir de rencontrer l'unité dans la vie que l'on peint est un défaut d'artiste, mais aussi un danger pour

---

[1] *Le Cardinal Fesch*, archevêque de Lyon (1763-1839), par Mgr Ricard.

l'historien, un écueil où n'aborde l'idéal qu'après avoir jeté le lest de la vérité.

L'avouerai-je? Je trouve Mgr Fesch moins grand, mais plus touchant.

Il fut homme, il fut de son temps et de sa famille. Il paraît avéré qu'il garda fidèlement l'honneur de son sacerdoce en des jours plus que difficiles. S'il se montra, en des rencontres graves, excellent administrateur de son diocèse et bon serviteur de la Papauté, à d'autres heures, il fut plus fâcheusement impressionné par la puissance, la gloire de son impérial neveu, et trop accessible à la voix du sang.

Il eût mieux fait d'y résister; il est bien humain qu'il y ait succombé et, comme, en somme, ses erreurs furent rachetées par ses services, que surtout son caractère suivit une marche ascendante pendant toute sa vie et que son courage apostolique, pouvant éprouver des regrets du passé, ne sentit plus de remords après s'être retrempé dans le devoir mieux connu, il nous a laissé une mémoire digne de respect et plusieurs actes dignes d'éloge.

Son enfance fut chrétienne et il entra au séminaire avec une foi et une piété assurées. Un grand adversaire de sa famille, peut-être l'homme d'Europe qui, à l'heure décisive, pesa le plus lourdement sur Napoléon et les Bonaparte, par conséquent un témoin sans complaisance, Pozzo di Borgo, a écrit de lui : « Son caractère bon et ouvert, ses formes douces et agréables, sa droiture d'esprit et de cœur, tout me plut chez lui. Nous nous liâmes ensemble d'une amitié tendre et sincère. Il occupait un rang distingué dans sa classe, une heureuse mémoire, une brillante imagination, un jugement sain et précoce servaient à merveille son goût pour l'étude. Je n'oublierai jamais la confiance illimitée que lui accordaient les supérieurs ; ils faisaient cas de sa piété et de ses talents. » — Ce témoignage n'est pas suspect, on peut l'en croire.

Joseph Fesch avait donc été un prêtre respectable, intelligent et appliqué à ses devoirs, quand la Révolution vint tout bouleverser. En des jours plus calmes, il eût mené tranquillement l'existence de chanoine d'Ajaccio ; mais tout le monde n'est pas fait pour vivre en des temps héroïques. Il paraît (ce point n'est pas très bien élucidé par M#gr# Lyonnet ni par M#gr# Ricard) qu'il fut dispensé de prêter le serment constitutionnel. — Ce fut peut-être un malheur, car il l'eût certainement refusé et se fût trouvé ainsi engagé dans le parti de la résistance.

Il rentra sous sa tente, conservant la foi, vaquant aux plus essentiels devoirs de son état, mais sans pouvoir exercer aucun ministère sacerdotal. Par sa famille, il vécut dans l'atmosphère des discussions et des troubles politiques qui agitèrent alors la Corse. Il fallut quitter l'île natale et, débarqué sans ressources en Provence, trouver un moyen de vivre.

C'est à ce moment qu'il accepta les fonctions de garde-magasin à l'armée des Alpes. Il n'y a là rien de scandaleux en soi ; mais cette vie des camps, alors que nos troupiers n'étaient rien moins que vertueux, et ce contact avec les gens d'affaires, alors que les traitants n'étaient rien moins que délicats, ne peut jamais donner au caractère une trempe bien morale ni bien désintéressée. Voilà le point noir de cette vie ; on n'a relevé aucun scandale et c'est beaucoup ; on assure même que la lecture du bréviaire, la récitation du chapelet lui donnèrent une force que l'on peut facilement admettre. Je crois aussi qu'il prit là cette habitude du trafic, qui dès lors lui fit commencer une célèbre collection de tableaux où le sentiment artistique n'eut pas une part exclusive.

Enfin, la France se releva ; des jours de gloire luirent pour elle, et c'était le neveu de Joseph Fesch qui lui faisait ce beau présent. Le sort matériel de la famille se transformait ; l'aisance succédait à la gêne ; il n'était plus nécessaire absolument de garder une « profession » pour vivre ; cependant l'ancien chanoine restait commissaire des guerres, et je ne puis m'empêcher de le regretter.

Les souvenirs religieux se réveillaient en foule, les négociations étaient commencées entre Rome et le premier Consul : M. Emery rencontra Joseph Fesch, il lui rappela son ancien état, sa vocation et les obligations qu'elles créaient. Tout aussitôt l'abbé Fesch comprit, il accepta de faire une retraite pour secouer la poussière de ses pieds, et il en sortit prêt à reprendre la vie sacerdotale.

On était dans tout le feu de la discussion du Concordat. Que l'abbé Fesch ait joué « un rôle capital dans cette restauration catholique », je ne le puis croire et aucun document historique ne l'a encore démontré. Qu'il en ait été profondément heureux, rien de plus naturel ; même un peu fier, il est fort possible. J'admettrais assez difficilement que Bonaparte, étant donnés son caractère et ses boutades postérieures, ait consulté son oncle ; entre eux, des conversations, des questions, des allusions, rien de plus, bien certainement.

L'abbé Fesch, qui eut toujours la très rare qualité de ne pas s'enorgueillir mal à propos, disait fort justement : « Le Concordat n'est le triomphe d'aucun parti ; il est une preuve visible de la perpétuelle assistance de Dieu sur son Église et de sa prédilection pour le meilleur des peuples. »

Tout aussi bien, il n'attribuait pas à son propre

mérite les faveurs qui vinrent l'accabler, dès que la hiérarchie catholique fut réorganisée en France : le chapeau de cardinal et l'archevêché de Lyon. A un complimenteur maladroit, il répondait avec modestie :

« Non, je n'ai point mérité cette grâce du Saint-Siège ; c'est une faveur toute gratuite de sa part. Je ne me dissimule pas que je ne la dois qu'à mon titre de proche parent du premier Consul. »

Voilà le langage du bon sens, et tout ce qui irait contre ne serait pas recevable.

Entrer dès lors dans les détails de la vie du nouvel archevêque, c'est suivre par le menu toute l'histoire religieuse du premier Empire. C'est dire qu'ici je ne le puis pas.

Lyon lui dut l'impulsion qui relevait de leurs ruines les institutions religieuses ; ses travaux, ses projets, ses efforts, sa persévérance, sa générosité sont les marques non équivoques de ses sentiments vraiment catholiques et resteront la couronne de sa vie. Mais ce n'était point pour « faire l'archevêque » que Napoléon l'avait nommé, et il l'envoya bientôt à Rome pour apporter à ses négociations avec le Saint-Siège le poids toujours considérable de la personnalité d'un cardinal, pour préparer surtout la venue de Pie VII en France et poser la question, encore secrète, du couronnement à Notre-Dame.

« Ayez du tact, » avait-il dit à son oncle en l'improvisant diplomate, comme il venait de l'improviser archevêque, « cela suffit ». — Et il en manquait lui-même, en oubliant que la nouveauté de ses fonctions épiscopales créait justement une situation assez fausse à l'archevêque de Lyon, dans une ville et dans un monde où la tradition domine toutes choses.

Au fond, homme juste et sensé, le cardinal Fesch comprit qu'il avait une position difficile et il en sortit avec joie un an après ; mais, avant d'avoir été conduit à ses réflexions sages, trop enivré de son importance, pas assez maître de l'impétuosité de son caractère corse, et surtout trop désireux d'accéder aux exigences de son impérial neveu, il eut des difficultés multiples et joua ce rôle essentiellement faux d'un prince de l'Église en lutte avec le Souverain Pontife.

Aussi, Consalvi, tout en rendant justice à ses qualités personnelles, à la droiture de ses intentions, n'a-t-il pu s'empêcher d'être sévère pour lui, dans ses *Mémoires*, et de condenser son opinion, après dix preuves largement fournies, dans cette page un peu dure : « S'il a le malheur d'être doué d'un caractère soupçonneux, défiant et très enclin à se laisser tromper par des personnes que guident la cupidité, la haine et d'autres mauvais instincts, s'il a le malheur d'être on ne peut plus gallican dans ses préventions contre l'autorité pontificale, s'il a le malheur d'embrouiller toutes les questions et de semer la discorde sans le vouloir cependant au fond, ses intentions ne sont nullement coupables, à mon avis, et il a du zèle pour la religion, ainsi qu'une grande régularité dans les mœurs. Je rends ainsi un hommage, qu'en toute sincérité je crois dû à la justice [1] ».

Il est possible, il paraît même certain, puisque Mgr Ricard le mentionne, que, dans les cartons des archives épiscopales de Lyon, on trouve des pièces où la courtoisie du ministre du Pape sut se faire gracieuse pour l'ambassadeur de l'Empereur, mais ce sont là des formules d'étiquette et des procédés de gens bien élevés ; la vérité c'est que les rapports furent souvent tendus, que les querelles devinrent presque publiques, et qu'avant de partir Mgr Fesch couronna sa mission par une scène très vive : « Il menaça Pie VII d'en appeler au Concile, et il sortit du cabinet du Pape profondément exaspéré et ne se possédant plus [2] ».

Ce sont là des faits qu'il est impossible de passer sous silence. Dans ses récents articles sur les débuts diplomatiques de Chateaubriand à Rome, M. le comte Frémy devait toucher ce point délicat ;

---

[1] *Mémoires* du cardinal CONSALVI, II, p. 179.
[2] *Mémoires* du cardinal CONSALVI, II, p. 178.

et j'ai bien le souvenir d'avoir lu aux Archives des Affaires étrangères certaines correspondances qui n'étaient rien moins que respectueuses, d'avoir parcouru certaines notes envoyées à Paris par la légation de France (le chef en était alors le cardinal Fesch) qui n'étaient rien moins que bienséantes, entre autres celle où le détail des forces militaires pontificales était donné avec un empressement fâcheux chez un cardinal, après avoir été obtenu par une habileté peut-être trop grande chez un ambassadeur [1].

Ces seuls souvenirs n'eussent pas servi fort heureusement la mémoire de l'archevêque de Lyon. Heureusement, il y en a d'autres. Ceux que nous avons déjà évoqués, en parlant de la réorganisation religieuse de son diocèse, la part très heureuse prise à la restauration de l'Institut des Frères des écoles chrétiennes, et enfin cette résistance doublement méritoire, souvent courageuse, aux volontés de Napoléon quand la lutte avec Rome fut officiellement ouverte.

« Ces prêtres, disait le nouveau César, sont incorrigibles, mon oncle comme les autres ! »

Voilà la véritable gloire du cardinal Fesch. On arrive à suivre la marche ascendante de son esprit

---

[1] Au mois de juillet 1805. — *Archives des Affaires étrangères.* — Rome. Vol. 938.

et de son cœur au milieu des complications, des dangers, des périls déchaînés par l'Empereur. Son exemple soutint bien des courages vacillants, arrêta bien des volontés hésitantes, bien des intelligences prêtes à s'incliner. Malgré lui, Napoléon subit l'ascendant de cette fermeté ecclésiastique si près du trône et, s'il affectait une ironie de mauvais goût vis-à-vis de la science théologique de cet archevêque de fraîche date, il n'osait railler, moins encore détruire, la puissance qu'il avait contribué plus que personne à lui donner sur le clergé de France.

Le « grand aumônier » était un personnage ; tous les ecclésiastiques avaient plus ou moins affaire à lui ; il s'était montré serviable, juste, simple et bon ; son influence était grande ; il en usa pour le bien ; c'est pour son nom une couronne plus durable que celle de prince primat que lui avaient concédée la flatterie et la courtisanerie de l'archevêque électeur de Ratisbonne.

La dernière ombre au tableau, ce fut la bénédiction du mariage de Marie-Louise. Laissons de côté la question politique. S'il y avait une personne en France qui savait combien était valable, partant indissoluble, l'union de Napoléon et de Joséphine, c'était bien le cardinal qui avait été l'unique témoin d'un engagement qu'il avait reçu. On ne saurait donc trop regretter, j'oserai dire trop blâmer, sa participation à la cérémonie du 2 avril 1810.

En ouvrant une parenthèse à propos de la question purement historique, je me permets de féliciter Mgr Ricard d'avoir pris parti dans ce débat pour la thèse, brillamment soutenue par M. Welschinger, de la validité du premier mariage. J'ai eu l'occasion de revenir sur les détails de ce fait acquis, il me semble, à l'histoire[1] ; les affirmations contraires tombent toutes en face de la déclaration si nette faite officiellement, le 6 janvier 1810, par le cardinal Fesch et que Mgr Ricard a eu la bonne pensée de reproduire *in extenso*[2].

Cette dernière faute du cardinal sur le terrain politico-religieux fut rachetée par la part personnelle, généreuse et spontanée qu'il prit sans retard vis-à-vis des persécutés de l'Empereur. Il en arriva ainsi à être, au « Concile » de 1811, l'appui moral des opposants, et, en refusant l'archevêché de Paris des mains de celui qui n'avait pas le pouvoir de le lui offrir valablement, il donna un exemple que l'épiscopat français était digne de comprendre sans doute, mais qui ne put qu'affermir sa résolution de fermeté.

Pendant ces jours de troubles, l'archevêque de Lyon ne démentit pas son attitude, au grand scan-

---

[1] Voir: *Napoléon et les Cardinaux Noirs.*
[2] *Le cardinal Fesch*, p. 251.

dale, plus encore au grand étonnement de l'Empereur. Son énergie se traduisait dans les moindres détails de la vie, son appui était sans défaillance, sa bonne volonté inépuisable. Quand on fouille les innombrables cartons de la police impériale, au milieu des enquêtes, des rapports, parmi les paperasses, les pièces et les documents, il est bien rare, si l'incriminé est un prêtre, de ne pas rencontrer une lettre, une apostille du cardinal Fesch; les fins de non-recevoir ne le rebutent pas; il est des dossiers où l'on trouve trois ou quatre insistances signées de son nom. Ces démarches réitérées en faveur de gens si mal en cour n'étaient point équivoques, et toutes les preuves de courage ne se donnent pas sur le champ de bataille.

Les épreuves allaient couronner cette existence dont les débuts furent modestes et le milieu si brillant. Il y a un grand fond de vérité dans le portrait un peu chargé que nous a laissé Metternich : « Le cardinal Fesch était un composé singulier de bigoterie et d'ambition. Dévot de bonne foi, il n'était cependant pas éloigné de voir dans Napoléon un instrument du ciel et un être à peu près surnaturel. Il croyait son règne écrit dans le livre du destin et regardait ses écarts comme autant de décrets de Dieu[1]. »

---

[1] *Mémoires* du prince de METTERNICH, tome Ier.

On comprend combien l'effondrement de l'Empire lui fut sensible. Il est vrai qu'il y perdait tout.

La position de Louis XVIII vis-à-vis de lui était bien difficile, sa proche parenté avec Napoléon ne permettait guère sa présence en France ; son empressement à y revenir pendant les Cent Jours, manifestait que toute espérance politique ne l'avait pas quitté et, en suivant si étroitement la fortune de l'Empereur, il obligeait ses adversaires à lui en imposer les mauvaises chances.

Il ne remonta donc jamais sur son siège de Lyon ; il en témoignait un ressentiment qui avait aussi sa part de grandeur, car il fut digne dans ses réclamations et constant dans son rôle.

Réuni à sa sœur « Madame Mère », dans cette Rome qui garde un asile à toutes les gloires tombées et une retraite à toutes les espérances qui s'épurent; il vivait au milieu de sa galerie de tableaux et d'objets d'art, recueillis avec amour, et payés parfois avec la largesse d'un grand seigneur plus qu'avec le goût d'un connaisseur émérite[1].

---

[1] Un mot sur la collection du cardinal. M⁅ʳ⁆ Ricard parle de 25.000 toiles ; ce chiffre me paraît vraiment excessif: le catalogue en trois volumes in-8° dressé après sa mort par le peintre Georges, expert du Musée du Louvre, mentionne 3.000 tableaux, ce qui est déjà fort beau. Il y faut ajouter 300 volumes de gra-

Pie VII et ses successeurs lui furent toujours gracieux et bienveillants; ses collègues du Sacré-Collège avaient vu disparaître leurs anciennes préventions contre lui; il obtint même quelques voix au Conclave de 1822.

Par un de ces retours extraordinaires, dont furent fécondes les quarante années qui séparent 1789 de 1830, dans cette ville de Rome où Chateaubriand avait paru jeune attaché à la légation du cardinal Fesch, l'auteur du *Génie du Christianisme* revint ambassadeur du roi de France, et s'honora en rendant ses devoirs et ses respects à celui qui maintenant était exilé, sans prestige et sans influence. Image du revirement qui s'était opéré dans les esprits à l'avantage du cardinal.

Ce sont là des circonstances dans la vie qui font toucher du doigt, avec l'action de la Providence, le néant des grandeurs humaines. Ces enseignements sont donnés à tous, peu en savent profiter; le cardinal Fesch fut de ce petit nombre. Il n'abdiqua pas toute aigreur contre ceux qui le tenaient éloigné de l'archevêché de Lyon, mais il comprit que la résignation est la source des mérites éternels;

---

vures contenant 30.000 pièces. (La collection est aujourd'hui au musée de Caen.)

La vérité oblige à remarquer que, parmi les œuvres médiocres que possédait le cardinal Fesch, beaucoup furent achetées par charité et pour rendre service à des artistes pauvres.

peu à peu il vit tomber autour de lui son neveu, sa sœur, ses autres parents les plus proches, et dans ces tombes étaient enfouies aussi les espérances de la terre. Il leva les yeux en haut; les jours de lutte pour les droits de l'Eglise lui apparurent alors comme les plus beaux de sa vie, et il mourut dans ces souvenirs, en donnant l'exemple de ce que peuvent apporter de lumière et de force à une âme simple et à un esprit moyen l'honneur du sacerdoce et la dignité de l'épiscopat.

LE CONCILE « NATIONAL » DE 1811

L'histoire de Napoléon, qui est à la mode, et l'histoire de l'Eglise qui sera toujours de l'actualité, offrent, dans leurs rapports, un spectacle peu à l'honneur de l'Empereur. Les admirateurs exclusifs du « grand homme » ne trouveront donc, dans le dernier livre de Mgr Ricard, guère de quoi les satisfaire[1]; mais, au fond, leur passion très réfléchie ne s'en laissera pas émouvoir outre mesure; ils sont doués d'un flair extraordinaire : quand une page les embarrasse, ils la passent. Les événements ayant trait aux affaires religieuses ne sont jamais traités dans leurs livres qu'en épisodes : deux pages sur le Concordat, trois lignes sur les articles organiques, un paragraphe sur l'envahissement de Rome, une allusion à la prison de Savone. De la persécution, des évêchés vacants, des intrus installés, des cardinaux exilés, des prêtres déportés, pas un mot.

[1] *Le Concile national de* 1811, d'après les papiers inédits du cardinal Fesch, par Mgr RICARD.

Il faut pourtant bien aborder ces aventures douloureuses et le sujet du Concile « national » de 1811 est particulièrement attristant, car l'Empereur n'a pas ici seul des torts : on trouve des évêques complaisants, courtisans et adulateurs. Peut-être, plus courageusement combattu, eût-il reculé ? Son orgueil autorise à craindre le contraire, mais on serait heureux de pouvoir dire que l'effort a été tenté par tous les évêques de France. La consolation de trouver cette unanimité nous est refusée.

Voici comment Mgr Ricard expose la provenance des documents qu'il nous apporte :

« Une de ces bonnes fortunes que la Providence, secourable aux chercheurs, réserve à son heure, nous a mis sous la main, dans la collection des archives personnelles du cardinal Fesch à Lyon, tous les papiers officiels en original, et à côté toutes les notes confidentielles, documents, impressions intimes que le cardinal, président du Concile, avait cru devoir conserver, tant pour couvrir sa responsabilité particulière que pour soustraire sans doute à la connaissance du public les détails, jusqu'ici en effet ignorés de lui. »

L'année 1811 n'avait pas débuté sous de tranquilles auspices pour l'Eglise de France. L'abbé d'Astros, vicaire général de Paris, est arrêté le 1er janvier; après une scène publique de violences et d'outrages, les cardinaux Gabrielli, di Pietro,

Oppizoni, le P. Fontana, Mgr Gregorio sont conduits en prison. La semaine suivante, pendant sa promenade, la chambre du Pape est envahie, ses tiroirs brisés, ses papiers soustraits.

Malgré ces coups de force qui sont la marque d'un orgueil affolé, Napoléon comprit qu'il était en face d'un obstacle infranchissable, et il mit tous ses soins à le tourner. Sa préoccupation exclusive était donc de se passer du Pape dans la nomination aux évêchés vacants, seul moyen pour lui de se créer des partisans ou, pour dire plus juste, de donner à ses partisans une situation qui lui permît de les employer au gré de sa politique.

Il disait en plaisantant « qu'on lui faisait faire son séminaire », et en effet son esprit était en partie absorbé par ce problème, moins facile à résoudre que le nœud gordien à trancher. Toute sa conduite est très étudiée, sous une apparence d'emportement ; son irritation ne vient que de ce qu'il doit manœuvrer sur un terrain qu'il ignore, et il n'a recours à la force qu'après avoir vainement demandé à ses créatures de triomphantes subtilités.

Impressionné par les maximes gallicanes, si commodes pour les potentats, et le cerveau hanté par ce grand mot de « Concile », cher aux adversaires des principes de l'Eglise romaine, il voulut remplacer le Souverain Pontife par une « réunion d'évêques » et obtenir de ceux-ci ce que lui refusait décidément celui-là. Sa résolution une fois prise, il en poursuit la réalisation avec son ordinaire ténacité.

Soufflé par Cambacérès et probablement aussi par le cardinal Maury, le conseil ecclésiastique [1], à l'audience du 6 janvier, très gêné dans sa conduite, en effet fort délicate, pensa décharger sa responsabilité en faisant allusion à un concile qui trancherait, avec autorité, les graves difficultés pendantes. C'était l'hameçon. Napoléon se chargeait d'agiter lui-même la ligne et de la tirer à soi au bon moment.

Son plan comprenait deux étapes : démontrer l'impossibilité d'un arrangement entre lui et Pie VII, et suppléer à cet inconvénient par la décision d'un concile national.

Tout marcha avec une habile gradation : le 29 mars, 19 évêques réunis chez le cardinal Fesch écrivent au Pape, sollicitant l'expédition des bulles pour les personnes nommées aux évêchés vacants. C'était poser la question, avec la certitude préalable de se heurter à un *non possumus*. Un mois après, le 25 avril, parut le décret de convocation

---

[1] Il y eut deux conseils ecclésiastiques ; celui-ci était le second, il se composait des cardinaux Fesch, Maury, Caselli, de l'archevêque de Tours, des évêques d'Évreux, de Nantes, de Trèves, de Gand et de l'abbé Émery.

d'un concile, appelant à Paris, pour une date volontairement laissée en blanc, tous les prélats de l'Empire, du royaume d'Italie et de la Confédération du Rhin; et les termes de ce décret étaient d'une telle outrecuidance, qu'il ne restait plus qu'à ajouter au protocole, dans l'énumération des titres de l'Empereur et Roi, comme autrefois aux intitulés des actes de l'empire romain, celui de « Pontife suprême ».

Tout cela, au reste, était soigneusement calculé: voilà ce que je veux; si vous ne me l'accordez pas, voilà ce que vous avez à craindre.

Aussitôt trois prélats de cour, intelligents, mais ambitieux, et dont la conscience s'endormait, bercée par les préjugés du gallicanisme, partirent pour Savone. L'archevêque de Tours (Mgr de Barral), l'évêque de Nantes (Mgr Duvoisin) et l'évêque de Trèves (Mgr Mannay), arrivés dans la première semaine de mai, passèrent à Savone dix jours consécutifs, obtenant du Saint-Père jusqu'à deux audiences par jour. Ils disaient: l'Empereur considère le Concordat comme abrogé, il n'y reviendra que si Votre Sainteté donne l'institution canonique à ses candidats et en introduisant une clause nouvelle sur le mode à employer désormais pour instituer les évêques.

Pie VII garda une inaltérable patience, maintint les droits du Saint-Siège, promit d'examiner les décisions de ce prochain Concile qu'on faisait apparaître devant ses yeux comme un épouvantail.

M§r Ricard reproduit tout au long une note dont l'archevêque de Tours donna plus tard lecture au Concile, qui tendrait à faire croire que Pie VII aurait, verbalement, concédé toutes les exigences impériales sur l'institution canonique: promesse d'envoyer des bulles dans les six mois aux évêques nommés par les pouvoirs civils et, à son défaut, ce temps écoulé, permission au métropolitain d'agir à sa place.

Je suis sceptique sur la valeur de ce document. Non que je veuille mettre en doute l'existence de l'original que M§r Ricard nous apporte, ni contester un fait historique consigné tout au long depuis soixante ans dans les *Mémoires* du cardinal Pacca et admis par tout le monde; mais je ne saurais souscrire aux conclusions qu'en tira, en 1811, l'archevêque de Tours. Il ne faut point oublier que le Pape, déjà malade et isolé à dessein, fut harcelé et trompé.

Il faut surtout se rendre compte qu'il ne signa rien d'officiel et qu'au lieu d'une pièce authentique on ne nous allègue qu'une parole recueillie comme au hasard, au moment où on lisait devant lui un procès-verbal rédigé à l'avance.

Non vraiment, ni l'Empereur, ni les évêques envoyés par lui ne crurent eux-mêmes que cette concession était « valable », et la meilleure preuve, c'est qu'ils n'en usèrent qu'à la dérobée, alors que, produite au grand jour, elle eût été si utile à leur cause.

Comment, avant le Concile, le Souverain Pontife accorde tout ce que veut Napoléon, et on n'en souffle mot ! Le Concile est devenu inutile, et on le convoque ! Cette note si décisive du 19 mai n'est communiquée aux membres du Concile, réunis depuis le 17 juin, que le 5 août ! Tout cela n'a pu être qu'un moyen d'enlever le dernier vote de cette assemblée déjà dispersée aux trois quarts, quand on lui a présenté ce papier douteux, quoique matériellement authentique et d'une importance grossie à dessein pour les besoins de la cause.

Le 17 juin eut donc lieu, à Notre-Dame, l'ouverture du Concile. Une narration inédite de cette séance (que Mgr Ricard croit pouvoir attribuer à la plume de l'abbé de Quélen, le futur archevêque de Paris, alors secrétaire du cardinal Fesch) nous retrace ces pompes extérieures :

« Au milieu du chœur, une estrade élevée recouverte d'un tapis. Sur l'estrade une table, avec un damas cramoisi ; sur cette table était placée la relique de la sainte couronne d'épines, dans un riche et magnifique reliquaire. Devant ce reliquaire le livre des saints Évangiles, placé sur un coussin de velours orné de galons d'or.

Le long des stalles, des banquettes basses pour permettre aux évêques de s'agenouiller et en même temps servir de siège à leurs aumôniers, qui, de cette façon, se trouvaient chacun aux pieds de son évêque, et l'assistaient dans la cérémonie du chœur.

Les deux chaires du chœur étaient ornées de damas ; l'une, du côté de l'Evangile, était destinée pour la prédication et la lecture des décrets du Concile, l'autre était préparée pour le président... L'autel était orné comme aux jours solennels. Au côté droit de l'autel, suivant le rite parisien, le trône de l'officiant et les sièges des officiers. Du même côté de l'autel, dans le sanctuaire, des banquettes pour les chanoines de l'église métropolitaine de Paris, en habit de chœur.

A gauche, dans l'enceinte de la balustrade de marbre, quelques ecclésiastiques en surplis. Derrière l'autel, des banquettes pour MM. les curés et autres ecclésiastiques en habit long.

Autour du sanctuaire, entre les piliers, on avait pratiqué, dans les bas-côtés de l'église, des tribunes ayant vue sur l'intérieur du chœur. Elles étaient ornées. On les avait réservées pour les ministres, les ambassadeurs et autres personnes de distinction. On y entrait par billets, distribués la veille par ordre du Concile. »

Pendant la messe d'ouverture, Mgr de Boulogne

monta en chaire ; il fut habile, mais aussi courageux, et se tira à son honneur de ce que le cardinal Maury appelait un « casse-cou ». — Le serment d'obéissance au Pontife romain dont le cardinal Fesch avait donné le premier l'exemple, en le prononçant d'une voix très haute et très ferme, causa une émotion générale ; il semble que le Saint-Esprit ait commencé alors à contrecarrer l'esprit du mal qui soufflait. Sans qu'il soit très facile d'analyser les sentiments, l'impression unanime était que la toute-puissance de l'Empereur trouverait là un obstacle, au moins en la personne de quelques membres courageux [1].

Le 19, Napoléon nommait de lui-même le président du Concile : le cardinal Fesch, qu'au reste toutes les raisons désignaient pour ce rôle.

Le lendemain, Bigot de Préameneu, ministre des cultes, vint lire un message impérial, longue diatribe, remplie d'outrages contre Pie VII. Le silence accueillit cette pièce, corrigée par Napoléon lui-même. Mais le maître ne se contentait pas du silence, il voulut une réponse ; le Concile, d'ailleurs, la lui devait. Les difficultés commençaient.

Sur un projet rédigé par l'évêque de Nantes, la

---

[1] Je suis le procès-verbal officiel, qui est de l'évêque de Brescia, et qui diffère plusieurs fois du texte adopté par M. d'HAUSSONVILLE, dans l'Église romaine et le premier Empire.

discussion s'engagea ; l'évêque de Chambéry se leva pour réclamer avant tout la liberté du Pape. La salle devint tumultueuse, une longue contestation sur les quatre articles eut lieu entre les prélats français et italiens.

Les séances se succédaient, et l'adresse au message était toujours pendante. L'évêque de Brescia, le 26 juin, prononça un courageux discours sur l'indépendance de l'Eglise, et le cardinal Maury, fort mal à l'aise devant cette doctrine dont il était le transfuge, s'emporta contre les applaudissements qui saluaient les paroles apostoliques de son collègue. Pour résoudre la difficulté, on essaya de l'éloigner, en nommant une commission. Ce moyen parlementaire ne changeait guère les choses.

Le Concile s'était effacé derrière une commission ; la commission se retrancha derrière une mesure préalable qu'elle souleva : elle demanda à l'Empereur, qu'avant tout, une députation fût envoyée au Souverain Pontife pour lui exposer « l'état déplorable des églises de l'Empire français et du royaume d'Italie ».

Ces subtilités ne pouvaient avoir chance de réussir avec un esprit aussi net et une volonté aussi résolue que ceux de Napoléon. De sa petite écriture, nerveuse, tordue, saccadée, il traça en marge cette annotation insolente: « Ceci ne répond pas à la question. Elle est : le Pape se refusant à l'institution, quel est le moyen pour parvenir à la transmission de l'épiscopat et pour qu'aucune église ne soit vacante plus de trois mois ? »

On voit qu'il poursuivait son idée, la seule qu'il eût eue en convoquant un Concile. Il menaça de se porter aux derniers excès d'arbitraire. Dans une note manuscrite, trouvée dans les archives de l'archevêché de Lyon, le cardinal Fesch a consigné une conversation terrible qu'il eut avec son neveu tout-puissant, et pendant laquelle ce dernier lui révéla ses projets de derrière la tête :

« La commission rassemblée chez le grand juge, le ministre des cultes et autres, nommerait à chaque vacance de siège ; le procureur impérial, du ressort de l'évêché vacant, requerrait le métropolitain de demander l'institution ; à son refus, le procureur impérial constaterait la vacance du siège, le chapitre nommerait son grand-vicaire, les préfets nommeraient aux cures, on fermerait le séminaire en renvoyant les séminaristes dans un autre diocèse ; puis suppression du petit séminaire, confiscation des biens de l'évêché et des séminaires..., etc. »

Cet accès de colère terminé, il fallait revenir aux choses pratiques. L'Empereur dicta alors à son oncle un projet d'une forme plus conciliante :

Il conseillait l'envoi d'une députation au Pape

pour l'entretenir des difficultés pendantes; Pie VII devra approuver les décisions du Concile, conformes d'ailleurs à l'esprit de la note que l'archevêque de Tours lui a fait consentir, verbalement, au mois de mai (voilà la note qui apparaît pour la première fois). Par suite, le Concile portera le décret suivant, qui sera exécutoire sans même attendre le retour de la députation :

Evêchés vacants pendant un an au plus ;

Nomination par l'Empereur ;

Institution canonique par le Pape, dans le délai de six mois ;

Institution par le métropolitain après ce délai passé.

La commission du Concile, trouvant un biais de forme, accepta le fond, c'est-à-dire le rôle anticanonique attribué au métropolitain ; et elle se hâta de soumettre son rapport au Concile tout entier. Mais, dans l'intervalle, deux de ses membres, dont le rapporteur lui-même, les évêques de Gand et de Tournay, M⁸ʳ de Broglie et M⁸ʳ Hirn, retirèrent leur adhésion, et la commission adopta, à la pluralité des voix, cette conclusion : loin du Pape, le Concile est incompétent pour prononcer sur l'institution canonique des évêques.

La séance du 10 juillet fut à la fois sans objet, sans dignité et sans issue. Le mémoire de la commission, l'adresse à l'Empereur furent lus ; aucun vote ne fut demandé, aucune délibération ne fut prise. Les membres se retirèrent en silence, embarrassés et inquiets.

Le soir même, un décret prononçait la dissolution du Concile, et Mgr de Broglie, Mgr de Boulogne et Mgr Hirn, conduits à Vincennes, étaient mis au secret.

Le cardinal Fesch voulut intervenir. L'Empereur lui fit imposer silence. Tous les évêques qui purent quitter Paris le firent sans attendre. Quand on eut facilité indirectement cette dispersion d'une majorité craintive, mais encore fidèle, Bigot de Préameneu convoqua chez lui 24 prélats qu'on savait plus souples et qu'on avait retenus à dessein. Par promesse et par grâce on obtint une à une leurs signatures et un nouveau décret impérial autorisa le Concile à reprendre ses séances !

Sauf dans l'histoire du Bas-Empire, il ne s'est jamais présenté une série d'aventures où le corps épiscopal se soit vu traité avec autant de désinvolture et de mépris.

Déjà plus que contestable dans sa réunion où siégeaient 95 prélats sur 304 évêques qu'auraient dû fournir la France et l'Italie, le Concile *national* réduit à un nombre presque ridicule de présences, et après les événements que l'on connaît, devenait sans aucune autorité. Ce fut cependant cette minorité qui, rassemblée le 5 août, souscrivit les deux projets présentés par le ministre des cultes :

1° Le Concile est compétent pour statuer, en cas de nécessité, sur l'institution canonique des évêques ;

2° Les sièges resteront vacants six mois au plus. A défaut du Pape, dans ce délai, le métropolitain ou le plus ancien évêque de la province accordera l'institution.

L'adoption se fit sans discussion et sans scrutin. Comment, en effet, compter les voix dans une assemblée ainsi diminuée et comme honteuse de son rôle ?

Digne de prononcer le mot de la fin, le cardinal Maury s'écria avec autant d'esprit que d'impudence : « Notre vin n'a pas été trouvé bon en cercle, il sera meilleur en bouteilles. »

C'est une triste page de nos annales religieuses. Le gallicanisme seul a permis qu'elle y fut écrite. Il y avait près de deux siècles qu'il épuisait les forces et paralysait l'action de l'église de France. Il l'empêchait de participer avec plénitude à cette universelle circulation de la vie religieuse qui, dans la société catholique, va du centre aux plus lointaines extrémités et forme de toute l'Eglise un seul corps.

Depuis cent ans, certains théologiens et certains jurisconsultes semblaient en France, appliqués à résoudre ce problème : comment une Eglise particulière peut-elle se soustraire en réalité à la juridiction du Pape, en conservant les apparences de la soumission? Comment peut-elle se rapprocher de plus en plus du schisme, sans y arriver jamais? Assurément, le gallicanisme des Parlements différait beaucoup, en pratique, de celui de Bossuet et des signataires de la Déclaration de 1682, mais ils s'appuyaient l'un et l'autre sur les mêmes principes et ne se distinguaient que par la différence des conséquences qu'ils en tiraient.

Quand on pense que la presque unanimité du clergé français partageait à cette époque ces doctrines, on ne peut assez bénir Dieu d'avoir donné à son Église la force de la définition dogmatique du Concile du Vatican, qui a enfin fixé notre croyance et empêché le retour possible de ces tristes errements.

Il y eut aussi de nobles protestations et de saintes indépendances; le courant n'avait pas tout entraîné, les évêques jetés en prison en sont la preuve. A des rangs moins en vue, des membres du clergé maintinrent aussi la dignité de leur ordre par le courage de leur cœur et l'orthodoxie de leur esprit.

Mgr Ricard a retrouvé un volumineux dossier, classé dans les papiers du cardinal Fesch, qui montre que le clergé français n'attendait pas dans un unanime silence le résultat des délibérations conciliaires. Ces vieilles lettres dégagent l'honneur de ce sacerdoce qui avait passé les mauvais jours de la Terreur sans trembler. Ce sont de modestes curés de campagne qui prennent la parole :

« Ah ! Monseigneur, dit l'un d'eux, vous qui approchez de si près Sa Majesté, dites-lui que, si son intention, en montant sur le trône a été de détruire la religion catholique, s'il n'a réuni les membres épars du clergé que pour leur porter des coups plus sûrs et plus meurtriers, dites-lui que ses intentions seront bientôt remplies... Qu'on n'attende de nous aucune soumission qui ne soit fondée sur l'Evangile. Nous nous rappelons encore la constitution civile du clergé. Nous retrouverons le chemin des déserts de Sinnamari. »

« Ce Concile ne saurait être œcuménique, dit un autre, parce qu'il manque de toutes les conditions requises en pareil cas. Il n'a pas même le droit de se dire national. Il est incompétent à se mêler de l'institution des évêques ; c'est un droit exclusivement réservé au Pape... L'Eglise n'enfante ses premiers pasteurs que par les entrailles de son chef, toute autre naissance est illégitime. Nous demanderons à ces nouveaux Donat les preuves de leur communion avec la chaire de Rome. N'en produisant aucune, nous leur répondrons avec toute l'Eglise que nous ne les connaissons pas. Le silence forcé de Pierre retentit malgré eux à leurs oreilles. Ils n'auront pas même le courage de lui écrire, comme en 1791, des lettres d'une communion dérisoire, et sous ce rapport leur intrusion sera plus évidente que celle des constitutionnels. »

L'humble voix de ces vaillants prêtres n'a pas suffi pour dominer le concert d'adulation, leur main n'a pas été assez forte pour arrêter le courant de la complaisance et de la faiblesse, du moins ils ont empêché la prescription des droits de la vérité, et leur fermeté, tout comme la mansuétude de Pie VII, tout comme l'énergie de quelques évêques et même la simple patience ou la douleur des autres rassemblés par ordre à Paris, tous ces sentiments à des degrés divers, ont concouru au résultat final : l'avortement des projets de César.

Et ce Concile de 1811, caduc dans sa mission, stérile dans ses travaux, convoqué sans pouvoir, dissous sans respect, n'est qu'une nouvelle preuve de l'incapacité radicale où sont les pouvoirs publics, même tout-puissants, à légiférer sur les choses religieuses, sans le Souverain Pontife.

Cette leçon est la seule qu'il convienne d'en tirer ; nous n'avons pas à garder de cette assemblée un autre souvenir.

LES CONSPIRATIONS MILITAIRES

CONTRE NAPOLÉON

L'opinion actuelle sur le premier Empire est faite d'idées récentes acceptées sans contrôle et de vieilles habitudes auxquelles le temps a donné une apparence de sanction. Mille légendes courent sur l'époque, comme il convient sans doute à une épopée de cette nature, mais l'histoire ne se contente pas de ces fables, même quand les héros dont elle enregistre les exploits peuvent passer pour des demi-dieux.

L'erreur date de la réaction bonapartiste qui suivit 1830 ; c'est de ce jour que le sentiment d'une partie des contemporains étant volontairement considéré comme non avenu, les dithyrambes eurent le champ libre pour se produire.

Qui eût osé alors parler des sentiments d'opposition que Napoléon avait maintes fois rencontrés dans ses armées ? Le préjugé vulgaire aurait poussé des cris d'indignation; et grâce au crayon, admirable d'ailleurs, de Charlet ou de Raffet, grâce aux petits vers de Méry et aux grandes odes de Victor Hugo, le public adopta l'opinion toute faite d'un empereur, trahi par les Talleyrand ou les Fouché, abandonné par son Sénat, mais servi avec passion par ses grognards, avec amour par ses généraux.

Passe pour les grognards de la Vieille Garde ; et encore ! Mais, pour les généraux, non pas. — Je ne cherche point ici à savoir quels motifs dictèrent leur opposition : jalousie, lassitude ou patriotisme ; je constate seulement que les plus sérieux dangers que courut, de la part de Français, la puissance de Napoléon, vinrent de l'armée.

Cette opposition n'attendit pas l'établissement de l'Empire pour se manifester, ce qui prouverait que sa source n'est pas sans souillure et que l'envie y avait sa bonne part, car alors le premier Consul (c'était avant le meurtre du duc d'Enghien) écrivait les plus belles pages de son histoire. Toujours est-il qu'elle éclata dès 1802.

L'animosité entre les deux armées d'Italie et du Rhin, personnifiées par Bonaparte et Moreau, atteignait alors son état le plus aigu. Après la paix de Lunéville, descendus des hauteurs du commandement, les généraux supportaient mal cette espèce de déchéance, et, dans l'oisiveté à laquelle ils étaient réduits, la fortune singulière du *camarade* Bonaparte, en offusquant leur regard, ne faisait qu'irriter leur jalousie. Leur orgueil s'appuyait sur une clientèle d'officiers rendus comme eux inactifs, comme eux surpris du changement qui s'opérait, et inquiets des progrès de la dictature.

On sait comment l'armée du Rhin fut très parfaitement réduite au silence, en allant mourir dans les mornes de Saint-Domingue. Mais à côté d'elle, parmi les frondeurs, il restait beaucoup d'officiers et un certain nombre de généraux.

Leur mauvaise humeur prit le premier prétexte et choisit un sujet où leur adversaire venait précisément de manifester toute la supériorité de son intelligence sur leur esprit borné: le rétablissement du culte catholique et la signature du Concordat. Ils affectèrent, au *Te Deum* chanté à Notre-Dame, l'attitude la plus soldatesque et la plus grossière; et l'un d'eux, à la sortie de l'église, résuma d'un mot brutal, très haut, en pleine figure, le sentiment voltairien de ses compagnons: « C'était une belle capucinade! »

Ce Delmas, qui s'exprimait avec ce sans-gêne, était un transfuge de l'aristocratie, par conséquent un adversaire irréconciliable des principes religieux et politiques qu'il avait abandonnés, mais il n'était pas isolé. Son ami, le colonel Fournier, parlait publiquement d'abattre à cinquante pas, d'un coup de pistolet, le premier Consul au milieu de son état-major.

Le commandant Donadieu — toujours mêlé, sous chaque gouvernement, aux affaires louches, avec l'intempérance d'un esprit très délié, — Donadieu criait si haut son dessein de pourfendre Bonaparte qu'on le mit au Temple. Là, il se ravisa, fit des révélations, et un bon nombre d'officiers compromis furent arrêtés ; un si bon nombre que Fouché, interrogé pourquoi on ne faisait pas juger un capitaine Berthois qui déclarait son intention absolue de poignarder, dans son cabinet des Tuileries, le premier Consul, que Fouché répondait, avec ce sourire aigre et sceptique dont il prenait l'habitude : « Si nous faisions condamner tous ceux qui ont le même dessein, nous n'en finirions pas. »

Ce mot, même sans être pris trop à la lettre, en dit long : il indique l'esprit de l'armée.

A la même heure, une agitation analogue avait son centre à Rennes. Comme le disaient les proclamations insurgées saisies par ballots, il s'agissait de se défaire du tyran, pour que des soldats républicains, ayant établi l'égalité la plus parfaite, et anéanti « toute caste noble et religieuse », ne puissent retomber « sous le joug de la royauté ».

Le général Simon, le capitaine Rapatel, le lieutenant Bertrand étaient l'âme du complot, dont Bernadotte semblait l'inspirateur et se préparait à devenir le bénéficiaire. Comme il arrive généralement en ces sortes d'aventures, le dévouement et l'ardeur étaient d'autant plus grands qu'on se rapprochait davantage des derniers degrés de la hiérarchie. Toujours Bertrand et Raton; mais ici Raton se nommait réellement Bertrand.

Pendant que Bernadotte, prudent à se créer un alibi, partait pour Paris, esquivant les risques qu'on allait courir, ses agents subalternes étaient arrêtés, destitués, mis en surveillance, emprisonnés au Temple et à l'île d'Oléron; quelques-uns s'enfuirent à l'Etranger, et nous retrouverons, en 1813, Rapatel, ce républicain farouche, dans l'état-major de l'empereur Alexandre.

Avec les splendeurs de l'Empire, ces sentiments d'animosité s'éteignirent ou se cachèrent dans l'ombre. La gloire couvrit tout, et la discipline se fortifiait par l'héroïsme.

Il fallut la fatigue physique pour soulever des colères personnelles chez des soldats fanatisés, et ce n'est qu'au mois de décembre 1808, dans les défilés de Guadarrama, quand les fantassins du général Lapisse étaient aveuglés par des rafales de neige, que leur fureur s'éleva contre l'ambitieux qui leur faisait pour suivre les Anglais à travers les sierras d'Espagne.

Il était là, lui-même, partageant les fatigues de ses troupes et donnant l'exemple de l'opiniâtreté et de l'endurance, mais cet exemple ne les apaisait plus: ils « manifestaient tout haut les plus sinistres dispositions contre la personne de l'Empereur, s'excitant mutuellement à lui tirer un coup de fusil ¹ ». Son étoile l'en préserva. Aux yeux de bien des hommes, le prestige n'en était pas moins fortement atteint.

On le vit bien, à la fin de l'année, à l'armée du Portugal, quand tout un groupe de généraux : Loison, Delaborde, Merle, Quesnel et d'autres, manifestaient leur dégoût du service de l'Empereur en songeant à s'aboucher avec les Anglais pour faire cesser les hostilités.

Beaucoup d'ombre couvre ces menées qui devaient conduire au poteau d'exécution ceux qui les tramèrent; mais, l'affaire éventée, tout le monde se récusa à temps, les protestations de dévouement s'accentuèrent, et il n'y eut d'arrêté qu'un comparse, le capitaine Argenton, dont le rôle d'intermédiaire avec le camp anglais, avait été trop visible pour qu'il pût échapper. Son procès n'amena d'autre lumière que celle qu'on voulait produire, et son aventure se dénoua tragiquement à la plaine de Grenelle, le 22 décembre 1809 ².

La condition première pour comploter contre Napoléon était d'être loin de lui, tant son ascendant personnel avait d'empire sur son entourage.

---

¹ Colonel DE GONNEVILLE, *Souvenirs militaires*, ch. V.
² Voir les récents *Mémoires* du général de SAINT-CHAMANS, ch. V.

Soult a bien des velléités d'indépendance et rêve de se façonner à sa taille (pas bien haute) un royaume dans le Portugal, mais il attend que l'Empereur, parti d'Espagne, soit engagé au fond de l'Autriche, dans les difficultés d'Essling. Fouché profite de cette même absence pour machiner avec Bernadotte, toujours jaloux, une levée de gardes nationaux, qui leur met entre les mains les éléments d'une force armée qui sera parfaitement hostile à l'Empereur.

Malet, le plus audacieux, le plus célèbre, celui qui obtint un succès de huit heures, Malet échafaude tout son plan sur la mort de l'Empereur, et ne l'exécute que parce que la distance ne permet pas de vérifier ses affirmations sur ce point.

L'affaire du général Malet, voilà la tentative la plus extraordinaire de ce temps-là, non seulement parce qu'elle fut exécutée en plein Paris, mais encore par la puissance d'esprit de son inspirateur, qui déploya, avec les qualités du plus habile metteur en scène, une intelligence surprenante des hommes en place.

J'ai eu entre les mains beaucoup de documents inédits, beaucoup de papiers précieux sur cette aventure, et il faudrait un livre pour en raconter tous les détails. Ma conviction n'est pas encore complètement formée, même après avoir dépouillé une à une les pièces si curieuses du dossier qui dort dans les Archives nationales ; il y a des personnages qui échappent par leur extrême mobilité, et les soi-disant fidélités récompensées à l'aveuglette, après 1814, ne paraissent pas toutes dignes de tant de gratitude royale. Au fond, je crois que Malet a agi, a conçu comme il a tout dirigé seul, et, qu'au sens strict du mot, bien qu'il s'avouât des complices, il n'y eut pas de complot.

Il a eu des aides, comme deux prêtres énigmatiques : Lafond, esprit agité et inventif, et Caamano, qui vient à point pour représenter là l'Espagne acharnée et insoumise ; il se servit encore d'un jeune homme rêveur et enthousiaste comme Boutreux, d'un caporal affolé par l'idée de devenir sous-lieutenant, comme Rateau ; mais le plan est de lui ; l'exécution presque de lui seul aussi, tant il se multiplie.

Tous ceux qui furent fusillés à Grenelle en sa compagnie auraient été fort étonnés, si, une semaine auparavant, on leur avait prédit le sort qui les attendait, le 29 octobre. Les généraux Lahorie et Guidal marchèrent sans savoir pourquoi, animés sans doute d'une grande hostilité contre l'Empereur, mais instruments passifs d'une aventure qu'ils n'avaient pas créée. Et le Corse Boccheiampe, nouvellement en prison à la Force, se trouva lancé dans cet imbroglio, par hasard, ne cessa d'en demander l'explication, et fut fusillé sans y avoir rien compris.

Par une brumeuse matinée d'automne, Malet se présente donc en grand uniforme de général à la caserne Popincourt; il fait assembler les troupes, chercher les officiers, leur annonce la mort de l'Empereur à Moscou, et leur lit un sénatus-consulte qui suspend les autorités et nomme un Gouvernement provisoire.

C'était un trait de génie de faire du Sénat, principal instrument du régime impérial, l'instrument même de sa suppression. Le Sénat ne joua pas, en 1814, un autre rôle que celui que lui prêtait, en 1812, Malet.

Ces gens croient à tout, acceptent tout. Malet leur assigne les points à occuper : la Banque, le Trésor, la Place, le Luxembourg. Il va à la Force, délivre les prisonniers et en fait des adhérents. Il emprisonne, en revanche, le ministre et le préfet de police; persuade de sa mission le préfet de la Seine ; casse la tête d'un coup de pistolet au gouverneur de Paris qui résiste, et n'est arrêté que par des officiers d'état-major plus clairvoyants.

Devant la Commission militaire qui le jugea séance tenante, il eut des mots profonds ; aucun n'est plus juste que sa réponse à la demande du président : « Quels sont vos complices ? — La France entière et vous-même, si j'avais réussi ! »

Voilà le secret de son audace, de la vraisemblance de réussite de son plan, de son demi-succès et la preuve de la désaffection de la France pour un homme qu'elle avait adulé, et dont tout le génie aboutissait à se créer des adversaires dans son propre empire.

On se doutait de cette désagrégation ; sa présence seule en voilait la profondeur et, dès qu'il est parti, qu'on le croit mort, tout son système est à terre, sans même que ses courtisans, comblés par lui, pensent à son fils, s'appuient sur le principe d'hérédité dont il a si bien cru donner la force à son gouvernement.

La guerre d'Espagne et la conspiration de Malet sont les deux faits peut-être qui exercèrent le plus d'influence sur la chute de Napoléon.

La guerre d'Espagne apprit au monde que, si l'on ne pouvait résister au conquérant avec des armées, on pouvait lui résister avec des peuples. Mais, pour donner à l'Europe l'audace d'attaquer le grand capitaine qui l'avait si souvent vaincue, pour lui faire trouver la résolution d'entrer sur cette terre de France réputée inviolable et défendue par le souvenir de tant de triomphes, il fallait qu'un accident imprévu vînt lui révéler combien cette puissance impériale, si formidable à sa circonférence, était précaire et mal assise au centre même de sa domination.

A coup sûr la Russie n'aurait point osé accepter la guerre, si elle n'avait vu l'Espagne la soutenir avec avantage, en lui imprimant un caractère national.

Peut-être les armées coalisées n'auraient-elles jamais pensé à briser le Gouvernement impérial, si l'échauffourée de Malet, qui, à Paris, renversa presque l'Empire, lui troisième, en une seule nuit, sans qu'aucun des serviteurs de Napoléon songeât à faire proclamer son fils ou à se faire tuer pour le défendre, si cette échauffourée n'avait point montré ce qu'il fallait penser de cette organisation administrative si vantée, de cette fidélité si prodigue de paroles, si stérile en actions.

Pour retentissante qu'elle soit, la tentative de Malet n'est pas la seule ; il y eut encore des mouvements militaires, soit à Tours, soit à Toulon, et, en fin de compte, c'est sous la pression violente de ses maréchaux que l'Empereur signa, à Fontainebleau, son abdication, le 6 avril 1814. On a beaucoup parlé de la défection de Marmont ; il n'a pas agi pour d'autres motifs ni par d'autres moyens que ses camarades : Ney, Oudinot, Berthier, Lefebvre et Macdonald. Le premier l'insulta avec toute la véhémence de son caractère emporté et facilement oublieux. Tous voulaient le repos.

A la puissance militaire, le dernier coup était porté par la violence des généraux.

Cette vérité, qui me paraît indiscutable, ne doit cependant pas être érigée en système. Seule force subsistant encore dans toute sa cohésion, l'armée était le point de mire des ennemis de l'Empereur, et leur ambition était de gagner, pour les lui opposer, ses lieutenants. Fouché y fut particulièrement appliqué, Bernadotte sembla un instant l'homme désiré ; Murat lui-même, poussé par Caroline Bonaparte, aurait fait, dans un rêve d'ambition, un mauvais coup.

Un écrivain vient de donner un travail d'ensemble de toutes ces conspirations plus ou moins avouées[1] ; il a vu tout cela, il l'a même trop vu, à mon sens, car il en fait une thèse. Rien n'est dangereux comme un point de départ trop arrêté, dans une étude historique. En histoire, il faut se garder de l'*a priori* ; ne conclure qu'après avoir tout compulsé. Sans cela les exagérations se montrent. Ayant une idée d'ensemble juste, s'étayant de documents importants, il suffit néanmoins que M. Guillon aperçoive dans l'affaire une épaulette pour en faire un « complot militaire ». C'est trop.

Oui, l'armée ne fut pas si soumise qu'on pourrait le penser et que les enthousiastes voudraient le faire croire ; oui, chez elle bouillonnaient des fer-

---

[1] E. Guillon, *Les Complots militaires sous le Consulat et le premier Empire.*

ments de discorde nés de 'a jalousie, entretenus par l'excès même des faveurs et éclatant sous le poids de la lassitude. Mais de « complots », il n'y eût que ceux que j'ai cités ; on ne peut donner ce nom à toutes les manifestations, — celles-là fort nombreuses — de mécontentement individuel.

Au fond, l'armée, destinée au trépas ou à la gloire, suivit, pendant quinze ans, son chef victorieux. En 1814, décimée, brisée, renouvelée, elle avait assez, elle avait trop de ces aventures sans cesse renaissantes ; composée des enfants de la nation, elle respirait un peu le dégoût général. Après 1815, entraînée par sa participation aux événements des Cent Jours, tenue en suspicion par les royalistes, ses officiers mis en demi-solde par Louis XVIII, oublieuse à distance de ses propres peines pour ne plus considérer que le rayon de gloire illuminant son front mutilé, elle se plut à afficher des regrets qu'elle avait moins manifestés au temps de ses combats.

Napoléon ne s'y trompait pas et ne s'y fiait point outre mesure. Les événements, d'ailleurs, lui prouvèrent qu'il avait raison de craindre, car les plus comblés l'abandonnèrent les premiers ; après les sénateurs, les généraux eurent le rôle prépondérant dans l'abdication.

Jérôme Bonaparte, en disant que « l'on peut tout faire avec des baïonnettes, excepté s'asseoir dessus », disait juste et indiquait le défaut de la cuirasse de son terrible frère.

Les grandes armées se battent sous l'impulsion de leur chef, le suivent, l'acclament et, après, deviennent impuissantes ou dangereuses.

Les vieilles bandes des *tercios* espagnols combattaient pour la discipline, nos gardes françaises pour l'honneur, les volontaires de 92 pour l'égalité, la garde impériale pour la conquête, les conscrits de 1813 pour la défense du territoire. Leur rôle spécial terminé, tout meurt chez eux, et ils n'ont plus d'autre puissance que d'être un danger permanent. Après la victoire, désœuvrés, rassasiés, énervés, ils perdent leur vertu première ; le soldat s'étiole, et l'on voit naître le prétorien.

Peut-être est-ce pour cela que Napoléon les tenait constamment en haleine de Lisbonne à Moscou ? La précaution fut inutile, et l'épée périt par l'épée.

LES SOUVENIRS

DU MARÉCHAL MACDONALD

Après le prêtre, il n'y a pas de caractère plus grand au monde que le soldat. C'est moins le courage qui fait la noblesse du métier des armes que l'esprit de sacrifice. L'oubli de soi-même, l'habitude de l'obéissance, le respect de l'autorité, la persévérance dans le dévouement sont des qualités plus belles encore que la bravoure et l'élan. La carrière militaire exige les plus hautes vertus dont l'homme se sente capable, l'honneur qui en est le grand ressort ne connaît pas de frontières : il s'établit, entre tous ceux qui portent une épée, une sorte de fraternité d'armes qui les fait s'estimer les uns les autres et établit chez eux un niveau moral qui n'appartient qu'aux nations civilisées.

Moins le service est payé, plus il est honorable. C'est pour cela que la première de toutes les fonctions de l'ordre temporel est, a été et sera toujours la fonction militaire, en dépit de tous les raisonnements bourgeois et malgré l'adage de Cicéron. Le soldat risque sa vie et, en échange d'un pareil service, il reçoit moins qu'un simple manouvrier. Sa solde fût-elle centuplée, elle serait mesquine encore, comparée au sacrifice. Son salaire, c'est l'honneur de se dévouer, l'honneur de se donner lui-même, l'honneur de mourir pour sa patrie.

Ce n'est même pas sur les champs de bataille, au milieu du fracas des armes et de la poussière de la mêlée, que le soldat cueille ses lauriers les plus durables, et les deux qualités qui le rehaussent davantage sont l'abnégation et la simplicité.

Voilà bien les couleurs sous lesquelles nous apparaît le maréchal Macdonald; à ces vertus calmes, sobres, fécondes, un peu sévères, on reconnaîtra une conscience rigide, qui se pique moins de chercher le succès que de bien servir, et plus de pratiquer son devoir que de s'en vanter.

On sait la vie du maréchal Macdonald; quelques dates en fixent les épisodes successifs[1].

A vingt-cinq ans, en 1780, il avait déjà fait ses premières garnisons; mais il ne reçut le baptême du feu qu'aux jours de la campagne de 1792. Sa fermeté et sa jeune habileté furent récompensées

---

[1] *Souvenirs du Maréchal* MACDONALD, *duc de Tarente.*

promptement; il commandait « Picardie », le premier régiment d'infanterie française, à l'âge où beaucoup attendent leur épaulette de sous-lieutenant, et seule sa modestie fut surprise quand il reçut, coup sur coup, au bivouac, ses brevets de général de brigade, de général de division et de général en chef.

Quelques années de combat en Hollande et en Italie lui créaient des droits à ce qui aurait pu sembler de la faveur. Il concourut au 18 brumaire pour délivrer son pays des rhéteurs qui le déshonoraient, mais il garda une réserve hautaine vis-à-vis de l'Empire. C'était blesser à l'œil le maître de la France, qui tint à l'écart cet « Alceste militaire ».

Plus attristé que mécontent, sans rancune, sinon sans envie, il assistait, privé d'emploi, aux succès de ses compagnons de jeunesse, retiré dans ses terres et ne paraissant pas destiné à en sortir. En 1809, l'Empereur avait déjà épuisé bien des hommes ; la réflexion le rendit plus clairvoyant et, voulant utiliser les talents de Macdonald, il le rappela subitement aux armées.

Ce ne fut point pour s'en repentir : à Wagram, une part de la victoire lui revint : le bâton de maréchal et le titre de duc furent sur le champ de bataille même la récompense de ses exploits.

Dès lors, les *Souvenirs* de Macdonald prennent

un intérêt général qui grandit avec les événements, tout spécialement pendant la campagne de 1813, en Allemagne. Il est au premier plan lors de l'abdication de Fontainebleau ; auprès de l'Empereur de Russie, il plaide la cause du vaincu avec cette fermeté du devoir bien supérieure à l'entraînement de l'intérêt ou de la passion ; il devient le courtisan du malheur après avoir refusé d'être celui de la fortune, et quand il prête serment à Louis XVIII, en qui il voit à bon droit le salut de la France, c'est le cœur libre de tout engagement.

Aussi, le maréchal d'Empire qui, en 1814, a quitté Napoléon le dernier, vient-il le premier combattre de toute son énergie la criminelle tentative du retour de l'île d'Elbe. Il est fidèle aux Bourbons sans arrière-pensée et, par une juste récompense, c[onduite], toute d'honneur, reste en fin de compte toute de succès.

Voilà le cadre dans lequel se meut à l'aise la plume du duc de Tarente. C'est d'un jet spontané (il dit n'avoir jamais relu) qu'il écrit, pour son fils au berceau, les 472 pages in-folio tracées sans ratures, d'une main rapide. La franchise, la loyauté l'animent, elles se font jour à chaque mot, et ces lignes intimes, où l'on ne trouvera aucune prétention, resteront comme un témoignage considérable des événements qu'elles relatent et des hommes qu'elles mentionnent.

faites subir à ces *Souvenirs* une épreuve que je considère comme décisive, en controlant leurs assertions avec les passages des « Mémoires » contemporains qui parlent de Macdonald. Vous ne trouvez pas de démentis, pas de contradictions, pas même de divergences. Peu de papiers, exhumés après quatre-vingts ans de leurs cartons, et écrits en un temps de révolution par un des acteurs d'événements si troublés, présenteront ces garanties et sortiront victorieux de cet examen.

Il y a dans chacun de ces « Mémoires » sur la Restauration, dont nos bibliothèques s'enrichissent depuis quelques années, un événement à part, un épisode spécial, un trait particulier qui en forme comme la caractéristique.

M. de Vitrolles nous fait assister au réveil du sentiment national qui imposa les Bourbons aux alliés et les rendit à l'espérance de la France. Le comte de Rochechouart retrace les péripéties de leur double retour à Paris. La Chambre introuvable, c'est M. de Villèle qui la peint; et le Congrès de Vienne, ce sont les dépêches de Talleyrand qui le décrivent. Hyde de Neuville explique les convictions des « ultras », et le marquis de Clermont-Tonnerre les efforts de modération de la Chambre des pairs. M. de Puymaigre note avec exactitude les manifestations de l'opinion en province. Avec la duchesse de Gontaut, vous accompagnez les premiers pas du duc de Bordeaux et vous pénétrez dans l'intimité de la cour de Charles X, que le marquis de Villeneuve vous permet de suivre encore quand les pompes des Tuileries ont fait place aux tristesses de l'exil.

Pour le maréchal Macdonald, il nous introduit plus avant que personne dans les détails de l'abdication de 1814 et du départ de Louis XVIII en 1815. Il a été mêlé intimement aux derniers jours de la souveraineté impériale, et il en parle en impartial témoin.

Aussi, pour tirer le suc de cet ouvrage, il faut courir aux souvenirs de la lutte suprême de Napoléon contre l'Europe coalisée, après s'être arrêté à quelques gracieux détails des débuts militaires du maréchal, par exemple à cette jolie description de la joie que le premier grade apporte à un cœur de vingt ans : « Vous éprouverez, j'espère, mon fils, combien un uniforme et un premier grade causent de véritable jouissance ; et quoique je sois parvenu au plus élevé, je vous assure, dans toute la sincérité de mon âme, que c'est celui de colonel qui l'a complété..... A Sancerre, j'usai mon uniforme en le faisant voir à la messe et aux vêpres, les dimanches, et aux paysans le jour de marché ; chacun me faisait place, ce qui ne manquait pas d'exalter ma petite vanité. »

Bref et rapide, le récit de la bataille de Leipzig

n'offre pas chez le duc de Tarente la couleur et l'entrain des pages de Marbot sur la même journée, mais ils se confirment l'un l'autre [1], et tous deux nous révèlent la lassitude, le découragement passif, l'affaissement moral de l'Empereur vaincu.

Voilà bien le Napoléon seconde manière tel que l'a dépeint jadis, au grand scandale des fanatiques, le duc de Raguse : « Insouciant et craignant la fatigue ; blasé sur tout, indifférent à tout, ne croyant à la vérité que lorsqu'elle se trouvait d'accord avec ses passions, ses intérêts ou ses caprices ; d'un orgueil satanique et d'un grand mépris pour les hommes. Son esprit était toujours le même ; le plus vaste, le plus étendu, le plus profond, le plus productif qui fut jamais ; mais plus de volonté, plus de décision, et une mobilité qui ressemblait à de la faiblesse [2]. »

Une sorte de fatalisme domine ses actions ; dévot du hasard, il compte aveuglément sur la fortune, qu'il appelle son *étoile*, et, lassé par les efforts mêmes de son génie, son esprit se raccroche à toutes les branches avec une obstination nerveuse et une

---

[1] Notamment sur la faute capitale et toute personnelle de l'Empereur, négligeant de préparer des ponts de retraite et faisant ainsi périr ou prendre un quart de l'armée (*Souvenirs* de MACDONALD, p. 218. — *Mémoires* de MARBOT, tome III, p. 328-330). — Au sujet de la façon dont Macdonald a pu traverser l'Elster à la nage, il y a des différences de détails ; il convient, je crois, d'adopter la version de celui qui fut le propre héros de l'aventure.

[2] *Mémoires du Maréchal duc de Raguse*, VI, p. 175.

puérile témérité : « Je trouvai l'Empereur occupé à aider à mettre mon artillerie en batterie et poussant de l'épaule avec les canonniers : « Sur quoi voulez-vous tirer ? lui dis-je. — Sur cette ligne de cavalerie, là-bas, devant nous. — Mais elle est hors de portée, je l'ai vue en revenant ; ce ne sont que des observateurs ; ils sont sur une seule ligne ! — N'importe, répondit-il, et il ordonna de commencer le feu. Nous ne pouvions pas voir tomber les boulets, et cette cavalerie restait immobile. Au dix-septième coup, il fit cesser ce feu inutile en disant : « Il nous coûte trop cher. » L'Empereur m'appela en particulier et me dit : « Vous êtes très étonné que j'aie fait tirer. — Oui, dis-je, parce que cette cavalerie ne valait pas un coup de canon et que d'ailleurs elle était hors de portée. — C'est, ajouta l'Empereur, que, à toute volée, on attrape toujours quelque chose, peut-être un homme de marque ; voyez Moreau, c'est un boulet perdu qui l'a tué. A Dresde, voyez Duroc, voyez Bessières [1]. »

Sous la main de l'adversité, le despote sévère devient indulgent. Comme Louis XIV se contentait de dire au duc de Villeroy, après le désastre de Ramillies : « On n'est plus heureux à notre âge, monsieur le maréchal » ; après la retraite de la Katzbach, Napoléon ne répond rien autre chose au

[1] MACDONALD, p. 211-212.

duc de Tarente que : « Ce dont vous m'avez informé est fâcheux. »

Dans cette douceur (qui se démentait promptement du reste, car une heure après il traitait le général Sébastiani « comme le dernier des hommes »), il y a surtout de la lassitude, une fatigue physique conduisant à un affaissement de la volonté. Pour en imposer aux troupes, il faut être victorieux ou posséder le bon droit. Aux derniers jours de 1813, les ordres de l'Empereur ne s'exécutent plus ; Macdonald, pressé par l'ennemi, réclame énergiquement les réserves et la garde. « Je n'y puis rien ! » répond froidement Napoléon, et le maréchal, en face de cet aveu d'impuissance, ne peut s'empêcher de faire un retour sur le passé : « Autrefois, d'un signe, d'un geste, d'une parole brève, tout s'ébranlait ; autrement, il eût fait feu des quatre pieds ! »

Le récit de l'abdication forme le point culminant de ce livre. Le duc de Tarente y a joué le rôle le plus honorable, et le témoignage d'un homme de son intégrité est du plus grand poids. La mémoire de Marmont bénéficiera de cette publication sans parti pris ; si ses fautes ne sont pas voilées, la fameuse accusation de trahison ne se peut plus soutenir, et ici encore la conformité des *Souvenirs* des deux maréchaux proclame la véracité de leurs affirmations[1].

[1] Il reste évident que Marmont, en accompagnant à Paris

Ayant multiplié ses efforts auprès de l'Empereur Alexandre, en des entretiens dont le résumé offre un mérite historique du plus haut intérêt, pour obtenir, en loyal sujet, les meilleures conditions en faveur du souverain tombé, le maréchal devait rendre compte de sa mission à Napoléon. Cette entrevue suprême de Fontainebleau est émouvante ; et si l'on ne peut guère regretter la chute de celui dont le fol orgueil avait conduit notre patrie en des abîmes sans nom, il est permis de ressentir de la compassion pour une grande infortune, d'éprouver un indéfinissable sentiment de mélancolie et d'effroi, en face de cette action directe de la Providence renversant d'un souffle le colosse d'airain qui la bravait.

« L'Empereur était assis devant la cheminée, vêtu d'une simple robe de chambre de basin, les jambes nues, en pantoufles, le cou découvert, la tête entre les deux mains, les coudes appuyés sur les genoux. Il ne bougea point lorsque j'entrai, quoique annoncé à haute voix ; il paraissait profondément absorbé.

Macdonald, Ney et Caulaincourt, avait ordonné au général Souham, son plus ancien divisionnaire, de ne faire pendant son absence aucun mouvement (*Mémoires du duc de Raguse*, VI, p. 262. — *Macdonald*, p. 271). — Le prince de Schwarzenberg avait consenti à rompre avec lui ses premières conventions *Mémoires*, id. *Souvenirs*, p. 273). — L'abdication de Napoléon fut signée le 4 avril ; la débandade du corps de Marmont n'eut lieu que le lendemain (*Souvenirs*, p. 286). — Pasquier (*Mémoires*, II, 300-311), appuie de son autorité cette conclusion.

Après quelques minutes d'attente silencieuse, le duc de Vicence lui dit : « Sire, le maréchal duc de Tarente s'est rendu à vos ordres ; il est important qu'il reparte pour Paris. » Sa Majesté parut sortir d'un rêve et surpris de me voir ; il se leva et me tendit la main, en s'excusant de ne m'avoir point entendu entrer. A peine eut-il découvert sa figure, que je fus frappé de son altération ; son teint était jaune et olivâtre. « Est-ce que Votre Majesté est souffrante ? lui dis-je. — Oui, répondit l'Empereur, j'ai été fort indisposé cette nuit. » Là-dessus, il se rassit, reprit sa première attitude et parut de nouveau plongé dans ses rêveries.

« Les deux assistants [1] et moi nous nous regardâmes sans mot dire ; enfin, après une assez longue pause, le duc de Vicence répéta : « Sire, le duc de Tarente attend ; il faudrait lui délivrer les actes dont il doit être porteur, attendu que c'est dans vingt-quatre heures que le délai expire et que les échanges doivent se faire à Paris.

« L'Empereur, alors, sortant une seconde fois de ses méditations, se leva d'un air dégagé, mais son teint n'avait point changé ; sa contenance était mélancolique. « Je me sens un peu mieux », nous dit-il ; puis il ajouta : « Duc de Tarente, je suis on ne peut plus touché et reconnaissant

---

[1] Maret, duc de Bassano, et Caulaincourt, duc de Vicence.

de votre conduite et de votre dévouement. Je vous ai mal connu; on m'avait prévenu contre vous; j'ai tant fait, comblé tant d'autres qui m'ont abandonné, délaissé, et vous, qui ne me deviez rien, m'êtes resté fidèle ! J'apprécie trop tard votre loyauté, et je regrette sincèrement d'être dans une situation à ne pouvoir la reconnaître et vous en témoigner ma reconnaissance autrement que par des mots... J'étais autrefois riche et puissant, maintenant je suis pauvre. — Je me flatte, répondis-je, que Votre Majesté m'estime assez pour croire que ce n'est pas dans votre position actuelle que j'accepterais une récompense; la conduite que j'ai tenue et à laquelle vous attachez trop de prix était tout à fait désintéressée. — Je le reconnais, dit-il en me serrant la main; mais vous pouvez, sans blesser votre délicatesse, accepter un cadeau d'un autre genre : c'est le sabre de Mourad-Bey, que j'ai porté à la bataille du Mont-Thabor; conservez-le en souvenir de moi et de mon amitié pour vous.

« Il se le fit apporter et me l'offrit; je crus pouvoir accepter ce présent; je l'en remerciai affectueusement; nous nous jetâmes dans les bras l'un de l'autre, en nous embrassant avec effusion. Il m'engagea à venir le voir à l'île d'Elbe, si quelque occasion m'amenait en Italie; je le lui promis. Enfin, nous nous séparâmes. On me remit tous les documents dont je devais être porteur; je fis mes préparatifs de départ, et depuis lors je ne revis jamais Napoléon [1]. »

En homme qui a beaucoup vu et que la passion n'entraîne pas, le maréchal est bienveillant et sans acrimonie pour ses égaux, sans hauteur pour ses subordonnés. Il nous a laissé de trop rares portraits de ses contemporains ; ceux qu'il traite sévèrement sont encore peints avec indulgence. Esprit calme, cœur droit, il se montre le type de ces militaires qui, « dans le commerce de la vie, sont plus aimables plus faciles, plus obligeants que les autres hommes. Au milieu des orages politiques, les sophismes les plus éblouissants échouent presque toujours devant leur droiture [2] ».

Lamarque, Gouvion-Saint-Cyr et Ney ne lui inspirent ni sympathie ni enthousiasme; il les montre tels qu'ils furent : le premier vantard, le second jaloux et le troisième cupide; mais il n'expose les faiblesses de leur conduite et les lacunes de leur caractère, qu'après avoir rappelé leur valeur ou leurs talents.

Ses appréciations politiques sont rares, brèves, concises, telles que les pouvait porter un soldat très désireux de ne pas se compromettre dans des

---

[1] *Souvenirs*, p. 300 à 302.
[2] JOSEPH DE MAISTRE, *Soirées de Saint-Pétersbourg;* septième entretien.

intrigues, pas même dans des responsabilités. S'il lui faut, par exemple, faire allusion au 18 fructidor, l'allusion est éminemment discrète : « Un événement politique eut lieu à Paris. » Et là se bornent ses appréciations. Aucuns trouveront que c'est trop sec et regretteront d'avoir presque toujours cette déception à éprouver. Par ailleurs, il est véridique, bien informé et sans faux-fuyants ; ce qu'il dit, on le peut croire ; ce qu'il affirme demeure acquis[1].

A part leur concision et leur franchise, ces *Souvenirs* d'un maréchal de France n'ont point la tournure militaire : on n'y trouvera ni description technique, ni dissertation de métier. Et il semble en effet que la postérité, en gardant le nom de Macdonald, oubliera un peu ses qualités de général qui ne dépassent pas la moyenne de ses contemporains, pour lui reconnaître le mérite tout particulier d'un « loyalisme » intègre et d'une sincère modestie. Ces vertus inspirent toujours une grande confiance et révèlent, chez qui les possède, une force de caractère qui commande le respect.

Marbot va donc trop loin dans ses restrictions,

---

[1] Tout ce qu'avance Macdonald sur sa conduite, en 1815, pour soutenir la cause des Bourbons, est rigoureusement certifié par Hyde de Neuville (*Mémoires*, tome II, p. 98-112-115-116). Par contre, les *Mémoires du baron de Vitrolles* sont presque muets sur lui, mais c'est un tort. — Pour Talleyrand, à qui le duc de Tarente n'accordait qu'un profond mépris, il parle en termes respectueux de sa conduite en 1814 (*Mémoires*, II, p. 166).

quand il semble dénier au duc de Tarente la vivacité de l'esprit : « Macdonald, très brave de sa personne, était constamment malheureux à la guerre, non qu'il manquât d'aptitude, mais parce que, semblable aux généraux de l'armée autrichienne et surtout au célèbre maréchal Mack, il était trop compassé et trop exclusif dans ses mouvements stratégiques. Avant le combat, il se traçait un plan de conduite, qui était presque toujours le bon ; mais il aurait dû le modifier selon les circonstances, et c'est ce que son esprit lent ne savait pas faire. Il agissait comme certains joueurs d'échecs qui, lorsqu'ils dirigent leur partie et celle de l'adversaire absent, conduisent tout à bien dans leur intérêt, et ne savent que faire lorsque, dans une partie réelle, l'adversaire place ses pièces tout autrement qu'ils ne l'avaient supposé [1]. »

Du moins, il ne lui conteste pas cette force de caractère qui sait reconnaître ses fautes, et il note de lui, après la défaite de la Katzbach, un trait de modestie que je rapporte avec plaisir, car Macdonald, en ne le mentionnant pas dans ses *Souvenirs*, a accentué ainsi la sincérité de sa discrétion et la noblesse de son aveu :

« Le lendemain du désastre, ayant réuni auprès de lui tous les généraux et colonels, il nous dit,

---

[1] *Mémoires du général baron de* MARBOT, III, chap. XXVI.

après nous avoir engagés à contribuer tous à la conservation de l'ordre, que « chacun avait, dans « les troupes et parmi les officiers, fait son devoir ; « qu'un seul était coupable de la perte de la « bataille, et que le coupable était lui, parce « que, voyant la pluie, il n'aurait pas dû quitter « un terrain accidenté pour aller attaquer dans de « vastes plaines un ennemi dont les escadrons « étaient infiniment plus nombreux, ni se mettre une « rivière à dos par un temps orageux ». Ce noble aveu désarma la critique, et chacun s'efforça de contribuer au salut de l'armée [1]. »

Arrêtons-nous sur ce trait qui, loin d'être isolé dans la vie du maréchal Macdonald, le peint tout entier ; la sobriété même dans la vertu reste sa note distinctive, et il est vraiment réconfortant de saluer en lui la figure, trop rare, mais toujours respectée, d'un honnête homme.

---

[1] *Mémoires du général baron de* MARBOT, III, p. 294.

LE RETOUR DE L'ILE D'ELBE

C'est un phénomène d'abord assez singulier que l'association des idées, à la réflexion il semble plus naturel, rarement il est injustifié.

En lisant avec l'attention qu'il mérite le dernier volume de M. Henry Houssaye [1], je ne pouvais me défendre de répéter à part moi, sans doute par antiphrase, ces deux vers du vieux Lucrèce :

> *Sed nihil dulcius est, bene quam munita tenere*
> *Edita doctrina sapientum templa serena.*

La *sérénité*, vertu maîtresse de l'historien ; la sérénité, qualité qui me paraît malheureusement faire défaut à M. Houssaye.

C'est l'éternelle aventure de la mauvaise fée qui n'a pas été invitée au baptême. En vain, sur la tête du filleul chéri, les dons favorables se sont accumulés : tu auras du goût, de l'esprit, de la vivacité, du discernement et de la patience ; tu seras un conteur agréable, un heureux chercheur, un

---

[1] *1815*, par Henry Houssaye.

érudit, un laborieux ; à vingt ans, tu écriras avec aisance sur Alcibiade, Athènes et Rome, et l'Institut te distribuera ses couronnes ; à quarante, tu parleras avec feu de Napoléon, et l'Académie t'ouvrira ses portes. Tu ne repousseras pas les idées courantes, tu ne choqueras pas les préjugés reçus, tu marcheras dans les sentiers de la foule. Il te manquera cependant, a dit la mauvaise fée, la première qualité de l'historien : l'impartialité.

Je ferai donc ce seul reproche à M. Houssaye, encore qu'il estime sans doute que ce soit une qualité nouvelle, puisqu'il écrit à la fin de sa préface, sur la foi de Saint-Marc Girardin, que l'historien doit « faire revivre les passions ».

Il peut se rendre ce témoignage d'avoir pleinement atteint son but.

En feuilletant avec un poignant intérêt son premier volume, **1814**, j'avais sans doute rencontré en trop de pages des appréciations qui me choquaient, mais le « patriotisme » couvrait l'ensemble d'un manteau respectable. L'invasion de notre sol est une grande et triste épopée ; alors chacun courait au plus pressé, c'est-à-dire aux armes, et cette merveilleuse campagne de France faisait jaillir, comme une lueur prête à s'éteindre, le génie militaire de l'Empereur, la constance des soldats, le dévouement du peuple.

La paix suivit sans transition ces jours d'alarme ;

la tâche immense de tout relever, de tout reconstituer, de tout cicatriser échut naturellement au descendant de nos anciens rois. Pour n'être pas toujours accomplie d'une façon adroite, elle était assez lourde, et il y aurait aussi un sentiment de justice à le reconnaître, comme il y a une faute contre le patriotisme à la travestir aux yeux de l'histoire.

Tout fut remis en question par le retour de l'île d'Elbe, certainement le plus grand crime politique de la première moitié de ce siècle, l'acte de révolte le moins justifié, si les journées de juillet n'avaient lui quinze ans plus tard.

Il n'y a là qu'ambition vulgaire, égoïsme grossier. L'Empereur dont une auréole glorieuse pouvait entourer encore la tête sans couronne, l'Empereur perdit dans cette équipée jusqu'à l'apparence de cette bonne foi qui cache souvent l'ambition et la force, jusqu'au prétexte de ce désintéressement dont la politique aime à parer ses triomphateurs.

On ne jette pas son pays en de telles aventures sans être un fou ou un grand coupable. Cette entreprise était sans issue comme sans excuse. La Restauration avait commis des fautes; oui, certes. Y a-t-il cependant la moindre proportion à établir entre les favoritismes de Louis XVIII, la jactance des derniers émigrés, les fanfaronnades du duc de Berry — et le désastre de Waterloo ? Entre les économies forcées du trésor royal et le poids de la contribution de guerre du traité de Paris ?

Voilà cependant ce qu'il faut voir, voilà ce qu'il faut comparer, car c'est cela qui fut ; et quand M. Henry Houssaye établit avec complaisance le bilan des charges qu'il fait peser sur les épaules de la royauté, il néglige — je n'ose dire volontairement — la moitié de la question.

Les personnes surtout ne trouvent pas grâce devant lui, et il force les traits noirs du portrait, au point d'en singulièrement compromettre la ressemblance.

Où l'auteur prend-il que la duchesse d'Angoulême « respirait la haine et la vengeance » et qu'elle était « hallucinée par les fantômes décapités de son père et de sa mère » ! Il est vrai qu'une princesse pourrait avoir des souvenirs moins amers. — Converti, après la mort de Mme de Polastron, le comte d'Artois garda pendant quarante ans à cette conversion religieuse une fidélité assez sévère pour qu'on ne dise pas, d'une conduite désormais irréprochable, qu'il « avait passé du libertinage à la bigoterie ».

Tout en insinuant qu'il n'y croit pas, M. Houssaye accueille les bruits les plus puérils, comme cet « on-dit » d'un complot royaliste dressant des listes de proscription, recrutant des bandes de meurtriers, afin d'égorger, à l'anniversaire du

21 janvier, une partie de la population parisienne. L'historien énumère avec complaisance ces bavardages et, dans l'esprit du lecteur, l'impression demeure.

J'aimerais connaître des faits attestant cette « ingérence des prêtres » en 1814, et surtout des preuves sur ces « indigents obligés de produire des billets de confession pour obtenir des secours, dans *quelques* communes ». — Quand le curé de Saint-Roch refusa courageusement de recevoir dans son église le cercueil de Mlle Raucourt, malgré les vociférations et les menaces des « pieux » fidèles qui brisèrent les portes et profanèrent le sanctuaire, ce n'est pas à sa conduite qu'il convient d'appliquer l'épithète d'« équipée ». Et vraiment, sans parler même de l'irrévérence, c'est, au point de vue du simple bon sens, une des choses les plus sottes qui se puisse voir que ces gens voulant contraindre, par la force, les ministres d'une religion à distribuer à un mort, comme un honneur, des bénédictions que, pendant sa vie, celui-ci refusait, comme une injure.

Pourquoi parler sans cesse des destitutions de fonctionnaires, quand M. Houssaye ne fait pas difficulté de reconnaître lui-même « qu'à peine deux cents protégés du comte d'Artois purent se placer dans différentes administrations » ? C'est trop oublier que Louis XVIII conserva en 1814 la moitié des préfets et des sous-préfets de l'Empire, tandis qu'en 1815 le libéral Napoléon, sur 86, en révoqua 64 et en changea 22.

Il y a une mauvaise chance à énumérer les entraves mises par le gouvernement royal aux relations entre la France et l'île d'Elbe et à s'apitoyer sur les mesures prises contre les correspondances des conspirateurs avec leur ancien maître, quand le contraire est la vérité. Je ne vois vraiment pas ce qu'il faudrait blâmer dans le fait d'un pouvoir qui ne favorise pas les menées de ceux qui le veulent renverser, et, hélas ! la Restauration ne peut être accusée d'une bien grande sévérité à cet égard. Plus défiante, eut-elle empêché l'escapade qui a tiré à la France tant de sang et de larmes ? Son imprévoyance, voilà ce qu'il lui faut reprocher. M. Pasquier a donné sur ce point spécial, des renseignements caractéristiques :

« J'ai su depuis que la confiance de M. d'André (ministre de la police) avait été poussée jusqu'au point de faire l'économie d'une très petite somme consacrée par son prédécesseur à la surveillance si importante de l'île d'Elbe. Les deux ou trois agents qui s'y trouvaient employés quittèrent donc la place. Après les Cent Jours, il supplia tous ceux qui avaient connaissance de ce fait, et je fus du nombre, de vouloir bien s'en taire ; le secret de cette faute a été gardé jusqu'à sa mort[1]. »

En disant que Napoléon eut pour lui la moitié du pays, c'est avouer que l'autre moitié lui restait hostile, en dépit de la crainte qu'inspirait le souvenir de ses procédés de persuasion ; on ne peut rien écrire de plus accablant pour sa mémoire et qui condamne davantage son retour. Au lieu de lui faire honneur d'un soi-disant patriotisme qui l'aurait porté, après Waterloo, à ne pas se servir de ses dernières forces militaires dans la crainte d'aggraver les maux du pays, il est autrement logique et juste de l'accuser d'avoir bénévolement déchaîné la guerre civile en débarquant à Fréjus.

Sans doute, il électrisa ses anciens soldats, il donna une forme et une espérance aux passions démagogiques qui dorment toujours au cœur d'un peuple à qui les principes religieux ne servent pas de frein et de boussole. Mais à quel prix ? En reniant son propre système, en abandonnant sa personnalité d'autrefois, en prenant non plus le rôle de César, mais en se donnant partout comme le chef de la Révolution, accueilli sur son parcours de deux cent vingt lieues, aux cris de : A bas les nobles ! à bas les prêtres !

M. Houssaye n'en disconvient pas, et il avoue que ses proclamations sont de la rhétorique de 93.

---

[1] *Mémoires du chancelier* Pasquier, t. III, chap. III.

— Et si l'on veut apprécier à sa valeur la situation de la France au mois d'avril 1815, il faut se reporter à ce rapport du préfet du Haut-Rhin : « Les honnêtes gens frémissent ; ceux qui n'ont rien à perdre se réjouissent. »

Quant aux royalistes proprement dits, leur émotion peut être crue légitime, leur fidélité jugée respectable, leur douleur profonde ; et, au lieu de toujours parler de fourberie, de pose théâtrale et de sentiments de commande, il est permis de croire plus souvent à des sentiments sincères comme M. Houssaye le reconnaît et l'écrit en bons termes en décrivant le départ de Louis XVIII :

« Le spectacle de ce roi, vieux, infirme, sans défense, chassé de la demeure de ses ancêtres, et contraint, après vingt-trois ans d'exil, à s'expatrier encore, était douloureux et profondément impressionnant. A cette heure pathétique, on ne voyait plus que le souverain malheureux, menacé, le proscrit auguste qui personnifiait, avec les droits et la majesté de la plus antique dynastie de l'Europe, tous les malheurs de cette grande race. »

M. Houssaye a dépouillé, lu, compulsé tout ce qu'on peut lire et trouver sur cette période troublée. Les cartons des Archives, les Mémoires, les rapports des fonctionnaires, les brochures, les pamphlets, il a tout mis à contribution. Ce n'est pas son labeur, ce n'est pas son érudition que l'on peut attaquer; c'est sa manière de voir, j'oserai dire le mot : ses préventions que j'estime fâcheuses et susceptibles de reproche.

Certes, il cite, avec complaisance, des sources imposantes ; à chaque bas de page, il y a une abondance de références qui indiquent une somme considérable de recherches; ces cotes, ces chiffres papillottent même aux yeux de façon à faire regretter ce luxe d'érudition, et souhaiter que des phrases typiques remplacent des numéros d'ordre qui en imposent au lecteur plus qu'ils ne peuvent raisonnablement le convaincre. Les vérifications sont assez difficiles, elles demeurent ardues même pour qui n'est pas étranger au maniement des documents d'archives ; elles ne sont pas non plus toujours en faveur des conclusions de l'auteur. J'en fournirai une preuve prise comme au hasard.

A propos des volontaires royaux de l'Ecole de droit de Paris, et de leur conduite au mois de mars 1815, à Vincennes, il mentionne la rarissime brochure de Guillemin[3]; il cite très exactement les pages qu'il a lues. Mais, quand on s'y reporte, on voit que Guillemin a voulu dire tout le contraire. M. Houssaye écrit que ces « jeunes gens très exaltés avaient fait feu sur des habitants de Charenton,

---

[1] *Le patriotisme des volontaires royaux de l'École de Droit de Paris*, par Alexandre GUILLEMIN, in-8° de 240 pages. Paris ; novembre 1822.

dont les cris séditieux leur déplaisaient et en avaient tué cinq ». Sans contester la véracité des faits, reportons-nous à la source citée ; vous lisez : « Deux pièces de canon tombèrent entre les mains des volontaires. Sur un autre point, il y eut quelques coups de fusil échangés, et cinq hommes, vendus à Bonaparte, y furent tués. Mais, enfin, les volontaires se trouvèrent cernés de toutes parts, et deux de leurs sentinelles, jetées dans la Seine du haut du pont, périrent victimes de leur dévouement. » Il semble bien que le drame change du tout au tout.

Dans **1815**, le général Merlin (dont Guillemin, par charité, tait le nom) a toute l'apparence d'un matamore et d'un victorieux : il dirige, encourage, donne ses ordres; s'il est couché en joue, par les troupes dont il veut provoquer la défection, il demeure « sans s'émouvoir », il fait même signer une capitulation. Ouvrez la brochure de Guillemin à la page 39 indiquée par M. Houssaye : « Le général est couché en joue; il change de couleur, et, protestant de sa fidélité, il offre de nous conduire lui-même sur les traces de l'armée royale, qui se retirait dans le nord du royaume. »

Je ne crois donc pas me tromper en estimant l'épisode totalement défiguré. La suite est exacte : « Le bataillon de l'Ecole de droit quitta sa position; il se mit fièrement en marche, aux cris de :

« Vive le roi ! et bannière blanche déployée[1]. »

Cette manière de faire parler les documents est caractéristique, la méthode est captieuse et enlève vraiment de cette confiance qu'on aimerait à accorder sans réserve à un écrivain de grande valeur.

On dresserait d'ailleurs une belle liste de ces expressions où la plume de l'auteur trahit sa pensée et dévoile l'influence de la passion politique et du parti pris. Il a notamment sur Quiberon une phrase étonnante; il ne peut comprendre que Louis XVIII ait songé à ériger un monument aux victimes du massacre, et il trouve que ce projet « réveillait des souvenirs blessants pour tout le monde » ! — Pour les meurtriers sans doute et pour ceux qui violèrent la capitulation consentie par Sombreuil. — Ces pauvres assassins, après vingt ans, aller les troubler dans le calme de leur tranquillité !

Le grand argument contre les Bourbons, ce sont les changements qu'ils imposèrent en 1814 et les menaces qu'ils prononcèrent contre les révolutionnaires. Il faudrait peser le second grief et, pour

---

[1] 1815, p. 359. Il est vrai que M. Houssaye appuie ici son récit, non plus sur Guillemin, mais sur le rapport du général Merlin à l'Empereur. Dans ces deux documents contradictoires, il choisit celui de Merlin, précisément en raison de ses préventions habituelles.

le premier, j'ai déjà dit que les faits prouvaient le contraire.

Mais peut-on apporter ce reproche quand on suit la bannière bonapartiste ? A n'écouter que les paroles, à ne regarder que les actes de Napoléon entrant à Lyon, faites la comparaison : « De quel droit, dit-il au maire, avez-vous osé vous mettre en rebellion contre moi ? (*Rebellion* est parfait !) Je vous casse. Vous êtes mené par les prêtres et les nobles qui voulaient rétablir la dîme et les droits féodaux. J'en ferai justice, je les lanternerai !... »

Et les décrets du 13 mars, rendus sur place, en deux heures : drapeau blanc rejeté, cocarde blanche proscrite, noblesse et titres abolis, les ordres de Saint-Louis et du Saint-Esprit supprimés, la maison du roi licenciée ; annulés toutes les promotions faites dans la Légion d'honneur, tous les grades donnés dans l'armée, toutes les nominations dans la magistrature ; la Chambre des pairs dissoute, celle des députés aussi ; la cocarde tricolore rendue obligatoire, le séquestre mis sur les biens et les apanages des princes de Bourbon ; tous leurs partisans rentrés en France, de nouveau exilés.

— Voilà le vol de l'aigle ! Et qu'il est surprenant que les classes aisées aient tremblé, que l'aristocratie ait frémi et que la majorité saine du pays ait applaudi, trois mois plus tard, à la chute de ce despote brutal, devenu le César de la démagogie.

Mais M. Houssaye, qui sait cela, qui rapporte fidèlement les faits, n'en veut pas voir les principes, n'en veut pas admettre les conséquences.

Pour lui, tout individu qui, se rappelant les jours passés, craint le despotisme de Napoléon est un « ultra-royaliste » ; ceux qui se laissent entraîner, au mépris de leurs serments, sont des « patriotes », de « bons Français ». Des gardes nationaux s'arment pour l'arrêter, ce sont des « bandes » ; à Grenoble, ses espions forment, au contraire, un « mouvement populaire ».

A Cannes, un boucher couche l'Empereur en joue, on empêche « cet assassinat ». Expression juste, mais alors pourquoi, deux pages plus loin, se moquer du maire royaliste de Grasse de n'avoir pas osé faire fusiller Cambronne quand celui-ci vint réquisitionner sa ville ? Ce maire, le marquis de Gourdon, veut s'opposer au passage de Napoléon, bien que n'ayant que des fusils sans cartouches ; tout aussitôt, M. Houssaye raille ce « foudre de guerre » ; mais qu'un officier bonapartiste marche avec trente grenadiers sans munitions, il devient un « héros ».

A l'île d'Elbe, Napoléon avait 1.200 hommes, des « fidèles », une poignée de braves. — A Gand, les gentilshommes groupés autour de Louis XVIII sont tournés en ridicule, et aux 820 gardes du corps et mousquetaires qui s'expatrient pour ne pas trahir leur parole d'honneur est accolé, par ironie, le qualificatif « d'armée royale », en ayant soin d'intercaler dans l'énumération de ces *forces* l'épithète de *déserteur* pour jeter sur l'ensemble un jour odieux.

Déserteur est bientôt dit, le mot se justifie mal, et, s'il est vrai que l'immense majorité de l'armée fût bonapartiste, il y avait dans ses rangs assez d'exceptions pour sauvegarder le principe de la fidélité au drapeau, comme ces voltigeurs qui, passant la frontière, répondirent aux hussards de Hanovre qui leur demandaient s'ils étaient des déserteurs : « Les déserteurs sont à l'armée de Bonaparte. »

C'est très bien de peindre avec émotion la scène d'un vieil officier aveugle, conduit par sa femme, baisant la main de l'Empereur et profitant de « la floraison des violettes » pour lui offrir un bouquet. Mais ce tableau de mélodrame est un peu effacé par l'aveu que, du golfe Jouan à la Durance, Napoléon ne fit que quatre recrues: deux soldats d'Antibes, un tanneur de Grasse et un gendarme.

Vous croyez peut-être que celui qui se jette en aventurier contre un gouvernement régulier est le fauteur de la guerre civile et qu'il demeure responsable des désastres qu'a causés son entreprise ? Pas du tout; les officiers royaux et les paysans vendéens, qui défendent le gouvernement légitime de droit et de fait, fomentent une *insurrection*, et c'est à Louis XVIII qu'il convient de reprocher le sang versé [1].

Il y a un procédé de qualificatifs qui n'est point acceptable ; un exemple sur cent : le général bonapartiste Grosbon est tué d'une balle à la tête, dans un clocher où il dirige l'attaque contre les Vendéens ; pourquoi ce coup de feu est-il tiré par un *braconnier?* Parce qu'un braconnier est un voleur et qu'il convient de laisser dans l'esprit du lecteur l'impression la plus défavorable, la plus méprisante possible sur la valeur morale, ou intellectuelle, ou civique, du moindre partisan des Bourbons. Et alors la plume de M. Houssaye, le plus souvent châtiée et discrète, ne craint plus de devenir triviale : pendant que la vieille garde reçoit sur son passage une hospitalité cordiale, les royalistes, qui portent des provisions aux troupes de Grenoble, « en sont pour leurs frais de saucissons [2] »!

Tous les faits avancés ne sont pas non plus recevables sans conteste.

Il y aurait beaucoup à dire, et cela a été dit par

[1] **1815**, p. 381. « Le maréchal Macdonald prit congé du roi en lui disant : « Au revoir, Sire, dans trois mois. » *Combien de sang français allait couler pour que ce souhait se réalisât!* »
[2] P. 251.

M. le duc de Broglie, sur la façon dont M. Houssaye traite de haut la politique extérieure de la Restauration, et son rôle diplomatique au Congrès de Vienne. Mais, pour rester sur le terrain des événements intérieurs, pour ne pas sortir non plus de ces détails qui caractérisent les choses, il est permis de faire des réserves, de demander certaines explications, de regretter certaines omissions.

Dans ces acclamations de la foule, au « Champ-de-Mai », il y avait certainement moins de foi que « d'impulsion nerveuse » ; — ce mot, très juste, est de M. Houssaye, — et l'entraînement était fait de passion, de rancune, nullement d'espérance. L'armée vécut trois mois dans la déraison de l'ivresse guerrière ; les généraux comme Ney donnèrent, tête baissée, dans la bourrasque, les yeux fermés, la tête perdue ; la foule était ébahie et hébétée ; d'abord la stupeur, chez quelques-uns la joie, bientôt la crainte, enfin la débandade, dès que les mensonges de la première heure sont déchirés par les événements.

Il faudrait cependant parler de la « terreur » bonapartiste ; est-il possible de passer sous silence les commissions de haute police, l'état de siège, les révocations, les exils, les perquisitions, les promenades des colonnes mobiles ? Il suffit de lire M. Houssaye pour se convaincre de ces violences sanglantes[1], il sied donc mal d'ajouter : « Les bourbonnistes baissèrent le ton » ; il sied plus mal de parler ensuite de la « terreur » blanche, déplorables, mais trop logiques représailles des scènes violentes des Cent Jours.

Rien ne justifiera le meurtre du général Ramel à Toulouse ; mais les violences du général Decaen l'expliquent. Il est certain que, parmi les assassins du maréchal Brune, il se trouvait quelques-unes des fortes têtes qui l'avaient aidé lui-même à répandre l'effroi dans Marseille.

Partout, la violence de la troupe, l'exaltation forcenée de certains chefs, ont laissé des souvenirs exécrables. En voici un que, pour Bordeaux, nous rapporte Edmond Géraud, dont M. Houssaye a lu le curieux *Journal*, mais qu'il ne cite pas à cette page caractéristique :

« Le colonel, l'ex-capucin Carré, s'est agenouillé devant l'aigle, l'a baisée deux fois en vomissant contre les Bourbons et les royalistes des imprécations de cannibale. Depuis ce moment, ils sont dans le jardin à hurler et à boire, c'est un bruit de tambour et de musique ; toutes les mauvaises filles se sont jointes à eux [2]... »

Rien ne motivait le retour de l'île d'Elbe ; rien

---

[1] **1815**, p. 485 et 620.
[2] *Journal* d'Edmond Géraud, p. 247.

ne justifia les Cent Jours ; ce qui leur donna une apparence de vie, ce fut l'élan démagogique. Lisez les lettres envoyées à l'Empereur: « Pas de faiblesse; qu'on agisse comme le Comité de Salut public. » — « Il ne faut pas se borner à opprimer les nobles, il faut les supprimer, confisquer leurs biens, les partager. » — « Il faut s'emparer de leurs propriétés, la moitié sera déclarée biens communaux, l'autre donnée à l'armée. »

Tous les rapports des préfets mentionnent, avec effroi, les mêmes menaces, la même frénésie ; et l'Empereur le comprenait lui-même, quand il parlait de reprendre ses « bottes de 93 ».

M. Houssaye a montré, comme personne ne l'avait fait avant lui, la force de ce mouvement tout révolutionnaire, et il paraît sincèrement secoué par le souvenir plus ou moins pur de ces foules surexcitées. Talent à part, il en parle un peu comme ces libéraux de la Restauration, abonnés du *Constitutionnel* et souscripteurs du *Voltaire-Touquet*. Il a mieux à faire que de se griser de ce mauvais vin. Du flot démocratique qui nous entraîne, dont il y aurait sottise à ne pas voir la force et à nier ce qu'il a d'acceptable, mais vis-à-vis duquel il faut aussi craindre « l'emballement », — de ce flot il convient d'endiguer les écarts.

Parce que notre devoir est de regarder l'avenir, il faudrait avoir perdu tout bon sens et toute justice pour outrager un passé qui est fait de la gloire de la France ; et le patriotisme consiste surtout à ne pas déchaîner contre sa patrie, par ambition pure, la coalition européenne. C'est à cette toise qu'il convient de mesurer le retour de l'île d'Elbe et les actes du gouvernement de Louis XVIII.

M. Houssaye, qui est judicieux, qui certainement aussi est de bonne foi, regrettera d'avoir douté de celle des contemporains qui ne voyaient pas à son point de vue les événements qu'il analyse bien, mais qu'il juge mal ; et il me permettra d'être surpris de l'entendre parler sans cesse de loyauté, quand il condamne les royalistes (officiers, magistrats ou fonctionnaires), qui restèrent à tout prix fidèles à leurs serments, et qu'il exalte sans mesure (alors que l'excuse serait déjà bien difficile) cette foule pour qui les vieux mots de fidélité et d'honneur semblaient avoir perdu toute signification réelle, ces « bons Français » qui, en quatre mois, changèrent trois fois leur cocarde au gré de leur caprice, peut-être de leur frayeur, certainement de leur passion. C'est à ceux-là qu'il convient de redire le mot du duc d'Aumale à Bazaine : « Il y avait la France, monsieur le maréchal ! » La première condition pour bien servir son pays, c'est de le bien aimer, et on trahit sa cause quand, par ambition, rancune ou gloriole, on le livre en un an à deux invasions.

LA TRAHISON DU MARÉCHAL NEY

Quand M. Welschinger aborde un point d'histoire et qu'il y applique son étude, — la question est élucidée. Avec une patience de bénédictin, le souci de l'honnête homme, la perspicacité d'un historien de premier ordre, il recueille, il analyse, il expose, et les documents, habilement enchâssés, viennent se ranger à leur place, en plein jour, dans une symétrie et un ordre parfaits. On trouve toutes ces qualités dans le livre qu'il consacre à la mémoire du maréchal Ney, pour mieux dire à son procès [1]. Les Archives nationales lui ont fourni les pièces mêmes de ces tristes débats, et de ces vieux papiers authentiques, précieux, irréfutables, il a tiré un récit où il a su mettre une communicative émotion.

Je ne crois pas acceptable le moindre parallèle entre l'exécution du maréchal Ney et celle du duc d'Enghien, mais on ne peut se défendre dans l'esprit d'un rapprochement que la situation même de l'his-

---

[1] *Le Maréchal Ney*, 1815, par Henri WELSCHINGER.

tori... impose, puisqu'il a étudié avec le même soin les deux événements, douloureux à des titres bien divers, qui marquent les débuts de l'Empire et ceux de la seconde Restauration. Si une analogie existe, c'est dans les conditions extérieures, purement fortuites : ces deux morts ont excité les passions politiques, soulevé la commisération et la colère, alimenté les querelles des partis en personnifiant ceux qui en furent les victimes;— mais on ne saurait aller plus loin.

Toutes les formes de la justice manquent au crime de 1804 : violation d'un territoire neutre, arrestation arbitraire sur des renseignements inexacts, procès à huis clos, sans avocats, sans débats, sans témoins, sans juges compétents, sans recours possible, sans sentence juridique, exécution sans délai légal, sans même prendre le temps de libeller le jugement qui ne fut rédigé qu'après la fusillade.

Le procès de 1815 avait une raison malheureusement trop patente, l'accusé avouait ; toutes les formes extérieures furent scrupuleusement observées : débats publics devant la Chambre des pairs, la juridiction la plus élevée du pays, avec des défenseurs comme Dupin et Berryer, qui eurent deux mois pour préparer leurs moyens et une semaine pour les exposer [1].

---

[1] Dans la séance du 4 décembre 1815, Berryer père remerciait le roi d'avoir voulu que la défense fût libre, protégée par une

Tout fut accompli en vertu d'un jugement parfaitement régulier, personne ne le conteste. Mais était-il nécessaire, était-il utile ? Je me permets de penser que oui ; M. Welschinger répond : non. Je m'accorde avec lui pour le trouver impolitique.

I

Il est superflu de rappeler les détails des événements ; ils sont dans toutes les mémoires ; M. Welschinger les a retracés avec une précision admirable et un talent d'exposition qui sont le charme de son livre. Le serment de fidélité à Louis XVIII, la cage de fer, la défection du 14 mars, la proclamation de Lons-le-Saunier, la situation fausse pendant les Cent Jours, l'héroïsme de Waterloo, — tout ce drame est célèbre.

Plus que personne, le maréchal avait conscience de sa faute, et il a multiplié les aveux avec la franchise brutale d'un troupier.

Au milieu des assauts du mont Saint-Jean, il se tourne vers Drouet d'Erlon : « Toi et moi, si nous ne mourons pas ici sous les balles des Anglais, il ne nous restera plus qu'à tomber misérablement sous les balles des émigrés. »

Après Waterloo, il est roulé jusqu'à Paris par le

grande solennité, et la Chambre des pairs d'avoir permis tous les délais nécessaires pour la convocation et l'audition des témoins à décharge.

flot de la débandade, il court chez Fouché et exige des passeports sous de faux noms qu'il signe.

Deux jours après, le 22 juin, à la Chambre des pairs, dans une improvisation véhémente où il semble avoir perdu tout courage et toute présence d'esprit, après avoir fait le plus lugubre tableau de la situation de l'armée et conclu à la nécessité d'une paix immédiate, il s'écrie : « Eh ! ne sais-je pas que, si Louis XVIII revient, je serai fusillé ! »

« Je ne me fais pas illusion sur les conséquences inévitables de la conduite du maréchal Ney, — écrivait sa femme (*Placet* au roi, août 1815). — Le sort lui avait réservé une épreuve trop forte pour lui. Cet homme, éminemment remarquable par sa valeur militaire, n'est point doué, à un égal degré, du courage d'esprit. »

Qui avait conduit Ney à cet abîme ? J'écarte la préméditation ; M. Welschinger a mis ce point obscur en pleine lumière et a lavé de ce reproche la mémoire suffisamment chargée du prince de la Moskowa.

Je sais bien que, pendant que Ney affirme avoir reçu, toute faite, des mains des émissaires du général Bertrand, dans la nuit du 13 au 14 mars, la proclamation de Lons-le-Saunier, Napoléon dit n'en avoir connu le texte que le 16 au matin ; il est vrai aussi qu'une copie, de la main du général, traînait sur sa table, avec des variantes sur les « Bourbons et leur noblesse » qui décèlent tout à fait l'état d'âme de Ney ; je sais surtout qu'auprès de Napoléon le malheureux s'est vanté d'avoir prémédité sa défection et d'avoir exagéré son zèle royaliste pour mieux tromper Louis XVIII, que l'Empereur fut révolté par ce cynisme et qu'il apostropha, avec une ironie insultante, le maréchal quand il reparut auprès de lui après deux mois de retraite ! Je sais tout cela, mais, étant donnée la nature mobile et inconséquente de Ney, j'y trouve beaucoup moins un aveu qu'une bravade.

L'ambition l'a-t-elle poussé? Pas davantage. Quels honneurs lui faisaient défaut ? — La cupidité ? Qu'eût-il gagné ? Il faut repousser cette charge odieuse d'avoir fait parade de sa fidélité pour recevoir du roi une grosse somme d'argent [1]. — Alors à quel mobile a-t-il obéi? Il n'eut pas peur, non certes ; mais le « brave des braves » manquait de la plus grande vertu des hommes publics : il n'avait pas de caractère.

Ecoutez Lacordaire :

« La bravoure n'exige qu'une certaine ardeur devant les périls, un mépris de la mort conçu dans un élan et plutôt un héroïque oubli de la raison

---

[1] On ne peut cependant oublier qu'en des circonstances presque identiques, au moment de l'abdication de Fontainebleau, il avait demandé et pris des sommes importantes pour des dépenses imaginaires. Voir les *Souvenirs* du maréchal MACDONALD, p. 294.

qu'une appréciation calme du devoir. Le plus valeureux capitaine peut n'être qu'une femme le lendemain d'une victoire, et ses cicatrices ne couvrir qu'un caractère débile et sans portée.

« Le caractère est l'énergie sourde et constante de la volonté, je ne sais quoi d'inébranlable dans les desseins, de plus inébranlable encore dans la fidélité à soi-même, à ses convictions, à ses amitiés, à ses vertus, une force intime qui jaillit de la personne et inspire à tous cette certitude que nous appelons la sécurité. On peut avoir de l'esprit, de la science, même du génie, et n'avoir pas de caractère.

« Telle est la France de nos jours. Elle abonde en hommes qui ont tout accepté des mains de la fortune et qui n'ont cependant rien trahi, parce que, pour trahir, il faut avoir tenu à quelque chose. Pour eux les événements sont des nuages qui passent, un spectacle et un abri, pas davantage. Ils les subissent sans résistance après les avoir préparés sans le vouloir, jouets inconséquents d'un passé dont ils ne furent pas les maîtres et d'un avenir qui leur refuse ses secrets [1]. »

La maréchale jugeait bien son mari : il n'avait pas de « courage d'esprit » ; et tout marque cette lacune que l'on voit se traduire par ce qui déshonore le plus un soldat : le mensonge.

[1] *Première lettre à un jeune homme sur la vie chrétienne.*

Au cours des débats sur les deux points décisifs de sa défection, il a menti (ce mot brutal est juste). Il a nié la « cage de fer », en se réfugiant derrière des amphibologies, malgré les témoins nombreux et dignes de créance qui affirmaient avoir entendu ce propos, avoué par lui-même à Napoléon. Il a biaisé, pour la proclamation de Lons-le-Saunier, donnant comme preuve de ne l'avoir pas approuvée : « Je ne signe jamais : le prince de la Moskowa ! » — Ce qui était matériellement exact, car il signait : « le maréchal prince de la Moskowa » !!

En présence de ces « faiblesses », il est permis de trouver que l'Anglais Hobhouse voyait juste en écrivant : « Quoi qu'il ait la réputation d'être brave, « il a aussi celle d'avoir un caractère très faible, et « il n'est estimé d'aucun parti. »

Toute sa conduite, pendant la semaine fatale qui l'a conduit au déshonneur, est marquée du signe de la fébrilité. C'est sans la moindre transition qu'il passe d'un camp à l'autre. Le 7 mars, aux Tuileries, il jure fidélité à Louis XVIII ; le 10, il écrit au comte d'Artois pour demander un poste d'avant-garde contre celui « qui joue le dernier acte de sa vie tragique » ; le même jour, il tient, en public, des discours véhéments contre Napoléon ; le lendemain, il témoigne son impatience des retards qui laissent ses effectifs incomplets ; le 12 mars, il déplore qu'on n'ait pas attaqué l'Empereur à Grenoble : « nos embarras seraient terminés » ; le 13, il écrit à Suchet qu'il faut « couper le mal dans la racine », et témoigne son espoir de voir bientôt la fin de cette « folle entreprise ». Dans la même nuit, il... tourne casaque et apporte à celui qu'il injuriait la veille l'appui de son prestige militaire.

Les honnêtes gens, les soldats intègres n'y pouvaient croire : « C'est impossible ! s'écrie Macdonald, Ney est un homme d'honneur ! » — Retournez la phrase et concluez : le maréchal Ney est un homme déshonoré.

II

La trahison est palpable, le maréchal ne l'a jamais niée. Voilà le fait brutal. Quel rôle devait tenir le gouvernement de la Restauration.

Il n'est point douteux que Louis XVIII, esprit calme et nullement sanguinaire, aurait été fort soulagé d'apprendre que Ney avait quitté la France avant que la police ne l'arrêtât. — Je ne crois pas que ce sentiment ait jamais été partagé par la cour ; elle était certes bien dans son droit en gardant contre le prince de la Moskowa une animation violente, et il est malheureusement bien humain d'avoir de la rancune, de la colère, de la haine contre qui a été le principal fauteur d'une catastrophe dont vous fûtes la victime.

Ces ressentiments ne restèrent pas dans la limite légitime et il est à la fois très compréhensible, mais aussi très blâmable, que des femmes, par exemple, aient déployé une animosité cruelle, traduite en propos inconsidérés. Un peu de pitié n'eût pas été déplacée en face d'une grande infortune.

Pour le gros public, la classe moyenne, la majorité de la France en somme, il est certain qu'elle trouva le procès du maréchal très naturel et très juste. Les contemporains ne se payaient pas de phrases déclamatoires; victimes d'une seconde invasion, ils en rejetaient les conséquences sur les auteurs de cette folle équipée; et, les estimant responsables, ils concluaient à leur châtiment. Un homme intelligent, lettré, de condition honorable, de caractère sage, écrivait avec bon sens dans son journal intime : « Nous récoltons tous les fléaux qu'ils ont semés et on leur ferait grâce ! Et on laisserait entre leurs mains la fortune et le pouvoir ! *Ce traité de paix est à mon avis l'acte d'accusation le plus terrible contre Ney, Lavalette et consorts* [1]. »

L'armée comprenait très bien le sort qui attendait le maréchal s'il était arrêté. Aussi tous les efforts du prince de la Moskowa furent-ils déployés pour éviter le jugement des généraux. Quand

---

[1] EDMOND GÉRAUD, *Un témoin des deux Restaurations*, p. 311.

ses avocats eurent plaidé, puis obtenu la déclaration d'incompétence du conseil de guerre, il dit à Berryer, en désignant ses anciens compagnons d'armes : « Ces bougres-là m'auraient tué comme un lapin ! » Et il n'y avait pas le moindre doute, en effet, que des soldats examinant sa conduite de soldat ne l'eussent condamné à mort tout d'une voix. — Plus tard, à la Chambre des pairs, il y avait vingt membres appartenant à l'armée, quinze généraux et cinq maréchaux de France ; sauf un, ils votèrent tous la mort.

Quant à ce qu'on appelait les bonapartistes, ils se divisèrent sur la question : les uns, transfuges aussi d'un homme qui les avait comblés, s'efforcèrent de faire parade pour la cause royale d'un zèle à la fois cynique et cruel ; ce furent les adversaires sans pitié et les promoteurs des mesures de réaction ; Fouché, l'instigateur des ordonnances, marchait à leur tête. Les autres, les officiers surtout et les vieux grognards, gardèrent au cœur une rancune qu'il eût été fortement habile de n'y pas faire naître. Mais, s'ils furent ulcérés, ils ne furent pas surpris. Ce sont les lois de la guerre, ils ne l'ignoraient pas ; ce qui est douloureux, c'est de les voir appliquées par des Français contre le héros de la Moskowa.

Ce procès était-il juste ? Était-il sage ? Fut-il impartial ? Quelles ont été ses conséquences ?

Juste. Il me semble que oui; et c'est précisément le rang social de l'accusé, tout comme l'éclat de sa faute, qui permettaient de faire un exemple sans multiplier les poursuites. Je ne suis certes pas partisan de la maxime : *Expedit unum hominem mori pro populo* ; mais, si le Gouvernement royal devait frapper les traîtres, n'était-ce pas le plus en vue et aussi le moins excusable? Que penser d'un prince qui laisse aller les puissants et les riches pour faire retomber le poids de sa colère sur les petits et les humbles ?

On ne saurait trop le constater, les contemporains n'éprouvèrent pas la moindre surprise, et le gouvernement pas la moindre hésitation. L'effervescence qui anima le pays tout entier vint de ce que les deux partis politiques étaient mis en face l'un de l'autre dans le procès. Il n'y avait qu'un homme en jeu, mais, avec l'esprit synthétique des Français, on personnifia en lui toute la situation, d'où les colères et les espérances. Les royalistes devinrent impitoyables, les bonapartistes (dont Ney, au fond, faisait bien peu partie, car il était plus que tiède pour Napoléon), les bonapartistes jouèrent cette dernière carte avec l'énergie du désespoir [1].

---

[1] Lisez ce passage d'une lettre de Charles de Rémusat (13 novembre 1815) : « Une fois l'incompétence du conseil de guerre

Le procès était-il sage ? Ici, il faut être beaucoup moins affirmatif ; il est fâcheux que le maréchal se soit laissé aller à son caractère indécis et n'ait pas profité des passeports qu'il avait fait rédiger lui-même sous trois faux noms, pour quitter la France ; il eût sauvé ses jours, sans laver sa mémoire.

La Restauration n'aurait pas subi le reproche de sa mort ; il eût perdu pour lui-même une auréole de commisération que la passion politique vint attacher à son supplice et qu'il faut respecter parce qu'elle enveloppe une grande infortune.

Mais, une fois entre les mains de la justice, rien ne pouvait le sauver ; la clémence royale se trouvait si désarmée en présence de l'accusation, qu'elle n'eut pas même l'idée de s'exercer. Louis XVIII aurait perdu le pouvoir de gouverner, le droit d'arrêter les excès, d'atténuer la réaction, ouvrant toute grande la porte de l'impunité[1]. L'avocat peut faire appel à la miséricorde, le juge est condamné à rester inflexible.

Le procès fut entouré de toute l'impartialité désirable ; il ne faut pas en étudier les phases avec

---

déclarée, il y a eu une grande hausse dans les effets des bonapartistes, et, en même temps, toutes les mèches se sont allumées plus que jamais. »

[1] « Le maréchal s'est laissé arrêter, bien persuadé qu'on n'oserait pas le condamner. » *Mémoires de Lavalette*, II, p. 216.

le désir préconçu de sauver les jours du maréchal, la déception rendrait injuste. Dans un drame de l'Ambigu, le public peut s'attendrir sur la « victime » et maudire les juges — qu'il nomme tout de suite des bourreaux, — en histoire ces « emballements » ne sont pas acceptables.

Le seul argument qui puisse être mis en avant, et M. Welschinger l'a exposé avec la conviction profonde de sa justesse et de sa force, c'est la convention de Paris.

Je regrette que l'espace me manque pour examiner cette question avec les développements qu'elle comporte ; quelques mots suffiront peut-être à justifier mon opinion qui ne se rencontre pas avec celle de l'éminent historien.

La convention de Paris fut conclue le 3 juillet 1815 entre les alliés et les commissaires d'un gouvernement provisoire. Elle avait un caractère militaire que Wellington faisait ressortir *dès le lendemain*, dans sa lettre du 4 juillet au comte de Bathurst : « This convention decides all the military questions at this moment existing here and touches nothing political. »

Il ne faut pas être grand clerc pour savoir qu'un traité ne saurait engager que ceux qui le signent. Ni de près, ni de loin, Louis XVIII n'a été partie contractante ; il a pu accepter moralement un accord qui sauvait les débris de l'armée française, mais jamais il n'a sanctionné une convention qui n'a été ratifiée que par la Chambre des Cent Jours. Tout au plus, pour préserver le pont d'Iéna des fureurs de Blücher, a-t-il rappelé les Prussiens au respect de *leur* signature, en invoquant contre leurs prétentions les clauses qui garantissaient matériellement les monuments de Paris. Rappeler à quelqu'un ses engagements n'a jamais prouvé qu'on s'était engagé soi-même [1].

Non, la convention du 3 juillet ne liait pas le roi ; ce qui l'engageait, au contraire, c'était sa proclamation de Cambrai du 24 juin :

« ... Mais le sang de mes enfants a coulé par une trahison dont les annales du monde n'offrent pas d'exemple. Cette trahison a appelé l'étranger au cœur de la France... Je dois exempter du pardon les instigateurs et les auteurs de cette trame horrible. Ils seront désignés à la vengeance des lois par les deux Chambres. »

Or, Louis XVIII a signé l'ordonnance qui frap-

---

[1] Je ne puis entrer ici dans les détails de ce qu'on a si pompeusement appelé le *secret de M. Bignon*. C'est la montagne qui accouche d'une souris ; cette phrase de la propre lettre de Bignon à Berryer père (25 avril 1825) prouve que Louis XVIII invoquait la convention du 3 juillet à propos du pont d'Iéna comme un moyen extrême, et avec l'ignorance même des clauses de ce traité : « ... M. de Talleyrand m'avait dit que le roi, étant au désespoir de la conduite des puissances, *avait demandé si la convention* QUE NOUS AVIONS CONCLUE *ne renfermait pas quelque clause* que l'on pût invoquer pour empêcher cet acte de destruction... »

pait Ney, Labédoyère, Lallemant, Lavalette... sans que les Chambres fussent encore convoquées. Qui connaît les sentiments de la majorité de 1815 reconnaîtra là un signe de haute prudence sous cette apparence d'absolutisme. Désigner les coupables, c'était limiter une liste que Fouché avait déjà voulu porter à cent noms. Et, s'il est vrai que Louis XVIII a manqué à sa parole de Cambrai, personne ne l'en blâmera.

Les conséquences du procès furent lourdes pour la Restauration. Sans doute, le verdict fut exploité par des adversaires, mais je ne sache pas que les ordonnances qui rappelèrent en France, quelques années après, les régicides, aient désarmé beaucoup d'ennemis. Toutes les occasions furent saisies contre elle avec une habileté sans vergogne, et si la maladresse de certains défenseurs lui devint funeste, la persévérance des assaillants emporta enfin la place.

Si on retient le fait de ce procès, il est juste; si on envisage ses circonstances, on constate des passions déchaînées des deux côtés; et, à distance, ces passions nous apparaissent comme fatales.

M. Welschinger les a notées, et il les a flétries; nous les condamnerons avec lui, faisant une part moins large sans doute aux sentiments de miséricorde qui l'émeuvent et qui donnent à son livre un caractère vraiment touchant.

Le sort du maréchal est déplorable, et le cœur se serre à la vue des voiles de veuve et des vêtements de deuil des orphelins, mais le spectacle n'est pas moins douloureux, quand on considère la France envahie, nos musées pillés, nos provinces saccagées, nos caisses vides, les dissensions politiques ravivées, et vingt mille cadavres couchés dans la plaine de Waterloo.

N'est-il pas permis de conclure à la nécessité d'un châtiment public pour celui dont la trahison avouée a facilité ces désastres et qui, après le proscrit de l'île d'Elbe, en demeure le plus responsable devant Dieu et devant son pays ?

LA CAPTIVITÉ DE SAINTE-HÉLÈNE

Accompagnons Napoléon dans la suprême étape de son extraordinaire odyssée.

Si l'on prétend faire naître la commisération et peut-être la sympathie pour ce conquérant dont la personnalité est surtout faite d'égoïsme, il faut le contempler à Sainte-Hélène. Aussi bien, l'infortune est toujours le meilleur avocat des hommes célèbres, et quand ils apparaissent entourés de l'auréole du malheur, la colère s'émousse et l'opposition tombe. On se sent ici pénétré du caractère expiatoire qu'apportent l'exil, la prison et la mort. Si, quelquefois, la balance de l'histoire tend à fléchir, c'est lorsque, dans un des plateaux, se trouvant déjà la justice, se place, dans l'autre, la douleur.

Quel poignant problème psychologique à suivre à travers le cerveau de celui qui avait vu à ses pieds, si peu de jours auparavant, l'Europe et le monde! Maintenant le voilà retenu dans les étroites limites d'une maisonnette, sous le regard immobile d'un caporal anglais!

On peut croire, à certains traits de ses conversations, à certains mouvements de son entourage, que toute espérance d'un retour de fortune, si chimérique qu'elle dût être, n'avait pas abandonné Napoléon. Mais ce sont là des fantômes dont l'esprit veut se bercer comme dans un songe, des lueurs qui empêchent l'atmosphère de découragement de se trop épaissir autour de la pensée. Peu à peu le raidissement contre le sort s'éteignit; la détente était venue, et l'Empereur amoindri, fatigué, las et vieilli, se laissait aller à la vie au jour le jour, bornant son horizon aux arbres de son verger, son orgueil à quelques préséances intimes obtenues par surprise et au détriment de ses aises, ses désirs à quelques verres d'eau fraîche de la fontaine auprès de laquelle ses restes allaient être déposés.

Les dictées du *Mémorial*, les souvenirs de Las Cases, de Montholon, d'O'Meara, d'Autommarchi, étaient à peu près les seules sources où l'on pouvait puiser pour connaître ses six dernières années. Une piste nouvelle est suivie par M. Firmin-Didot[1]; il a été la chercher dans ce dépôt des Archives des Affaires étrangères où tant de documents dorment encore, et il nous donne les rapports de

---

[1] *La Captivité de Sainte-Hélène*, d'après les rapports inédits du marquis de Montchenu, commissaire du gouvernement du roi Louis XVIII dans l'île, par Georges FIRMIN-DIDOT.

l'un des rares Français habitant l'île sans être de l'entourage de l'Empereur.

Les puissances européennes, dans le traité du 2 août 1815, avaient manifesté leur intention d'envoyer des commissaires qui « se rendraient au lieu de séjour fixé par S. M. Britannique à Napoléon Bonaparte, et y resteraient pour s'assurer de la présence du susdit, sans être toutefois responsables de la façon dont le prisonnier serait gardé ».

Le baron de Stürmer pour l'Autriche, le comte de Balmain pour la Russie, furent désignés. Le gouvernement qui avait le plus d'intérêt à posséder un agent clairvoyant et fidèle, c'était celui de France. Il n'y manqua pas. Mais on mit de l'exagération dans le procédé. A l'île d'Elbe, la possibilité du retour était facilitée par le rapprochement, les précautions étaient nécessaires, on n'en avait pris aucune. A Sainte-Hélène, la distance et les circonstances s'unissaient pour entraver toute chance d'une tentative nouvelle, on multiplia les obstacles pour se rassurer soi-même... sans y parvenir.

D'ailleurs, le rang élevé des commissaires fut une maladresse, tout au moins une inutilité ; au lieu de personnages diplomatiques et militaires, trois officiers alertes, surtout trois policiers habiles, eussent mieux fait l'affaire, et à moins de frais. Les commissaires jouèrent le rôle le plus effacé du monde, gênant le gouverneur anglais, gênés par lui et tenus à l'écart par l'Empereur avec un acharnement qui était sa seule vengeance possible, son seul moyen de les bafouer, parce qu'il leur faisait manquer tout le but de leur mission : s'assurer par leurs yeux de la présence de l'exilé.

Napoléon avait voulu les recevoir en ambassadeurs; ils s'étaient récriés avec raison sur cette prétention ridicule; — mais, quand Montholon avait demandé à voir leurs pouvoirs officiels, à leur tour ils durent battre en retraite, ayant oublié (cela donne la note de l'affolement du moment) de se munir du texte du traité du 2 août. Ce fut à grand'peine qu'on retrouva, dans un vieux numéro des *Débats*, les clauses de cet acte qui établissait leur mission à Sainte-Hélène. — Napoléon s'obstina à leur fermer sa porte et à se donner ainsi le plaisir de berner quelque peu le gouvernement de Louis XVIII.

Ils abordèrent dans l'île le 17 juin 1816; une vie monotone et triste leur fit promptement souhaiter d'en sortir; l'Autrichien obtint d'être rappelé dès le mois de juillet 1819; le Russe, en avril 1820. Le commissaire français resta seul; il ne devait se réembarquer qu'après la mort de Napoléon.

Il se nommait le marquis de Montchenu. A défaut d'une intelligence supérieure, il avait assez de zèle pour remplir la tâche qui lui incombait, tâche grave selon les instructions du duc de Richelieu : « Le point où vous résidez est pour nous le point du monde le plus important; toutes nos lunettes doivent être incessamment braquées sur ce rocher. Méditez bien l'immense responsabilité qui pèse, en grande partie, sur vous; ne négligez aucun moyen d'être informé. Le Roi vous saura gré de tout ce que vous ferez pour le tenir instruit des projets et des espérances des habitants de Longwood. Si vous éprouviez des difficultés de la part des autorités anglaises, ne manquez pas de me le mander avec détail, pour que je puisse intervenir auprès du Gouvernement britannique, afin de les faire lever [1]. »

Quels étaient les précédents de M. de Montchenu ?

Issu d'une ancienne famille du Dauphiné [2], il entra au service à quinze ans, en 1772 comme chevau-léger de la garde du roi ; capitaine en 1779, colonel en 1782, mestre de camp en 1790, chevalier de Saint-Louis l'année suivante ; il rejoignit le comte de Provence à Coblentz, fit partie de l'armée des Princes, comme « premier aide maréchal des logis de la cavalerie ». Il rentra en France sous le

---

[1] Lettre du 27 août 1818.
[2] Fils de Joseph de Montchenu et d'Henriette de l'Etang de Murat.

Consulat, mais par point d'honneur ne servit jamais l'Empire, qui lui eût cependant accordé volontiers ses faveurs. A tout prendre, c'était donc au moins un fidèle. Retiré à Lyon, il fréquentait la maison de Jal, alors tout enfant, mais ayant gardé un profond souvenir de cet ami de son père qui parlait bien, avait beaucoup vu et était inépuisable en anecdotes [1]. Il ne tarissait pas contre l'Empereur : « cet homme », disait-il avec plus de dédain que d'acrimonie ; il collectionnait les caricatures, répandait les pamphlets, et se trouvait le correspondant d'un comité royaliste de Paris, mais avec tant de discrétion qu'on ne le sut qu'en 1814.

Jal rapporte un de ses propos habituels : « Quand cet homme sera tombé, je supplierai le Roi, mon maître, de me faire son geôlier. » — Ce discours révèle une idée fixe ; quand on sait la suite, le mot, on en conviendra, est curieux ; c'était donc chez Montchenu une « vocation » que les événements se chargèrent de réaliser point par point.

Son caractère n'était peut-être pas bien facile à saisir, car les témoignages varient sur son compte. On prétend que Napoléon aurait dit de lui : « C'est un de ces hommes qui peuvent accréditer dans le monde l'ancien préjugé que les Français ne sont

---

[1] Il lui a consacré un article très curieux dans son *Dictionnaire de biographie et d'histoire*.

que des saltimbanques. » Le baron de Stürmer écrivait à Metternich : « Je suis loin de soupçonner sa fidélité envers son roi ; mais il a peu d'instruction et manque absolument de tact ; une vanité sans bornes est le mobile de toutes ses actions. »

Par contre, le maréchal de Broglie, sous les ordres de qui il avait servi longtemps, le tenait en estime particulière ; et Montholon, à la fois bien placé pour le connaître et pour n'avoir à son égard que de l'antipathie politique, a écrit dans ses *Mémoires* : « Nous eûmes en toutes occasions à nous louer de lui. » — Il paraît qu'il joua son rôle à Sainte-Hélène avec dévouement et activité ; il me fait un peu l'effet d'un Montlosier militaire, sorte de *féodal*, d'humeur pessimiste et chagrine, aigri par une vie de traverses et assez porté à se plaindre du sort, mais capable de lui résister.

Fait singulier, s'il est vrai, colonel en second d'un régiment de cavalerie, il aurait connu à Valence le jeune lieutenant d'artillerie Bonaparte ; bien plus, ils auraient été rivaux dans les soins que tous deux rendaient à Mlle de Saint-Germain, qui épousa M. de Montalivet. Un Cagliostro quelconque, passant alors à Valence, eût été bien fin de prédire la destinée de ces deux hommes, et les eût sans doute aussi rendus graves en leur dévoilant que leur prochaine rencontre aurait lieu trente-quatre ans plus tard, sur un rocher perdu de l'Atlantique, l'un chargé de constater *de visu* la mort de l'autre et de l'apprendre officiellement à la France.

Quand le marquis de Montchenu eut vu finir, en 1821, sa mission, il retourna en Europe. M. Firmin-Didot ne nous dit pas ce qu'il devint. Sa propre famille, que j'ai interrogée (il avait épousé Mlle de Maupeou), ne sait guère autre chose sur lui que la date de sa mort, et ses propres amis avaient perdu sa mémoire, si j'en crois le silence que gardent sur son compte les papiers — rares il est vrai — du chevalier de Dineur, mon arrière-grand-père, qui, cependant, avait entretenu avec lui une liaison étroite [1].

Cette liaison n'intéresse en rien le public, et je n'y ferais pas allusion si, récemment, on n'avait publié [2] les principaux passages d'une lettre très curieuse de M. de Montchenu à M. de Dineur, que je tiens à reproduire intégralement ici, parce que le texte en sera complet et que les détails, très caractéristiques qu'elle donne, sont en parfait accord avec les rapports envoyés au gouvernement royal [3].

---

[1] Claude-Marie-Henri de Montchenu mourut à Dieppe, le 18 août 1831. — Il avait joui sous la Restauration d'une très modeste pension de 2.800 francs.

[2] *Figaro* du 4 avril 1894.

[3] J'ajoute une autre remarque : sacrifiant aux préjugés des gentilshommes de son temps, M. de Dineur se battit en duel, dans les dernières années de la Restauration, avec le général de Montholon ; j'ai toujours ignoré pour quel motif au juste ; je croyais

« Sainte-Hélène, le 23 Juillet 1816.

« Mon cher Ami,

« Vous ne pouvez vous faire aucune idée de cette île, tout ce que vous en avez entendu dire en fait un paradis auprès de la réalité ; l'aspect en est encore plus hideux ; dans l'intérieur, vous ne voyez que des montagnes pelées sans végétation, une seule plaine, où habite Buonaparte. On rencontre, par ci, par là, quelques arbres ; on ne récolte que des pommes de terre et quelques légumes en petite quantité. Une seule petite ville, où il y a une soixantaine de maisons, pas un seul village, quelques chaumières éparses que l'on décore du nom pompeux de maisons de campagne, dont une partie est à peu près logeable, de très beaux chemins taillés dans le roc, bordés de précipices effrayants, point de sentiers praticables, voilà, mon cher, le séjour de votre ami, qui, de plus, ne sait pas la langue du pays, et, quand il la saurait, il n'en tirerait pas grand parti. Si vous me plaignez, arrachez-vous les cheveux de ne m'avoir pas suivi.

qu'il s'agissait d'une dispute de jeu ; mais, aujourd'hui, en songeant à son intimité avec M. de Montchenu, il ne me paraît pas invraisemblable de penser qu'il eut une discussion politique (son intransigeance royaliste et la fougue de son caractère me le prouveraient) avec le compagnon d'exil de l'Empereur, sur les affaires de Sainte-Hélène, dont l'avait fort instruit l'ancien commissaire de Louis XVIII, son ami.

On manque de tout; tout y est d'un prix exorbitant. Pour vous en faire une idée, il faut que vous sachiez que tout ce que nous mangeons nous vient de l'Angleterre ou du cap de Bonne-Espérance, qui est à six cents lieues. Le charbon pour la cuisine vient d'Angleterre, car l'île ne fournit pas de bois à brûler. Il nous est arrivé, il y a quelques jours, des bœufs du Cap; on en avait embarqué trente-cinq; onze sont morts en route; un petit mouton coûte 5 louis; un poulet bien sec de 10 à 15 francs; le pain, qui est ce qu'il y a de meilleur marché, 22 sous la livre; une paire de souliers, 18 francs.

« Maintenant que vous connaissez toutes mes misères, je vais vous parler de notre grand homme, de sa *position* et de sa *garde*.

« La garnison de Sainte-Hélène est de deux mille cinq cents hommes. Il y a 50 pièces d'artillerie et une vingtaine de mortiers qui défendent les côtes.

« Buonaparte occupe la maison de campagne du lieutenant-gouverneur, située dans l'unique plaine qui soit dans l'île et connue sous le nom de Longwood. Cette plaine est entourée de précipices, et l'on ne peut y parvenir que par un seul chemin. Autour de la maison campe le 53ᵉ régiment, et, plus loin, se range un parc d'artillerie, tandis que les confins de la plaine sont bordés de petits postes de troupe.

« Il a cinquante hommes pour le servir, il jouit de

la liberté de sortir seul, je veux dire sans être accompagné de ses surveillants. Mais, s'il désire sortir de cette plaine, Buonaparte doit être suivi d'un officier en uniforme qui ne le quittera point d'un pas et qui devra connaître « tout ce qu'il aura fait dans la journée. »

« Les personnes qui composent « la suite de l'Empereur » sont surveillées par des officiers d'ordonnance, et les valets par des sous-officiers.

« A toute heure du jour et de la nuit, le gouverneur est averti, au moyen d'un télégraphe, de ce qui se passe dans l'île. En quelques minutes, il est renseigné, et si quelque « événement » survenait, la garnison serait promptement sous les armes.

« Telles sont les précautions prises sur terre autour de Buonaparte.

« Quant aux précautions prises du côté de la mer, elles sont encore plus rigoureuses : deux frégates stationnent à l'ancre, tandis que deux bricks tournent sans cesse autour de l'île et, depuis six heures du soir jusqu'à six heures du matin, des chaloupes armées font patrouille le long des montagnes qui bordent la mer.

« Dès que le jour baisse, les bateaux appartenant tant aux particuliers qu'aux navires de guerre sont obligés de rentrer, car on a l'ordre de tirer sur toute embarcation qui se présenterait après neuf heures.

« Enfin, il est impossible de naviguer dans les eaux de Sainte-Hélène sans avoir le mot d'ordre ; autrement, il faut s'attendre à être arrêté et canonné.

« Aucun vaisseau étranger ne peut aborder. Une piastre (5 fr. 50) est accordée sur-le-champ à celui qui en signale la présence à vingt lieues à la ronde. Alors on l'éloigne par signaux. Ajoutez à ces précautions que la côte est très dangereuse. Les brisants sont tellement redoutables que l'on est souvent obligé de rester plusieurs jours en mer, sans pouvoir atterrir.

« Vous comprendrez qu'ainsi, mon cher, toute évasion devient physiquement impossible. En admettant même que le gouverneur voulût favoriser la fuite de Buonaparte, il faudrait encore que l'amiral fût de connivence avec lui. Maintenant si, trompant la confiance de l'autorité supérieure, l'amiral laissait approcher, par une nuit favorable, deux ou trois chaloupes ayant pour objectif la délivrance de notre prisonnier, quel serait le sort de ces chaloupes ? Elles auraient à essuyer un feu des plus formidables, et leur petite troupe de débarquement serait vite arrêtée, les chemins étant fortement gardés.

« L'autre jour, en faisant une reconnaissance avec le gouverneur, il m'a semblé qu'un point de la côte n'était pas suffisamment défendu, malgré ses vingt-six pièces de canon, parce qu'une des batteries de flanc se trouvait trop élevée. Alors, je choisis un endroit voisin où le roc calciné pouvait permettre le facile établissement d'une batterie de quatre pièces à fleur d'eau ; on y travaille en ce moment.

« C'est vous faire entendre qu'il ne se fait rien sans que j'en sois instruit. Rassurez donc nos bons Angoumoisins[1], et vous, mon cher ami, vivez tranquille, car vous ne le verrez plus, du moins tant que je serai ici.

« Aussitôt le soir venu, Buonaparte et son personnel doivent être rentrés dans l'habitation qui leur a été désignée pour n'en plus sortir que le lendemain matin.

« La maison est entourée de sentinelles ayant l'ordre de tirer sur quiconque se présenterait, et « l'Empereur » et sa suite ont acquis la certitude que cet ordre serait exécuté, puisque pareil fait s'est produit. »

. . . .

« J'espère cependant bien ne pas mourir dans cette île, à moins, toutefois, que la faim ou l'ennui ait raison de ma santé. En ce cas, chaque mois de séjour me sera sûrement compté pour plusieurs années de purgatoire. — Voyez, mon bon ami, quels

---

[1] M. de Dineur habitait alors Angoulême.

moyens de salut vous avez négligés en ne me suivant pas !

« Buonaparte, en arrivant à Sainte-Hélène, avait été logé chez un habitant nommé Balcombe dont une des filles, âgée de quatorze ans, répond au nom de Betzy.

« Or, cette petite, qui est très jolie et charme surtout par son esprit joyeux et la fougue de son caractère, plaît à l'Empereur au point qu'il s'en montre amoureux.

« Hier, causant avec elle, je lui dis :

— Mademoiselle Betzy, je ne m'étonne plus de vous entendre parler aussi bien le français, car on vient de m'annoncer que vous aviez choisi Buonaparte pour vous l'enseigner?

— Ah ! certainement non, me répondit-elle, *je le trouve trop grossier pour cela.*

— On m'a cependant affirmé, repris-je, que vous aviez su l'apprivoiser, et qu'il était épris de votre charmante personne.

—Vous ne le connaissez donc pas? *Il n'est point galant du tout.*

Sur ces entrefaites, parut la sœur de Betzy, qui me raconta qu'un jour, la trouvant seule chez elle, *Buonaparte lui avait pris une oreille en la secouant très fort*, et qu'il lui *avait causé grand mal.*

— Eh bien, que fit cette jolie main ? lui dis-je.

— *Je lui lançai un fameux soufflet, et il en*

fut si en colère, il me serra le bout du nez avec une telle violence que je l'ai eu rouge pendant toute la journée...

— Moi, je vous aurais embrassée, fis-je galamment, *et je baisai la petite main qui avait souffleté le Grand Homme.*

— Une autre fois, me dit-elle, je pris une épée dans la chambre de mon père, je la sortis du fourreau, et je fondis sur Buonaparte. Mais vite il se retira dans un coin en criant de toutes ses forces. Le garde vint à son secours et me désarma.

— Vous vouliez donc le tuer, Mademoiselle ?

— *Non, mais je voulais le piquer un peu pour voir la couleur de son sang !*

« Sauf ces petits incidents, mon cher ami, il ne se passe rien d'amusant dans cette île. *Buonaparte est presque toujours de mauvaise humeur, il vexe tous ceux qui l'entourent et continue de se faire servir en Empereur. Du reste, il en impose encore à tout son monde.*

« J'ai fait une traversée superbe.

« Recevez, mon cher ami... »

« Le marquis de Montchenu. »

L'acrimonie et la défiance de cette lettre s'expliquent par la date (1816) ; ces sentiments *ultra* ne permettaient pas d'espérer des rapports bien fréquents avec Longwood ; Napoléon eut soin qu'ils ne s'établissent même pas. Peu à peu, cependant, la détente se produisit ; et, deux ans après, un jour que M. de Montchenu et M. de Balmain, le commissaire russe, avaient poussé leurs chevaux dans un vallon voisin de Longwood, Napoléon leur envoya une collation servie avec toute la recherche possible dans sa vaisselle de campagne et apportée par son maître d'hôtel et tous ses gens. Bien plus, il faisait officiellement complimenter M. de Montchenu sur la naissance du duc de Bordeaux !

Le seul point sur lequel il se montra intraitable ce fut les visites. Quand, le 6 mai 1821, Montchenu fut introduit dans la chambre de l'Empereur, et qu'il regarda celui qui avait été Napoléon, couché

Dans ce lit où jamais le dormeur ne remue,

il contemplait ses traits pour la première fois, depuis six ans qu'ils habitaient la même île.

Du moins, s'il avait peu vu l'Empereur, il était fort au courant de ses faits et gestes, comme aussi de ceux de son entourage ; et ses rapports apportent ici une série d'informations de premier ordre. Il faudra désormais en tenir compte pour avoir la vérité que le *Mémorial*, en trop d'endroits, avait accommodée à sa guise.

Sur le genre de vie de Napoléon il y a bien des légendes à détruire. Ce n'était vraiment pas celle d'un *prisonnier*, entendu au sens ordinaire du mot : quarante domestiques et douze chevaux de selle, six chevaux à sa voiture, aux portières de laquelle caracolaient deux officiers *français*, ne constituent pas des sévérités bien grandes. Il n'en usa pas souvent, car il fut irrité de la présence d'un officier anglais qu'on prétendit lui imposer. Il n'en reste pas moins excessif de dire que, si sa santé souffrit du manque d'exercice, ce fut entièrement de la faute de ses gardiens.

Oui, certes, l'Angleterre mit dans son rôle de geôlier une acrimonie sans excuses ; elle était servie, dans cette vilaine besogne, par Hudson Lowe, « petite tête qui succombe sous le poids énorme de la garde d'un petit rocher inaccessible, défendu par une armée de terre et de mer », écrivait Montchenu, et qui déploya à la fois l'entêtement d'un esprit étroit et la brutalité pleine de fiel d'un cœur lâche.

Mais en principe, cet exil, cette mise en captivité, sont explicables de la part des « alliés ». En 1814, Napoléon avait été considéré comme souverain ; en 1815, il se présentait comme « le chef d'une force informe, sans caractère politique reconnu et, en conséquence, sans avoir aucun droit de prétendre aux avantages et aux égards dus à la puissance publique par les nations civilisées, même quand elle est plongée dans l'infortune ». « Cette distinction a été la base de toutes les précautions prises, de toutes les mesures exercées envers un homme qui, ayant cessé d'être reconnu comme le souverain de la France, devait nécessairement en être traité comme le perturbateur[1]. »

Il serait aussi puéril que déplacé de s'appesantir sur les dépenses de table d'un homme dont la sobriété est connue, mais enfin, pour bien comprendre son existence d'exilé, il faut en peser tous les détails, et quand je trouve que dans sa maison, au seul mois de juin 1816, on a consommé onze cent trente bouteilles, dont quinze de champagne et trois cents de Bordeaux[2], je ne puis m'empêcher d'en être fort heureux pour le bien-être de l'illustre prisonnier, mais ce même bien-être ne me cause plus d'alarmes.

Paulo majora canamus; laissons ces mesquineries. Il y avait incontestablement, à Longwood, une « cour », à s'en tenir aux querelles intestines qui régnaient entre ceux qui la composaient. Est-il donc vrai que les préséances armeront toujours les

---

[1] *Mémoire* remis par le cabinet de Russie sur l'existence de Napoléon Bonaparte dans l'île de Sainte-Hélène, et annexé au protocole du 13 novembre 1818, au Congrès d'Aix-la-Chapelle. — Arch. Aff. étrangères, tome 1804, fol. 421.
[2] *Carnet d'un voyageur.* — Bibliothèque nationale, Lb. 48. — 1943.

uns contre les autres des hommes réunis, même dans l'île de Robinson ?

Irascibles, jaloux, envieux, les compagnons de l'Empereur en venaient à échanger des cartels ; Gourgaud semble avoir eu les torts les plus graves, tout au moins le caractère le plus intraitable. Sa vanité recevait de Napoléon des démentis publics, ses vantardises des désaveux répétés ; des questions d'argent, peu honorables, compliquèrent les choses. La veille de son départ pour la France, Napoléon lui aurait dit : « Allez où vous voudrez ; vous êtes né canaille, et canaille vous mourrez [1]. »

Montholon garda plus longtemps la confiance de l'Empereur ; — il était, d'ailleurs, à la veille de la perdre et de quitter Sainte-Hélène, quand celui-ci mourut ; — et c'est sous sa signature qu'avait été remis au gouverneur le « Mémoire » de protestation contre le traité du 2 août 1815.

C'est une page très éloquente, où la griffe de Napoléon se sent à chaque ligne ; pleine de verve et de hauteur, pleine aussi de déclamation et trop souvent d'inexactitude. On reconnaît là ce style impérial allant droit au but ; s'il rencontre des difficultés, il les brise ; des contradictions, il n'y prend garde ; des preuves contre lui-même, il les méconnaît. Ferme, étincelant, juste dans les

---

[1] Lettre de Montchenu, 5 mai 1818.

grandes lignes, exagéré et mensonger dans les détails, c'est tout l'homme.

Bientôt l'énergie abandonna l'Empereur ; il eut des crises de santé qui le jetèrent dans cet état d'affaissement physique et de torpeur morale qu'on remarqua après la Bérésina, après Leipsick, après Waterloo. D'abord il avait laissé s'épancher sa nature dominatrice en des colères fréquentes ; on l'avait vu briser une chaise sur le dos d'un domestique qui lui avait versé par mégarde un flacon d'eau de Cologne sur la tête ; il était resté hautain dans les formes, laissant tout le monde debout autour de lui pendant des heures entières. En 1818, la détente se produisit ; il demeura des semaines confiné dans sa chambre, il en arriva à ne plus se faire la barbe ; — mais, quand il se resaisissait, des éclairs de génie venaient, comme aux beaux jours, illuminer sa parole.

Ces conversations, même par bribes, que M. de Montchenu a recueillies avec sagacité, forment les pages les plus typiques de ses rapports. Véritablement, Napoléon comprenait mieux les événements, même ceux dont il était la victime, que ses adulateurs à tout prix. Il a des aveux trop caractéristiques pour être oubliés :

Dans la question religieuse, il remarque que le « coup d'Etat » contre Pie VII « a été une des principales causes de sa chute ». Il prévoit les événements de 1830, non seulement pour la France avec l'usurpation de la famille d'Orléans, mais aussi pour les Pays-Bas, où l'intolérance du roi de Hollande amènera la rupture avec la Belgique catholique. — Il trouve Louis XVIII, empêtré dans la Charte et le parlementarisme, un « révolutionnaire ». — Il le plaint d'avoir conservé les fonctionnaires et les généraux bonapartistes ; il a cette phrase bien juste : « Ney et Labédoyère n'étaient pas seuls dangereux. »

L'exécution du prince de la Moskowa lui semblait indispensable: il est seulement surpris qu'il ait été fusillé, étant jugé par un tribunal civil, et il se console par cette réflexion: « Au reste, il m'avait trahi à Fontainebleau. »

On multiplierait les citations de ces causeries intimes; ce n'est plus là la pose théâtrale des dictées du *Mémorial*, mais c'est encore la marque de cet esprit ouvert sur toutes choses, que l'orgueil seul conduisait aux abîmes en lui voilant les yeux dès que sa personnalité était en jeu.

Ses derniers jours furent lugubres, ses dernières heures lamentables. Son tempérament, miné sans doute par le climat, mais plus ruiné encore par la souffrance morale d'une irrémissible chute, ne résistait plus. Les suprêmes efforts d'une volonté qui avait maîtrisé le monde s'épuisèrent à refuser des remèdes ; l'agonie fut douloureuse, halotante, oppressée.

Montchenu écrit : « Pendant ces dernières heures de sa vie, l'Empereur resta étendu sur le dos, sans faire un mouvement ; une seule fois, cependant, il rapprocha ses mains très lentement et en tremblant ; elles se rejoignirent, mais, un instant après, elles s'ouvrirent pour ne plus se refermer. »

Dieu veuille que ce dernier geste ait été le commencement d'une prière et qu'on ait entendu distinctement là-haut, comme dit le poète.

« Un nom qu'il n'osait achever ».

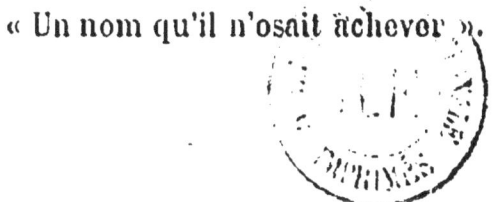

TABLE NOMINATIVE

A

About, 54.
Abrantès (duchesse d'), 14.
Aché (d'), 148.
Albe (duc d'), 148.
Alcibiade, 284.
Alexandre, 46.
Alexandre 1ᵉʳ (Empereur de Russie), 178-179-182-184-185-188-189-190-191-192-196-198-202-203-207-208-209-211-213-214-215-217-257-276.
Alquier, 64.
André (d'), 288.
Angoulême (duchesse d'), 286.
Antiochus, 102.
Antomarchi, 319.
Argenton, 258.
Artois (comte d'), voir: Charles X.
Ashburnham, 16.
Astros (d'), 89-237.
Aumale (duc d'), 56-301.

B

Bacciochi (Elisa), 69.
Baïractar, 190.
Balachof, 203-215.
Balcombe, 331.
Balcombe (Betzy), 331.
Balmain (de), 320-333.
Barral (de), 88-240.
Barrow (Isaac), 24.
Barrow (Jean), 24-30.
Bassano (duc de), voir: Maret.
Bathurst (de), 314.
Bazaine, 301.
Becquet (Saint Thomas), 24.
Bérenger, 42-122.
Bernadotte, 209-212-213-256-257-259-264.
Bernardin de Saint-Pierre, 144.
Berry (duc de), 285.
Berryer, 303-311-315.
Berthier (général), 59-76.
Berthier (maréchal), 76-263.
Berthois, 256.
Bertrand (général), 167-168-305.
Bertrand (lieutenant), 256-257.
Bessières, 274.
Bessola, 68.
Bexon, 150
Bigot de Préameneu, 76-244-248.
Bignon, 315.
Bigarré (général), 124-125-126-128-133.
Blanqui, 14.
Blücher, 315.
Boccheciampe, 260.
Bonaparte (Caroline), 264.
Bonaparte (Charles), 3.
Bonaparte (Charles-Lucien), 15.
Bonaparte (Elisa), voir: Bacciochi.

BONAPARTE (Joseph), 53-62-126-128-148-189.
BONAPARTE (Jérôme) Roi, 53-265.
BONAPARTE (Jérôme) Prince, 16-17-41-84-108.
BONAPARTE (Louis), 53.
BONAPARTE (Lucien), 9-53.
BONAPARTE (Napoléon), *voir :* Napoléon I*er*.
BONAPARTE (Pauline), *voir :* princesse Borghèse.
BONIFACE, 156.
BORDEAUX (duc de), 272.
BORGHÈSE (prince), 59-69-74.
BORGHÈSE (princesse), 69.
BOSSUET, 30-61-250.
BOULART (général), 124-125-126-127-129-132-134.
BOULOGNE (de), 87-243-248.
BOURBON (Marie-Louise de), 71.
BOURDALOUE, 30.
BOURRIENNE, 14.
BOUTREUX, 260.
BRIÈRE (de la), 124.
BROGLIE (duc de), 148.
BROGLIE (duc Albert de), 206-298.
BROGLIE (maréchal de), 324.
BROGLIE (M*me* de), 89-155-157-158-247-248.
BRUNE, 299.

C

CAAMANO, 260.
CAISE, 19.
CAPRARA (cardinal), 60.
CAMBACÉRÈS, 46-53-239.
CAMBRONNE, 295.
CARRÉ, 299.
CARTEAUX, 28.
CASTELLANE (maréchal de), 128.
CATHERINE (Sainte), 107.

CATHERINE II, 184.
CAULAINCOURT (duc de Vicence), 188-211-276-277.
CASELLI, 83-239.
CÉSAR, 46.
CHABROL (de), 74-75-78-79-80-85-87-101.
CHAMPAGNY, 60.
CHAPTAL, 22-35-37-38-40-42-43-46-47-49-50-52-53-121.
CHARLEMAGNE, 64-112-216.
CHARLES QUINT, 165.
CHARLES X (comte d'Artois), 126-272-286-287-308.
CHARLES XII, 203.
CHARLET, 234.
CHARLOTTE CORDAY, 148.
CHATEAUBRIAND, 228-234.
CHAUVELIN, 151-153.
CHÉLARD, 169-170-172.
CHOISEUL, 38.
CHOTARD, 58-59-76-77-96.
CHRISTINE DE SUÈDE, 93.
CICÉRON, 268.
CINÉAS, 185.
CLERMONT-TONNERRE, 271.
COCHON, 152.
CONSALVI (cardinal), 61-99-100-227.
CONSCIENCE (Victor), 145.
COSTON (de), 14.
CRESSEN, 38.
CZARTORYSKI (prince), 209.

D

DANDOLO, 166-173-175.
DAUNOU, 87.
DAVID, 9.
DECAEN, 299.
DECAZES, 8.
DELABORDE, 258.
DELLARD (général), 124-125-126-127-128-130-132.

TABLE NOMINATIVE

Delmas, 255.
Delorme, 20.
Desmousseaux, 148.
Dineur (de), 325-330.
Donadieu, 256.
Donat, 254.
Doulcet de Pontécoulant, 148.
Drouet d'Erlon, 304.
Dupin, 57-303.
Dupont (général), 189.
Duroc, 98-274.
Duvernet, 26-29.
Duvoisin, 88-240.

E

Emery (abbé), 87-225-239.
Enghien (duc d'), 50-254-303.
Etang de Murat (de), 322.
Eugène (prince) Beauharnais, 61-62-81-197.

F

Faipoult, 148.
Fallot de Beaumont, 150.
Fébronius, 154.
Fénelon, 30.
Ferdinand Ier, roi des Deux-Siciles, 63.
Ferrand, 148.
Fesch (cardinal), 9-15-89-220-221-222-223-224-225-227-228-229-231-232-234-237-239-242-244-246-248-250-264.
Firmin Didot, 319-325.
Fontana, 238.
Fouché, 70-149-169-197-254-256-259-311-316.
Fournier, 255.
François Ier, roi de France, 95-165.

François Ier, empereur d'Autriche, 81.
Franckenberg (cardinal), 149.
Frédéric Ier, 93.
Frédéric II, 93.
Frémy, 228.

G

Gabrielli (cardinal), 64-237.
Gambetta, 31.
Georges, 233.
Gérard, 181.
Géraud (Edmond), 299.
Gerson, 26-30.
Gioberti, 23.
Goliath, 139.
Gontaut (duchesse de), 271.
Gourgaud, 326.
Gourdon (de), 295.
Gouvion-Saint-Cyr, 279.
Grégoire VII, 85-156.
Grégorio, 238.
Grosbon, 297.
Guérin, 181.
Guidal, 260.
Guillemin, 291-292-293.
Guillon, 234.

H

Haussonville (comte d'), 55-56-57-58-59-67-71-90-96.
Héliodore, 102.
Henri IV, roi de France, 95.
Henri IV, empereur d'Allemagne, 93.
Herbouville (d'), 148-182.
Heymann, 171.
Hirn (Mgr), 89-149-157-247-248.
Hobhouse, 308.
Hortense (Reine), 81.

HOUSSAYE (Henry), 283-284-286-287-289-290-291-292-293-295-297-298-299-300-301.
HUDSON LOWE, 334.
HUGO (général), 124.
HUGO (Victor), 122-254.
HYDE DE NEUVILLE, 271-280.

I

IMARIGEON, 26.

J

JAL, 19-323.
JEANNE D'ARC, 107-108.
JOSEPH II, 140-141-143-154.
JOSÉPHINE, 10-53-81-117-191-230.
JULES II, 196.
JUNO, 14.
JUNOT, 168.

K

KOURAKINE, 191-212.

L

LABÉDOYÈRE, 316-338.
LAFORIE (de), 139-144-146-154-159.
LACORDAIRE, 306.
LACOSTE, 148.
LAFOND (abbé), 260.
LA FONTAINE, 116.
LAGORSSE, 93-101.
LAHORIE, 260.
LALLEMAND, 316.
LAMARQUE, 279.
LAPISSE, 257.
LARREY (baron), 1-3-4-7-8-9-11.
LAS CASES, 28-349.
LAURISTON, 165.
LAVALETTE, 310-316.

LAVOISIER, 37.
LEBRUN, 75.
LELZELTERN (de), 59-80-82.
LEFEBVRE, 65.
LEFEBVRE (maréchal), 263.
LIBRI, 14-15-16.
LIGNE (princesse de), 9.
LOISON (général), 258.
LOUIS XIII, 95.
LOUIS XIV, 274.
LOUIS XVI, 82-181.
LOUIS XVIII, 38-126-233-265-270-272-285-287-290-293-295-297-301-304-305-306-308-309-313-314-315-316-321-322-326-338.
LOUIS-PHILIPPE, 115-122-128.
LUCRÈCE, 283.
LYONNET (abbé), 15-16-221-223.

M

MABLY, 23-26-29.
MACDONALD (maréchal), duc de Tarente, 132-263-268-269-270-271-272-273-275-276-277-280-281-282-297-309.
MACK, 281.
MAGGIOLO (M.), 76-77.
MAHOMET, 46.
MAISTRE (Joseph de), 92-208.
MALET (général), 259-260-261-262-263.
MALLET DU PAN, 145.
MANNAY (M.), 88-210.
MARBEUF (de), 46.
MARBOT (général de), 124-273-280.
MARET (duc de Bassano), 3-277.
MARIE-LOUISE, 10-53-156-181-192-230.
MARMONT (maréchal), duc de Raguse, 121-163-166-167-169-174-175-263-273-275-276-277.

TABLE NOMINATIVE

Masson (Frédéric), 15-17-18-19-20-21-26-32-33-103-104-105-106-107-108-109-113-114-115-117.
Maupeou, 325.
Maury (cardinal), 77-96-239-244-245-249.
Mayol de Luppé, 56-58.
Meissonnier, 105.
Merle, 258.
Merlin (général), 292-293.
Merlin de Douai, 116-141.
Méry, 254.
Metternich (prince de), 80-82-83-194-195-232.
Metternich (princesse de), 81.
Michel (saint), 107.
Miollis (général), 62-63.
Miot de Mélito, 22.
Mistral, 13.
Molitor, 165.
Monck, 25.
Montalivet (de), 324.
Montchenu (Joseph de), 322.
Montchenu (marquis de), 318-321-322-323-325-326-332-333-334-337-339.
Montlosier (de), 324.
Montmorency (Mathieu de), 91.
Montholon, 319-321-324-328-336.
Moreau, 126-254-274.
Moskowa (prince de la), voir: Ney.
Mourad Bey, 278.
Murat, 121-197-264.

N

Napoléon 1er (Bonaparte), 2-5-6-8-10-12-14-15-16-17-18-19-20-21-24-25-26-27-28-29-31-32-33-34-37-42-44-47-48-49-50-51-52-53-55-57-60-61-64-67-73-75-77-79-81-82-84-86-87-89-90-91-93-97-98-100-105-106-112-113-115-116-118-120-121-123-128-131-132-137-141-147-149-150-155-157-158-159-160-163-167-168-178-181-183-185-187-188-189-190-191-192-194-195-196-197-198-199-200-201-202-204-205-207-208-209-210-211-212-213-214-215-216-217-219-222-225-226-229-230-232-233-236-238-239-242-244-245-253-254-256-258-262-263-265-266-270-272-273-274-275-276-279-284-288-289-292-294-295-296-305-308-312-318-319-320-321-323-324-326-327-328-329-330-331-332-333-334-335-336-337.
Napoléon III, 117.
Narbonne (de), 212.
Nesselrode, 196.
Ney (maréchal), prince de la Moskowa, 263-276-279-298-302-305-306-308-309-310-312-316-338.
Newton, 24.
Nodier (Charles), 172.

O

O' Meara, 319.
Oppizoni (cardinal), 238.
Ortoli, 65.
Oudinot (maréchal), duc de Reggio, 263.

P

Pacca (cardinal), 99-100-241.
Paoli, 4-46.
Pasquier (chancelier), 197-276-288.
Patterson, 61.
Peccaduc, 20.
Pérès, 148.
Phelippeaux, 20.
Photius, 79.

PIE VII, 11-55-57-58-59-60-61-66-68-69-73-77-78-81-82-83-86-87-89-90-93-96-98-99-100-101-102-149-220-226-228-234-239-240-241-244-247-252-337.
PIETRO (cardinal di), 100-237.
PISANI (abbé), 162-163-164-166-169-172-175.
PISANI DE LA GAUDE, 155.
PLUTARQUE, 4.
POTASTRON (M. de), 286.
PORTA, 88-95.
POZZO DI BORGO, 198-223.
PRADT (de), 97-156-157-159.
PROVENCE (comte de), voir : Louis XVIII.
PUYMAIORE (de), 271.
PYRRHUS, 185.

Q

QUÉLEN (de), 242.
QUESNEL, 258.

R

RABELAIS, 31.
RADET (général), 68-69.
RAFFET, 254.
RAGUIDEAU, 20.
RAGUSE, voir : Marmont.
RAMEL (général), 299.
RAMOLINO (Letitia), 1-2-4-5-6-7-8-10-11-53.
RAPATEL, 256-257.
RATEAU, 260.
RAUCOURT, 287.
RAYNAL, 23.
RÉAL, 116-155.
REICHSTADT (duc de), 12.
RÉMUSAT (Charles de), 312.
RÉMUSAT (Mme de), 32-114-115.

RICARD (Mgr), 221-223-228-231-233-236-237-241-242-250.
RICHELIEU (duc de), 322.
ROMMIANTZOF, 188.
ROQUELAURE (de), 149.
ROULAND, 117.
ROUSSEAU, 21-33-118-144.
ROVERELLA, 89.

S

SAINT-GERMAIN (de), 324.
SAINT-MARC GIRARDIN, 284.
SALMATORIS-ROUSSILLON, 77.
SAVARY, 183.
SCHWARZENBERG, 276.
SCYLLA, 46.
SIMON, 256.
SOMBREUIL (de), 293.
SOREL (Albert), 206-207.
SOUHAM (général), 276.
SOULT (maréchal), duc de Dalmatie, 121-259.
SPERANSKI, 190.
SPINA (cardinal), 83.
STEVENS, 150.
STÜRMER (de), 320-324.
SUCHET, 309.

T

TAINE, 23-109-206-207.
TALLEYRAND (prince de), 50-190-196-197-254-271-280.
TAMERLAN, 188.
TARENTE, voir : Macdonald.
TATISTCHEFF, 179-182-187-193.
TCHERNITCHEF, 212.
THIBEAUDEAU, 116.
TOLSTOÏ, 189.
TOUR DU PIN (de La), 152-159.

U

Ursins (des), 38.

V

Vandal (Albert), 179-180-191-193-196-197-198-201-204-205-206-207-208-211-218.
Véry (de), 148.
Vicence, *voir:* Caulaincourt.
Villèle (comte de), 271.
Villeroy (marquis de), 274.
Vitrolles (baron de), 271-280.

Voltaire, 26.
Voyer d'Argenson, 152.

W

Walter Scott, 4.
Wellington, 314.
Welschinger, 231-302-304-305-314-316.

Z

Zaepffel, 150.

TABLE DES MATIÈRES

	Pages.
Préface	1
La Mère de Napoléon	1
La Formation intellectuelle de Napoléon	13
Un Portrait de Napoléon	35
Le Pape et l'Empereur	54
La Journée de Napoléon	103
Soldats du premier Empire	120
Les Français en Belgique (1795-1814)	136
Les Français en Dalmatie (1806-1813)	162
L'Empereur et le Tzar (L'alliance russe sous le premier empire)	178
Le Cardinal Fesch	219
Le Concile national de 1811	236
Les Conspirations militaires contre Napoléon	253
Les Souvenirs du Maréchal Macdonald	267
Le Retour de l'Ile d'Elbe	283
La Trahison du Maréchal Ney	302
La Captivité de Sainte-Hélène	318
Table nominative	341

TOURS

IMPRIMERIE DESLIS FRÈRES

6, RUE GAMBETTA, 6

Documents manquants (pages, cahiers...)
NF Z 43-120-13

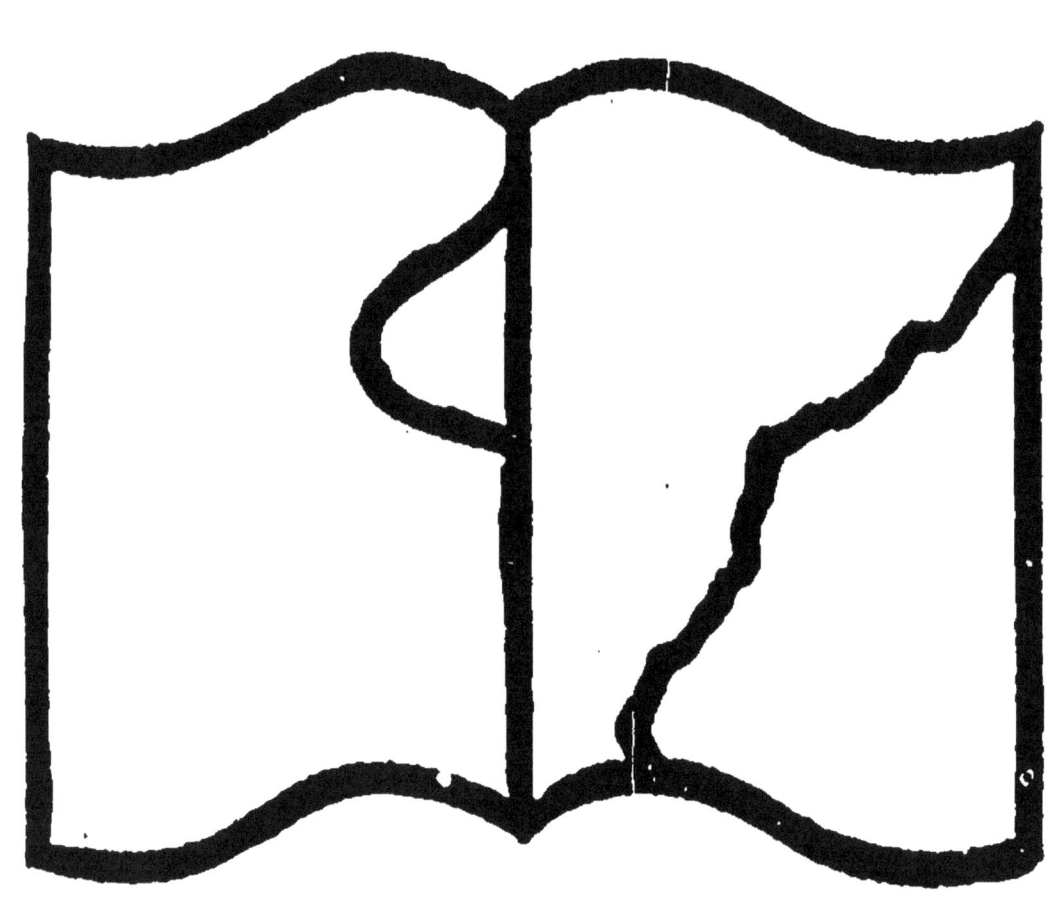

Texte détérioré — reliure défectueuse
NF Z 43-120-11

www.ingramcontent.com/pod-product-compliance
Lightning Source LLC
Chambersburg PA
CBHW050533170426
43201CB00011B/1414